本书系国家自然科学基金资助项目"我国信息资源产业发展政策及管理研究"
（批准号：71133006）的研究成果之一

中国信息资源产业政策评估

何亮坤　著

ZHONGGUO XINXI ZIYUAN CHANYE
ZHENGCE PINGGU

知识产权出版社

全国百佳图书出版单位

图书在版编目（CIP）数据

中国信息资源产业政策评估 / 何亮坤著. — 北京 :知识产权出版社,2017.2
ISBN 978-7-5130-4762-3

Ⅰ.①中… Ⅱ.①何… Ⅲ.①信息资源 – 资源产业 – 产业政策 – 评估 – 中国 Ⅳ.①G203

中国版本图书馆CIP数据核字（2017）第027315号

内容提要

信息资源产业政策是一项重要的产业政策,信息资源产业政策评估可以提升信息资源产业政策的内在质量,为信息资源产业政策的健康发展导引方向,实现产业政策资源的科学有效配置,是保证信息资源产业政策科学、有效的重要手段。本书通过总结梳理公共政策评估基础理论,提出了信息资源产业政策评估程序,以及信息资源产业政策评估具体方法及其选择依据和方式;根据信息资源产业政策在制定、实施和效果呈现等方面的特性,通过对信息资源产业政策的评估标准、评估指标体系进行的比较系统的分析研究,提出了我国信息资源产业政策评估总体标准和具体标准,构建了政策方案评估、政策过程评估和政策效果评估指标的指标体系结构框架。本书对政府管理部门的政策制定者具有重要的参考价值。本书可供信息资源管理、公共政策的研究人员和实务人士参考,也可以作为本科生、研究生学习的教学参考用书。

责任编辑：许　波　　　　　　　责任出版：刘译文

中国信息资源产业政策评估
ZHONGGUO XINXI ZIYUAN CHANYE ZHENGCE PINGGU

何亮坤　著

出版发行：**知识产权出版社** 有限责任公司	网　　址：http://www.ipph.cn
电　　话：010 – 82004826	http://www.laichushu.com
社　　址：北京市海淀区西外太平庄55号	邮　　编：100081
责编电话：010 – 82000860转8380	责编邮箱：xbsun@163.com
发行电话：010 – 82000860转8101 / 8029	发行传真：010 – 82000893 / 82003279
印　　刷：三河市国英印务有限公司	经　　销：各大网上书店、新华书店及相关专业书店
开　　本：720mm×1000mm　1/16	印　　张：17.75
版　　次：2017年2月第1版	印　　次：2017年2月第1次印刷
字　　数：247千字	定　　价：56.00元
ISBN 978 – 7-5130-4762-3	

前　言

　　20世纪五六十年代以来,政策科学在西方国家迎来了学科高速发展的时期,其中有关政策评估理论的研究更是得到了长足的发展。中国的政策科学研究自20世纪80年代以来受到重视并发展较快,在许多领域(如政策分析、政策评估等)取得了较多的研究成果并付诸实践。当今政策评估已成为一种世界性的潮流,政策评估成为政府应对经济复杂问题与挑战的迫切需要。在社会主义市场经济条件下,中国各级政府日益重视政策评估的作用。但是,中国在政策评估理论与评估方法等方面的研究还显得滞后和薄弱。理论研究严重滞后于实践的发展,极大地影响了我国政策科学化、高效化和规范化的程度。信息资源产业政策属于公共政策范畴,并具有产业政策、信息政策的特点,通过对信息资源产业政策评估规律的探索,不仅可以验证政策评估理论在我国特殊产业环境下的正确性和有效性,而且可以进一步完善政策评估理论与方法体系,填补产业政策评估理论研究中的空缺,拓展和丰富政策评估理论的内容。

　　开展信息资源产业政策评估具有十分重要的意义。一方面,目前我国对信息资源产业政策的决策制定和执行保障方面理论研究相对较多,形成了较多的理论研究成果,但在政策评估方面的理论研究却较少,亟须形成一套完整的理论体系。信息资源产业政策评估作为信息资源产业政策研究过程的重要一环,迫切需要立足于中国信息资源产业政策的具体实践和独特的政策环境,进一步加强对相关理论原理的探索和研究,形成系统的信息资源产业政策评估理论框架,丰富和完善信息资源产业政策研究的理论体系。另一方面,信息资源管理学科是综合交叉科学的重要组成部分,是探索信息资源价值实现规律的科学。它以信息社会中广泛存在和发展变化的信息资源及其开发利用与管理现象为研究对象,旨在探寻信息资源价值实现的规律性,以有力的科学管理放大信息资源的功能效用,实现其对经济社会发展的战略价值。随着信息资源及其管理在我国经济社会发展中的战略价值日益突显,信息资源管理学科迅速发展,信息资源管理理论研究不断取得重要成果。但不得不指出的是,这些成果大都集中在对文献的"保管料理"、对信息内容的整序加工、检索和服务提供等方面,将信息作为战略资源进行国家层面科学管理方面的研究成果并不多,探索通过产业政策的优化发展促进和推动产业发展,以实现信息资源对国家经济社会发展战略价值方面的理论研究成果更是少之甚少。本书将有助于拓展信息资源管理学科理论研究的对象和范围,更多地从国家产业政策发展的层面探索将信息作为国家战略资源进行科学管理的规律性,相关研究成果可以产生一定的理论"补白"作用,进而促进信息资源管理理论研究的深入发展。

信息资源产业政策评估是当前我国信息资源产业政策发展所面临的亟待解决的实践性问题之一。因此,本书所形成的有关信息资源产业政策评估研究工作及其成果,将有助于信息资源产业政策评估实践的发展,特别是在提高政策质量、推广和完善政策评估工作等方面发挥重要作用。这一重要作用既表现为相关研究成果,可以为尚处初步发展阶段的我国信息资源产业政策评估工作提供必要的理论方法指导,也表现在对相关的产业政策发展实践梳理总结方面的成果,可以为中国信息资源产业政策评估实践积累可直接借鉴利用的经验教训。

本书的理论指导会为提高中国信息资源产业政策质量创造必要条件,其中的经验教训有一定的借鉴作用。政策评估绝不是为评估而评估,而是为提高政策质量而评估。通过对信息资源产业政策评估基本规律的探索研究,可以探寻如何对信息资源产业政策的制定、执行、终结等全生命周期进行事前、事中、事后全面评估,确立产业政策质量保障的机制,使我们可以通过信息资源产业政策评估,及时分析和总结产业政策存在的问题,克服信息资源产业政策运行中的缺陷和困难,全面提升信息资源产业政策的效用、效益和效应。

本书有助于提高信息资源产业政策评估的可操作性,相关的研究成果不仅可以揭示产业政策评估的基本原理,同时还可以提供有较高实际应用价值的评估方法体系,为信息资源产业各相关细分行业领域的政策评估实践提供参考性"模板式"方法指引。本书首先从理清信息资源产业政策评估的内涵和功能及功能实现过程中存在的问题分析入手,在明确信息资源产业政策评估的基础理论指导的基础上,针对信息资源产业政策评估的核心要素——评估方法、评估标准、评估指标体系展开专项研究,并用一个典型信息资源产业政策(中关村知识产权服务业集聚区发展政策)的评估实践作为案例,验证说明初步的研究结果。

本书结构如下:

第1章重点进行了我国信息资源产业政策评估问题梳理和问题界定。这一章的基本内容实际上都是围绕"问题"展开的,研究目的、研究内容、研究方法实际上都是针对信息资源产业政策评估中的问题进行设定和阐释说明的。

第2章重点进行问题分析。一方面,通过研究文献综述,用统计分析方法了解国内外研究分析相关问题的基本态势,梳理中外研究学者在信息资源产业政策评估研究中的各种理论观点,既掌握了国内外问题分析的最新成果,又了解和把握了对问题进行分析的基本方法;另一方面,通过对与信息资源产业政策评估相关的基础理论的梳理概括,既辨析了信息资源产业政策评估的理论原理,又掌握了进行全面问题分析所需要的理论依据。

第3、4、5章分别研究了对解决中国信息资源产业政策评估问题至关重要的三个核心要素中的问题,即评估方法(包括评估程序和评估具体方法)、多元的评估标准和使其具体化、系统化的评估指标体系,并有针对性地提出了旨在完善三大要素的解决问题的基本方式和方法。即在系统研究中国信息资源产业政策评估方法的基础上,规划设计出信息资源产业政策评估的程序,提出我国信息资源产业政策评估模式和具体评估方法的选择依据;概括并明确提出中国信息资源产业政策评估的总体标准和具体标准;梳理总结出信息资源产业政策评估指标库,提出构建各类具体产业政策评估指标体系的程序和方法。

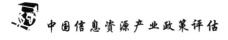

第6章和第7章展开本研究的问题验证。通过案例研究,笔者重点验证了本书所提出的信息资源产业政策评估指标体系构建程序的科学性和可行性;针对构建科学的信息资源产业政策评估理论与方法体系、推进信息资源产业政策评估的制度化建设、建立信息资源产业政策全过程评估工作机制等方面给出了具体建议;最后对本研究工作中存在的不足进行了分析,并对后续的研究提出了初步设想。

目　录

第1章　绪论

本章概要介绍了研究的背景,指出信息资源产业政策评估研究在理论和政策实践中具有的重要意义。本章还指出了研究的目的、内容、方法和研究思路,并对后续研究中将要使用的若干名词和专业术语给出了定义。

1.1　研究背景

1.1.1　信息资源已成为我国经济持续健康发展不可或缺的重要资源

改革开放30多年来,中国经济经历了一段高速增长的黄金时期,但却也为此付出了巨大的资源代价。我国高速的经济发展大部分依赖能源和原材料资源投入,导致中低端产业偏多,单位GDP物质资源消耗居高不下,资源消耗过快,资源浪费现象严重。因此,解决发展问题,资源问题是中国经济发展绕不过去的难题。

物质资源从来都不是取之不尽、用之不竭的。从全球看,煤炭、石油等资源就呈现日趋枯竭的境况。据美国石油协会估计,全世界还没有开采的原油不足2万亿桶,世界经济的发展在2050年之前,将越来越多地依赖煤炭,而在2250到2500年,煤炭也将消耗殆尽,矿物燃料供应枯竭❶。中国虽然地大物博,但是人口基数大,人均物质资源拥有量很低,水资源是人均占有量最高的,但也只是达到世界人均水资源占有量的25%。同时由于我国的物质资源利用率相对较低,与其他国家相比资源的消耗更快,资源枯竭

---

❶ 刘博. 我国新能源技术发展问题及对策[J]. 辽宁工业大学学报(社会科学版),2009(2):30.

的问题将出现得更早、更严重。因而,面对物质资源枯竭的问题,我们的基本出路只能是降低单位资源消耗,而且同时寻找更多的可替代资源。

另外,物质资源过度消耗造成环境的污染是我国前30年经济高速发展付出的又一个代价。近年来,我国空气、水、土壤等环境污染已触目惊心,虽然国家和地方采取了很多预防和治理措施,但环境污染问题却始终没有得到彻底解决。无论是发达国家还是发展中国家,经济发展的历史似乎有一个共同规律,那就是发展经济必先造成环境污染,经济发展了之后才有条件对环境污染进行有效治理,这似乎是一个永远都无法解开的难题。我国经济发展还没有达到发达国家水平,但环境污染却日趋严重,极大地制约了经济的持续健康发展。因此,中国经济要持续健康增长,就必须要解决发展经济和保护生态环境之间的矛盾。

面对物质资源日趋枯竭和环境污染的加剧,我国经济要持续健康发展,就必须要找到可以替代原材料资源、能量资源的第三种资源,改变粗放、不可持续的经济发展模式,确保在经济发展的同时不会造成严重的环境污染。信息资源就是这种重要的第三种资源。

随着生产力的不断发展,人类社会经历了农业社会、工业社会、信息社会的发展历程。信息技术通过信息网络和各种信息终端改变着人类的学习方式、工作方式和娱乐方式,人类生产和生活越来越离不开信息。信息社会的发展使人类社会发展在资源结构上产生了重大的变化,信息资源已经和原材料资源、能量资源比肩,共同构成经济社会发展不可或缺的三大资源。信息在人类经济和社会发展中的作用日益增强,不仅淘汰了某些传统的就业岗位,而且劳动人口越来越向信息资源相关部门集中,不断形成新的就业形态和就业结构。作为重要的生产要素,信息资源已成为社会生产的重要方式和社会财富的重要来源,对我国经济和社会发展产生了愈加深刻的影响。信息经济成为国民经济发展不可忽视的一部分。据《中国信息经济年度报告》显示,2014年中国信息经济规模达16.76万亿元,占GDP比重的26.3%,首次超过1/4,信息经济对GDP增长的贡献率高达

58.35%[1]。《社会蓝皮书:2016年中国社会形势分析与预测》指出,信息消费已成为2015年消费的最大亮点和消费增长的主要引擎,信息消费的增长速度已远远超过我国社会消费品零售总额的平均增长速度[2]。《国务院关于促进信息消费扩大内需的若干意见》(国发〔2013〕32号)提出信息消费能够有效拉动需求,催生新的经济增长点,促进消费升级、产业转型和民生改善,计划到2015年,信息消费规模将超过3.2万亿元,年均增长20%以上,带动相关行业新增产出超过1.2万亿元。

信息资源在一定意义上,已经成为社会生产力发展所必需的核心资源。信息资源是除劳动力、资本、土地以外不可缺少的生产要素,是当今社会诸多国民经济部门重要的生产资料、劳动对象。信息资源与其他生产要素不同的是,它同时也是生产工具、生产手段,对提高社会生产率有很强的规定性影响。信息资源的工具属性使它成为整合其他资源的资源。它不仅具备"天然的"可共享特性,而且具备"资源的资源"属性,可以对物质形态的资源(原材料、能源)形成效用倍增作用。正是在这样的意义上,信息资源已成为当今社会生产力发展的核心资源。具体而言,一是提高了企业的竞争力并已成为供需双方有效对接的平台。企业通过动态了解全球市场信息,可以在新产品研发中,紧跟用户需求,随需而动,而且企业通过内部信息资源共享实现同步产品概念设计、开发和制造过程,缩短了产品开发周期,提高了研发效率。二是信息资源能有效降低社会的运营成本。在信息社会,人们的经济活动已难以离开信息,甚至是围绕着它展开的,以物流为例,由于GPS、RFID[3]等技术及信息管理系统的应用,物流相关的物、人、车信息的即时更新和大数据分析使物流分配和路径更加合理和高效,物流成本越来越低,而效率则越来越高。信息资源的利用实现了社会资源

---

[1] 2014年中国信息经济规模达16.76万亿[EB/OL].(2016-01-25). http://finance.people.com.cn/n1/2016/0125/c1004-28080429.html.

[2] 李培林,陈光金,张翼. 社会蓝皮书:2016年中国社会形势分析与预测[M]. 北京:社会科学文献出版社,2015.

[3] GPS(Global Positioning System)全球定位系统,RFID(Radio Frequency Identification)无线射频识别。

的高效运用。三是信息资源所承载的文化作为信息资源的特色载体,是社会精神财富的来源,在它的作用下,人类社会才得以不断进化、发展,并在经济发展中取得巨大的物质财富。文化是一种精神力量,深刻地影响着个人、社会和国家的全面发展。五千年灿烂的中华文化一直不断指引着中华民族认识世界、改造世界,使我们的民族生生不息,源远流长。

此外,更为关键的是开发、利用信息资源不会造成环境污染。在转变我国经济发展方式的背景下,开发、利用信息资源完全符合我国经济持续健康发展的要求。当前我国面对经济发展的新常态,提出了供给侧结构性改革的重要战略举措,而供给侧结构性改革的突破口就是解决要素投入结构问题,其核心内容就是提高人才、技术、知识、信息等生产要素的投入,降低劳动力、土地、资源等一般性生产要素投入,强化创新在供给侧要素中的作用。而在当今互联网时代,创新离不开信息资源。专利信息、地理信息、金融信息等信息资源已成为创新驱动发展的源动力。随着信息社会和信息时代的到来,各种数据、技术、资料、档案、形象等信息资源已成为重要的生产要素和无形资产,在经济和社会发展中扮演着愈益重要的角色。

1.1.2 信息资源产业对我国经济社会发展具有重大的战略价值

信息资源产业对经济和社会发展的战略价值,一方面表现为信息资源成为几乎所有行业领域发展均不可或缺的资源,而且是具有全局性、根本性影响的资源,第一、第二、第三产业中几乎所有细分行业都需要以信息资源作为生产要素;另一方面则表现在以信息资源为原料、以信息产品和信息服务为输出物的信息资源产业,在其迅速壮大的同时已成为整个经济社会发展重要的资源供给方式之一,且对经济社会的发展方向、发展方式、发展状态产生了全局性、根本性、战略性的影响。

因此,发挥信息资源的战略价值,促进经济社会的持续健康发展,必须要大力发展信息资源产业。大力发展信息资源产业,解决好经济发展方式转变、产业结构调整、传统产业优化升级、改善民生、强化国家文化软实力的战略任务,完成党中央规划的"双一百"战略目标❶,对于我国经济社会的发展具有不可或缺的重要战略价值。

1. 大力发展信息资源产业有利于转变经济发展方式,降低物质资源消耗,创造更多的绿色GDP,具有巨大的国家战略价值

信息资源产业正是经济发展中不可或缺的"新资源"的供给者,它将为经济发展提供新的清洁"原料",为实现经济发展所必需的资源结构的转变做出全局性根本性的贡献。江泽民同志在《新时期我国信息技术产业的发展》一文中明确指出,"在现代社会,经济增长的要素已经从资本、土地和劳动扩展到技术、知识和信息。信息作为一种可以无限利用的生产要素,能够产生递增收益,拓展增长源泉,促进经济的持续发展。信息的开发利用,使技术、知识等新的生产要素得以在经济发展中充分发挥作用,对经济发展的贡献越来越大"❷。实际上,包括我国在内的世界各主要国家和地区都在大力调整资源结构,大幅度提高信息资源在经济社会发展的比重,采取各类有效措施来充分发挥信息资源对原材料资源和能力资源的效用倍增作用,大幅度降低对这些物质形态的资源的耗费,实现经济社会的可持续健康发展。

2. 大力发展信息资源产业有助于传统产业升级和产业结构优化,并带动相关产业的发展,实现国民经济的包容性增长

目前,我国第一产业、第二产业在国民经济中的比重依然偏高,这些产业的发展需要耗费大量的物质和能量资源。在2015年我国服务业的比重已超过50%❸,从整体上降低了物质和能量资源的消耗水平,但是目前发达

---

❶ "双一百"战略目标:是指在中国共产党建党一百年时全面建成小康社会,在新中国成立一百年时建成富强民主文明和谐的社会主义现代化国家。

❷ 江泽民. 新时期我国信息技术产业的发展[J]. 上海交通大学学报,2008(10).

❸ 服务业占GDP比重突破50%中国经济结构进一步优化[EB/OL]. (2016-02-10). http://finance.ifeng.com/a/20151020/14028680_0.shtml.

国家服务业的GDP占比普遍都在70%以上,有的甚至高达80%❶。与之相比,我国还有较大的差距。因此,大力发展信息资源产业是调整、优化产业结构的迫切需要。当然,我国的国情实际决定了我们的传统产业不能全部消失,正确的选择应当是进行全面的优化升级。传统产业优化升级主要通过增加技术和知识含量实现,而技术和知识的生产都需要依靠信息资源产业供给。比如,专利技术是制造业发展的重要资源,西方发达国家将失效专利作为宝贵的信息资源用于传统产业升级改造。日本的实践表明,通过引进国外专利和使用失效专利改造传统产业,大约可以节省2/3的时间,节约9/10的研究开发费用❷。在这方面我国存在巨大潜力。此外,信息资源产业具有较强的产业辐射性,其生产的产品和服务在进入最终消费领域的同时,能够带动相关产业产品或服务的消费,实现与相关产业同步增长,促进我国经济实现包容性增长。

3. 大力发展信息资源产业,有利于为知识型人才创造就业机会,解决更多的社会成员的就业问题

信息资源产业是"知识—劳动双密集型产业",需要各方面的技术人才,其生产过程既需要大量的技术、研发等知识创新性活动,又涉及大量的数据处理、产品提供等一般劳动。因此,信息资源产业具有巨大的吸纳就业人口的能力,不仅能解决大量"蓝领"工作者的就业问题,对于吸纳知识型"白领"工作者就业,更具有不可替代的作用。以知识产权服务业为例,就需要法律、专利代理等法务人才,软件设计、数据库建设等IT人才,以及数据加工、信息分析等信息人才等。当前,我国经济结构转型面临日益加大的就业压力,加快发展信息资源产业,既是推动劳动力产业转移的现实出路,也是不断扩大我国就业规模、促进就业协调发展的根本着力点。

---

❶ 服务业占GDP比重54.1%同比增长7.5%[EB/OL].(2016-07-15).http://www.gov.cn/xinwen/2016-07/15/content_5091577.htm.

❷ 冯惠玲,等.2014中国信息资源产业发展报告[R].北京:中国人民大学,2014.

4. 大力发展信息资源产业有助于提高公众整体素质，丰富公众文化生活

信息资源产业中包括文化产业这一特殊内容，其产品或者服务具有明显的娱乐文化特性，公众在消费的同时可以获得生活质量尤其是精神生活的改善。例如，我国信息资源产业中的动漫、电影和网络游戏等行业，为丰富公众精神生活内容、提升公众文化内涵做出了不菲的贡献，提高了公众的文体生活水平。此外，信息资源产业中的教育行业、数字出版业、数据库业等特殊行业的发展能够促进信息和知识在更加宽广的时空范围内流动和传播，这在很大程度上能够满足接触不到传统优质教育资源的人群的需求，促使公众在获取更多、更全面的信息和知识的同时，实现知识内容的丰富、知识结构的改善，从而获得自身素质的提升。

1.1.3　发展信息资源产业需要构建优化的信息资源产业政策

信息资源虽然已经成为我国经济和社会发展的重要资源，但是一直以来，信息资源的重要性并没有得到全面的认识和重视。我国早在"十五"计划纲要中就提出要"加速发展信息产业，大力推进信息化"的政策并取得了一定成绩，然而，总体上重"硬"轻"软"现象依然严重，相比信息终端、计算机及无线通信网络等基础建设，信息资源产业则无论在开发、利用、传播、服务等方面都无法满足全社会及产业发展对信息日益增长的需求，滞后于我国快速发展的社会和经济形势。

我国信息资源产业现状是体量相对较小、产业竞争力薄弱、产业结构发展不平衡、人才短缺。我国信息资源产业起步晚，未经历长期的时间积累，产业发展速度缓慢。据统计，我国信息资源产业总营业收入虽然从2004年的5789.72亿元猛增至2013年的30613亿元，但也仅占2013年中国GDP的5.38%。我国2013年信息消费整体规模仅有2.2万亿元，其中信息产品消费规模达到1.2万亿元。从我国各地信息资源产业规模指数看，得

分最高的前三名分别是北京(94.9)、广东(94.3)和江苏(89.7),而全国平均得分只有78.6分,可见从信息资源产业发展地区差异巨大,大多数省份的信息资源产业发展水平都比较低❶。此外,我国长期以来由政府掌握着大量的公共信息资源,信息资源开发利用企业与有先天信息资源优势的政府信息中心等机构处在不平等竞争的位置上;国外信息资源加工企业起步早,有数据积累优势,加上信息核心技术大多掌握在外国垄断企业手里,使得我国信息资源产业竞争力非常薄弱,发展艰难。上述产业现状一直制约着我国信息资源产业的全面、快速、健康发展。

综上所述,信息资源产业发展极需产业政策的支持。产业政策是绝大多数市场经济国家实现产业"跨越式"发展普遍采用的一种公共政策。产业政策可以对产业资源分配进行干预和纠正,有效弥补"市场失灵"的缺陷,促进产业结构的合理化和高级化,在经济全球化的背景下提高产业国际竞争力,避免产业被锁定在国际价值链的低端,落入"贫困陷阱"。信息资源产业政策作为特殊的产业政策,对于信息资源产业的快速发展必然起到重要的促进作用。

信息资源产业以信息内容加工处理和服务供给为核心,涉及国家、民族和文化等意识形态,需要体现更多的国家意志,需要有更多的政府因素和政府干预。由于我国信息技术产业基础仍不牢固,重要核心技术大都被西方国家把控,对国家信息资源的安全构成一种国家层面的严重威胁,破解这种安全威胁将不得不成为重要的国家意志和国家政府行为。另外,信息资源的一系列关涉国家根本利益的特性导致信息市场相比一般商品市场更容易出现"市场失灵"和"市场不足",因此,政府必须用产业政策形式予以克服和应对。由此可见,正是信息资源产业及其发展的特点和规律决定了信息资源产业发展对产业政策有特殊的依赖性。

当前我国信息资源产业还很薄弱,产业结构不协调,产业组织不严密,阻碍了产业的持续健康发展,产业发展的整体水平远远不能满足"双一百"战略目标实现的需要。对于社会主义中国而言,信息资源产业及其发展有

❶ 冯惠玲,等. 2014中国信息资源产业发展报告[R]. 北京:中国人民大学,2014.

更加强烈的政府"先知先觉"、主动促进和大力保障其发展的特点。因此，要使我国信息资源产业健康发展，必须构建优化的信息资源产业政策。

1.1.4 信息资源产业政策优化发展的基础是科学有效的政策评估

中国为促进信息资源产业发展制定了包括国家法律、行政法规、部门规章、地方性法规、规章、规范性文件等形式的政策文件。据统计，截至2015年12月31日，由中央国家机关颁布施行的信息资源产业政策文件就有1708件❶。虽然我国从20世纪50年代就有信息资源产业政策，但当时的政策只涉及某些细分领域，如图书和科技情报。随着国家对信息资源产业发展的重视，最有重大意义的政策文件是2004年中共中央办公厅、国务院办公厅发布的《关于加强信息资源开发利用工作的若干意见》（中办发〔2004〕34号）。该文件第一次明确针对信息资源产业提出产业发展方向，指出信息资源产业在国家经济发展中的重要地位。近几年在互联网、大数据等信息技术飞速发展的背景下，国家出台的信息资源产业政策数量有明显增加。

目前，我国信息资源产业政策的系统性、规范性有待于提高，政策工具的运用还需要进一步的完善和创新。虽然我国针对信息资源产业发展发布了不少产业政策，在政策效力、政策工具等方面还明显存在缺陷，尚未充分发挥其对促进产业发展应有的作用。这些缺陷包括我国信息资源产业政策"顶层规划"性质的政策较少，规范性文件等低层级政策较多；政策工具单一、类别少，偏法规管制的工具多，营造发展环境的工具少等。

上述政策问题导致产业发展指向性不强，缺乏整体规划，而且存在多头管理、政策分散、政策效果不明显等问题，关键是还没有建立起顺应产业发展特殊规律的一整套体制机制。事实上，我国信息资源产业政策的问题根源之一，就是缺乏完备的、优化的政策评估机制，缺乏反映信息资源产业

---

❶ 冯惠玲，等. 中国信息资源产业发展与政策［R］. 北京：中国人民大学，2016.

政策作用规律的产业政策评估指标体系。信息资源产业政策缺乏评估的直接结果就是产业政策制定、产业政策实施过程中因缺乏有效的评价机制,而没有形成"闭环",产业政策的有效性得不到及时、有效检测,产业政策的动态优化缺乏依据,盲目、被动成为我国信息资源产业政策制定及政策实施的常态。因此,为了完善我国信息资源产业政策体系,提高信息资源产业政策的质量,提升政策执行的效果,必须加强信息资源产业政策评估机制的探索研究,以促进我国信息资源产业政策健康发展。

产业政策作为现代社会资源配置的重要方式之一,对其效用、效益、效应等进行综合判断与评价,已成为产业政策延续、改进和终止的重要依据,也越来越成为政府部门等产业政策主体提高工作质量和坚持正确价值导向的重要保障。政策评估可以科学评价和判断政策本身的价值,全面考察和分析政策方案、政策过程和政策效果,并提出改进政策的合理建议,因此当代产业政策主体通常将规范、科学的政策评估作为提高产业政策质量和水平的重要工具和途径之一。

为了优化中国信息资源产业政策评估体系,规范信息资源产业政策评估方法,构建具有信息资源产业政策特色的评估指标体系,提高政策评估的效果和应用,笔者不揣冒昧,以中国信息资源产业政策评估研究为题,对中国信息资源产业政策评估中的评估理论体系、评估模式和方法选择、评估程序设计、评估标准设定、评估指标体系构建等问题进行了初步的研究。

1.2　研究目的、内容和方法

1.2.1　研究目的

本书的研究目的在于充分阐释信息资源产业政策评估的重要性,以及中国信息资源产业政策评估的特点、规律、原理和功能,规划设计中国信息资源产业政策评估的程序和实施路径,提升信息资源产业政策评估的科学性和实用性,完善我国信息资源产业政策评估的理论和方法,提出切实可行的评估指标体系及其构建程序,进而促进信息资源产业政策评估结果的应用和推广,促进信息资源产业政策评估在信息资源产业政策发展中实现自身价值,最终保障中国信息资源产业持续、快速、健康的发展。

本书所要实现的研究成果是分析梳理中国信息资源产业政策评估实践中遇到的问题和解决问题的办法与经验,为我国信息资源产业政策评估方法的选择、评估标准的确定、评估指标体系的构建提供理论原理依据和方法指导,并通过案例实证分析其可行性和有效性。具体表现为提出若干适合中国国情和信息资源产业特点的政策评估理论观点和判断;提出信息资源产业政策评估程序、评估方法和评估标准;提出我国信息资源产业政策评估指标体系的构建模式和基本方法;通过一项具体信息资源产业政策评估案例的研究来验证其可行性和有效性。

1.2.2 研究内容

为了实现研究目的,本书重点探索分析和研究以下五个方面的问题:①探讨信息资源产业政策评估理论的原理和基本方法;②分析确定信息资源产业政策评估的评估模式和评估方法及其选择的依据;③梳理分析和规划设计信息资源产业政策评估的基本程序;④辨析确立信息资源产业政策评估总体标准和具体标准;⑤提出构建信息资源产业政策评估指标体系的模式和基本方法。

首先,在公共政策评估已有的理论基础上,明确我国信息资源产业政策及其评估的基本概念,辨析信息资源产业政策评估的意义和价值;其次,通过分析信息资源产业政策评估的作用和特殊性,系统地分析信息资源产业政策的评估理论、评估程序、评估方法、评估标准的规律和特点;最后,提出符合信息资源产业政策发展特点的评估指标体系构建程序和方法,并用典型产业政策评估案例予以验证。

鉴于笔者的研究水平和时间所限,不能对信息资源产业政策评估的所有问题都面面俱到,仅能就上述若干重点问题展开研究。

1.2.3 研究方法

本书根据研究对象的性质和特点,除了采用历史研究法、概念分析法、比较研究法、分类研究法等社会科学常规研究方法之外,还重点采用了以下几种研究方法。

1. 文献研究法

文献研究法是依据一定的研究目的,通过搜集、整理、鉴别、分析研究文献,形成对客观事实面貌准确认识的方法。本书中的文献主要有两大类,一类是我国信息资源产业政策文本及相关信息,即我国现有信息资源产业政策法规文献,它们是本书的重要对象。通过对这类文献的整理、分析以获取相关的实证性资料,提供研究案例。另一类文献是与政策评估及产业政策有关的研究文献,它们是本书的理论基础。通过检索中外文献数据库有关国外和国内公共政策评估、产业政策理论等文献并对其进行研读,了解研究现状,并激发创新思路。

2. 案例分析

为验证我国信息资源产业政策评估指标体系及其构建程序和方法的有效性,本书以中关村知识产权服务业集聚区发展政策评估为案例,构建了中关村知识产权服务业集聚区发展政策评估指标体系,并通过向集聚区企业和知识产权服务机构以及相关领域的专家学者进行访谈、问卷调查、实地考察、汇集产业发展数据等方式,对该产业政策进行了实际评估,形成了一个具有一定典型性的信息资源产业政策评估案例。通过案例实证分析,验证了我国信息资源产业政策评估指标体系及其构建程序的有效性,并为解决我国信息资源产业政策评估中的若干问题形成了有针对性的分析判断和对策建议。

3. 统计分析

首先,采用了文献计量方法对国内外有关信息资源产业政策评估的研究进行了统计分析,运用关键词检索法找出重点研究领域和研究重点,为后续研究奠定基础;其次,在对中关村知识产权服务业集聚区发展政策评估时,主要采用问卷调查的方法来获取数据,通过问卷了解集聚区企业和知识产权服务机构对政策执行和效果的意见和看法,然后通过数据统计分析,确定评分结果。

1.3 术语界定

为了能建立讨论和研究问题的概念基础,本书中的名词术语采用下面的定义。

1. 信息资源产业

信息资源产业是以信息资源为原料,从事信息形态产品和服务的生产、加工、传播、提供等活动,并以此创造经济价值的国民经济部门。

(1)本术语的定义采纳了冯惠玲教授等在《信息资源产业的基本特征与要素研究》中提出的意见。这个定义基本上反映了信息资源产业的归属和基本特征,对于理论研究和实践发展都具有更强的实际价值。关于细分行业的划分,采用了《2014年中国信息资源产业发展报告》中有关划分方法。

(2)这个定义采用了属加种差的定义方法,首先将属概念产业定位为国民经济部门;接着用若干有别于其他产业的特殊属性描述了信息资源产业的基本特征。

(3)信息资源产业的细分行业包括信息资源采集业、信息资源加工业和信息提供业三类,93个信息资源产业细分行业中包括气象服务、市场调查、测绘服务、广告业、软件开发、档案服务、公证服务、图书出版、技术推广、教育培训等❶。

2. 信息资源产业政策

信息资源产业政策是一国政府根据信息资源产业发展的规律和客观要求,综合运用政策手段,对信息资源产业发展进行引导和干预,调整产业

---

❶ 冯惠玲,等. 2014中国信息资源产业发展报告[R]. 北京:中国人民大学,2014.

关系,促进信息资源在部门间合理配置和产业结构优化升级,提高产业生产效率、产业技术水平和国际竞争力,促进产业发展的政策体系❶。

(1)本术语采纳了冯惠玲教授等在其主持的国家自然科学基金重点项目"我国信息资源产业发展政策及管理研究"的相关成果中,对"信息资源产业政策"给出的定义。

(2)信息资源产业政策是具体的,同时也是成体系的。

(3)信息资源产业政策由特定的目标、取向和工具以及措施安排组成。

3. 信息资源产业政策评估

信息资源产业政策评估是评价主体在特定的政策环境条件下,基于评价目的,依据评价标准,采用特定评价方法,对信息资源产业政策的方案、过程及其结果进行价值判断的行为或过程。

(1)产业政策评估的本质实际上是价值判断。

(2)评估主体、评估客体、评估标准、评估程序和评估方法是信息资源产业政策评估需要突出强调的构成要素。

(3)政策环境对产业政策评估具有特定的影响,甚至在某些方面有规定性影响。

4. 信息资源产业政策评估主体

信息资源产业政策评估主体是指产业政策评价判断的直接形成者,包括相关机构和相关个人。

(1)相关机构包括评审委员会、相关政府机构、社会第三方组织等。

(2)相关个人包括行业专家、政策专家、相关学者、官员、企业事业单位的工作人员等。

5. 信息资源产业政策评估客体

信息资源产业政策评估的客体就是评估的对象,指评价判断结论的客观指向物。

(1)客观指向物包括一个或者一组有密切关联的信息资源产业政策。

---

❶ 冯惠玲,侯卫真. 信息资源产业的基本特征与要素研究[J]. 图书情报工作,2011(3):11-13.

(2)不同类型的产业政策评估具体指向物会有所区别,或者是有轻重之分。比如,政策方案评估的重点指向物就是政策文本。

6. 信息资源产业政策评估程序

信息资源产业政策评估程序指完成评估任务的全部过程。

(1)过程由一系列工作步骤组成。

(2)工作步骤间有先后次序,也就是有时序的规定性。

(3)每个过程有一定的目标指向,即追求的目的或者要实现的结果。

(4)每个步骤有特定的内容和具体的工作方法,包括理论依据、具体操作的方式手段等。

7. 信息资源产业政策评估方法

信息资源产业政策评估方法,是指为达到评估目的而采用的具体方式、路径、手段、措施等的总和。

(1)这里的方法,实际上是一个广义的方法。一般包括但不仅仅是具体的操作方法。

(2)为了行文方便,表达狭义的评估方法时,将在文中做出说明。

8. 信息资源产业政策评估指标

信息资源产业政策评估指标指说明评估对象数量与质量特征的概念。

(1)指标就是说明对象特征的概念,通常就是预期中打算达到的指数、规格、标准等。

(2)指标的功能,就是说明产业政策评估对象的某一或者某一方面的特征。

(3)这里的特征既包括评估对象的数量特征,也包括质量特征;既反映对象的性质,也可以反映对象的状态。

9. 信息资源产业政策评估指标体系

信息资源产业政策评估指标体系是指在特定的信息资源产业政策评估活动中,由一组有密切关联的评估指标构成的指标集合。

（1）评估指标体系是一个指标集合。

（2）集合内的指标必须有内在的关联性，可以分别反映评估对象的某个或者某些属性。

（3）这个集合不是一成不变、放之四海而皆准的，专门指向特定、具体的评估活动，活动不同，体系结构就会不同。

第2章 信息资源产业政策评估研究基础

本章分析梳理了国内外研究学者对信息资源产业政策评估研究中具有代表性的理论和观点,提炼总结了值得肯定的研究成果和研究方法,分析了其存在的问题及缺陷。本章还界定了信息资源产业政策评估的核心概念,分析了信息资源产业政策评估的本质特征及特殊功能,探索了政策科学原理以及产业政策评估方法论及其在信息资源产业政策评估中的特殊应用规律。同时,通过探讨产业政策理论、政策过程理论、管理科学理论等的基本原理和对信息资源产业政策评估的影响,为信息资源产业政策评估研究提供基本的理论支持。

2.1 信息资源产业政策评估研究文献综述

2.1.1 国内有关信息资源产业政策评估的研究

从目前掌握的国内研究文献看,信息资源产业政策评估的研究主要集中在信息资源产业政策内涵、评估理论、评估标准和指标体系、评估模式和方法等方面。

1. 关于我国信息资源产业政策及其现状

既有的研究文献表明,鉴于"信息资源产业"和"信息资源产业政策"的名称具有鲜明的中国特点和全新的时代特征,其发源于21世纪初进行社会主义现代化建设的中国,正式的官方称谓,以及"研究制定促进信息资源产业发展的政策"的基本取向见诸于2004年由中共中央和国务院颁布的相关纲领性文件❶，因此，国内有关信息资源产业政策评估的研究，基本上是从对信息资源产业政策概念的界定开始的。国内学者普遍认为确定信息资源产业政策概念的内涵和外延，是研究信息资源产业政策评估的前提和基础。

（1）关于信息资源产业政策的内涵

近年来，随着我国信息资源产业的不断发展，旨在促进和保障信息资源产业发展的产业政策作用不断突显，我国学者对信息资源产业政策概念的研究不断深化。

钱明辉等比较明确地概括了信息资源产业政策的概念，认为信息资源产业政策就是鼓励、支持和调整信息资源产业发展的政策总和❷。

宣小红以信息资源管理理论为基础，给信息资源产业定义为从事信息资源的生产加工，以信息资源的内容为基础，向社会提供产品或服务的国民经济部门❸。

赵国俊等则认为，产业政策是公共政策中的一个门类，是指政府等公共政策主体为实现一定的经济和社会发展目标，而对产业形成和发展进行引导、干预和调控的各种政策。信息资源产业政策，是指政府等公共政策主体为促进和保障信息资源产业的健康成长而制定的产业政策❹。

应当说，目前国内对信息资源产业政策概念做出更为严谨概括的，是中国人民大学冯惠玲教授在其主持的国家自然科学基金重点项目"我国信息资源产业发展政策及管理研究"的相关成果中，对"信息资源产业政策"给出的定义。冯惠玲教授认为，信息资源产业政策就是一国政府根据信息资源产业发展的规律和客观要求，综合运用政策手段，对信息资源产业发展进行引导和干预，调整产业关系，促进信息资源在部门间合理配置和产

❶ 中共中央办公厅国务院办公厅《关于加强信息资源开发利用工作的若干意见》（中办发〔2004〕34号）2004-12-12.

❷ 钱明辉，林法纲，李子南. 论信息资源产业政策研究的价值[J]. 科教文汇，2012（9）：3.

❸ 宣小红. 信息资源市场培育初探[M]. 北京：中国文联出版社，2008.

❹ 赵国俊，等. 中国信息资源开发利用公共政策体系的优化发展研究报告[R]. 北京：中国人民大学，2015：360-361.

业结构优化升级,提高产业生产效率、产业技术水平和国际竞争力,促进产业发展的政策体系❶。

(2)信息资源产业政策的外延

信息资源产业政策内涵的研究可以帮助人们认识信息资源产业政策是什么,而信息资源产业政策外延的研究则可以告诉人们,信息资源产业政策都包括什么,都有什么。从社会实际需要的角度看,当前阶段准确界定信息资源产业政策的外延的理论意义更加突出,因为搞不清楚这个问题,也就弄不明白信息资源产业政策在哪里,哪些政策属于信息资源产业政策。这将使人们对信息资源产业政策的研究成为无的放矢的空谈。

其实,界定信息资源产业政策的外延十分困难,其难度主要在于很难精准划定信息资源产业的边界和范围。大多数学者都认为,只要明确了信息资源产业的边界和范围,信息资源产业政策的外延自然就明确了。

钱明辉等认为当前学术界对信息资源产业与文化产业、数字产业、文化创意产业、数字内容产业、信息服务业等产业名称的区分存在模糊性。我国目前尚无一个具有说服力的有关信息资源产业的边界界定的研究成果。通过结合本国产业结构状况和战略定位,国外一些国家、地区和组织对信息资源产业进行了有针对性的差异化分类,而国际上仍未对信息资源产业的定义有统一界定❷。

侯卫真总结了"信息资源产业"的所有表述方式,如信息产业、数字内容产业、信息服务产业、信息咨询产业、数据库服务产业、地理空间数据产业、电子出版产业、创意文化产业、动漫产业、信息搜索产业、信息技术服务产业等❸。他认为信息资源产业边界和范围标准是不断发展的,产业作为一种经济学研究划分方法,其边界和范围会随着社会与技术的发展而变化,不是固定不变的。例如,文献服务、调查与咨询、图书出版这些信息资源传统行业存在时间较长,而数据库服务、数据分析、数据管理等行业则是

---

❶ 冯惠玲,侯卫真. 信息资源产业的基本特征与要素研究[J]. 图书情报工作,2011(3):11-13.

❷ 钱明辉,李子南,林法纲. 信息资源产业政策研究综述[J]. 情报资料工作,2012(1):71-73.

❸ 侯卫真. 信息资源产业特性与政策优化[J]. 信息化建设,2010(2):16-17.

随着计算机技术的发展而逐渐出现的。信息资源产业范围模糊不清,经常与数字产业、内容产业等表述混合使用,其原因之一就是信息资源产业的独特产业价值还不够突显。

(3)关于信息资源产业政策的基本功能

钱明辉等人认为制定信息资源产业政策的基本出发点,就是解决在该产业发展过程中出现的包括市场失灵、政府失灵在内的"体系化失灵"问题❶。

赵国俊等认为信息资源产业政策的基本功能是克服市场失灵和市场不足,实现资源的优化配置,促进和保障以信息资源开发利用为主要活动、以信息产品和信息服务为产出成果和主要利润来源的企业群落的健康发展❷。

(4)我国信息资源产业政策的现状和特点

张璋通过运用内容分析方法,对信息资源产业政策文本从产业政策的效力等级、目标、工具、领域和发展过程等方面比较全面地分析了信息资源产业政策的现状❸。他分析了1998—2010年由中央一级政策制定主体颁布的与信息资源产业相关的政策文本,并从中归纳出我国信息资源产业政策的一些特点,如宏观规划性质的政策较少,职能部门的管理政策较多;其他规范性文件乃至计划措施类政策较多,法律、法规层面的较少等。

赵京等则从网络基础设施运营、知识产权保护、网络信息安全及行业技术标准统一等政策对象角度分析了信息资源产业政策的特点和存在问题❹。

赵国俊等人根据所掌握的4885份我国信息资源开发利用政策文件,通过初步的统计分析和政策文本分析,梳理了其中信息资源产业政策的现实情况,形成了若干分析结论和判断。比如,他们认为,我国信息资源产业政策呈现这样的特点:政策文件的数量规模很高;政策主体种类多样,数量

---

❶ 张璋. 我国信息资源产业政策_现状_分析与前瞻[J]. 图书情报工作,2012(6):86-88.

❷ 赵国俊,等. 中国信息资源开发利用公共政策体系的优化发展研究报告[R]. 北京:中国人民大学,2015:360-361.

❸ 张璋. 我国信息资源产业政策:现状、分析与前瞻[J]. 图书情报工作,2012(6):85-89.

❹ 赵京,钮晓红. 我国信息资源产业发展的战略思考[J]. 图书馆学研究,2012(15):44-50.

众多;产业政策涉及的细分行业全面;产业政策功能类型齐全;产业政策文件形式以其他规范性文件为主等。研究认为,目前我国信息资源产业政策值得肯定的方面如下:①信息资源产业政策文件的数量有了很大的规模,这反映出相关主管部门有了产业政策意识,有了通过产业政策影响信息资源产业发展的具体行动。该研究可以成为我国信息资源产业政策发展的良好基础;②既有信息资源产业政策内容已经覆盖所有 93 个细分行业,说明我国相关产业政策主体,已有比较成体系的产业管理基础和比较明确的责任分工,这无疑可以为我国信息资源产业政策制定协同机制的建立和实施提供便利条件;③从 2004 年至今我国信息资源产业发展的基本态势上看,整体速度、规模和质量均有可圈可点之处,这应当可以在一定程度上反映我国信息资源产业政策的效果。研究同时认为,目前我国信息资源产业政策存在的主要不足如下:①既有产业政策呈现散乱状态,严重制约政策的整体效果;②既有产业政策的功能类型中,管制性质的政策所占比重过高,有违现阶段产业发展的规律性;③既有产业政策体系中严重缺乏效力等级高的主干政策;④既有产业政策的政策取向不完备,政策措施少而且缺乏执行性;⑤既有产业政策缺位现象比较严重,损害了产业政策的实际效果;⑥既有政策间的协调性与稳定性存在不足等❶。

　　还有一部分学者对信息资源产业各个细分行业的具体政策的特点进行了分析研究。杨吉华分析了我国文化产业政策的内容要素和构成体系,认为文化产业政策内容包括产业结构政策、产业组织政策和产业发展政策三个方面,并分析了各类产业政策存在的问题❷。祁述裕等从政策工具角度梳理了我国 2000—2014 年的文化产业政策,认为我国文化产业政策体系不完善,存在欠缺政策工具,政策延续性、稳定性不足等问题❸。杨全城

---

❶ 赵国俊,等. 中国信息资源开发利用公共政策体系的优化发展研究报告[R]. 北京:中国人民大学,2015:360-361.

❷ 杨吉华. 文化产业政策研究[D]. 北京:中共中央党校,2007.

❸ 祁述裕,孙博,曹伟,等. 2000—2014 年我国文化产业政策体系研究[J]. 东岳论丛,2015(5):57-64.

等在分析国内信息内容产业政策的发展历程和现状的基础上,论述了我国信息内容产业政策体系构建的原则,并构建了以法律法规、经济政策、行政政策和思想政策作为主要内容的信息内容产业政策支撑体系❶。

(5)中国与其他国家信息资源产业政策的比较研究

朱雪宁等通过中国与韩国两国的政策环境、政策目标和政策内容三个方面的对比,分析了我国信息资源产业政策的不足,认为中国信息资源产业基础设施滞后、产业发展战略和规划不明确,对存在问题缺乏有效具体措施,并提出了完善信息资源产业法律、法规,实施多样化的信息资源产业投融资政策和人才培养政策等建议❷。

2. 关于信息资源产业政策评估理论框架和评估机制

(1)关于信息资源产业政策评估的理论框架

随着社会主义改革开放事业的不断发展,特别是市场经济体制的初建,我国经济社会发展资源配置的方式开始发生根本性变革,市场配置逐渐成为经济社会资源配置的主要方式,计划配置开始成为辅助方式,而通过政府公共政策的制定和实施,以克服和避免市场失灵和市场不足就愈发显得重要和必要。一个直接的表现就是公共政策越来越多,公共政策成为政府管理和社会治理的重要途径。如此,旨在提升政策质量、扩展政策效果的政策评估活动,也就非常自然而然地获得了相关方面的重视。其中有关学者专家对政策评估理论框架的研究给予了特别的关注,形成了一批有一定代表性的成果。

第一部涉及信息资源产业政策评估内容的专著是1993年卢泰宏撰写的《国家信息政策》❸,该书其中一节"信息资源产业政策评估"首次尝试将通用的评估理论和方法应用于信息资源产业政策的评估工作。马海群等人编著的《信息资源管理政策与法规》对信息资源产业政策的评估类型、评

---

❶ 杨全城,杨善林,孙利华. 我国信息内容产业现状分析和体系建设思考[J]. 安徽电子信息职业技术学院学报,2011(4):70-75.

❷ 朱雪宁,刘兰华. 中韩两国信息资源产业政策比较[J]. 行政与法,2010(5):65-67.

❸ 卢泰宏. 国家信息政策[M]. 北京:科学技术文献出版社,1993.

估指标、评估内容和评估的整体效应作了系统的介绍❶，2006 年由负杰、杨诚虎编著的《公共政策评估:理论与方法》比较深入地探讨和初步构建了我国政策评估的理论与方法体系框架，客观上也为信息资源产业政策评估理论框架的确立奠定了基础❷。

当前信息资源产业政策评估理论框架还不明确，但是信息资源产业政策作为产业政策的一种具体形式，其评估理论完全可以在公共政策评估理论方面的研究成果基础上进行结合、提升。事实上，当前大多数的学者正是通过结合产业政策的特点，在公共政策评估理论的基础上不断丰富并完善信息资源产业政策评估理论。例如，张泽一从产业政策的有效性出发，通过产业结构等产业政策决策因素分析，建立起以能力为导向的产业政策有效性评估理论框架，指出应基于企业能力理论对产业政策进行评价❸。

(2)关于信息资源产业政策评估机制问题

从既有文献看，国内专家学者关于信息资源产业政策评估机制的研究侧重于两个方面，一方面是关于产业政策评估参与机制问题，重点是政策评估的公众参与问题等;另一方面是关于信息资源产业政策评估反馈机制问题。

在关于产业政策评估参与机制的讨论中，专家学者明确提出了为增强信息资源产业政策评估主体评估的公正性和科学性，应当鼓励公众参与产业政策的评估活动。李鹤翔❹、邢瑶❺专门论述了公众参与信息资源产业政策评估的必要性，并对公众参与可能存在的非理性因素的预防提出了设想。李丹则明确提出应当邀请民营企业相关人才加入产业政策评估的具体建议❻。但也有学者提出反面意见，如唐云锋等则认为，由于我国公众的

---

❶ 马海群,周丽霞,肖秋惠. 信息资源管理政策与法规[M]. 北京:科学出版社,2009.

❷ 负杰,杨诚虎. 公共政策评估:理论与方法[M]. 北京:中国社会科学出版社,2006.

❸ 张泽一. 产业政策有效性问题的研究[D]. 北京:北京交通大学,2010.

❹ 李鹤翔. 浅论网络信息与公共政策的制定[D]. 开封:河南大学,2008.

❺ 邢瑶. 信息技术背景下社会政策制定模式研究[D]. 哈尔滨:哈尔滨工业大学,2007.

❻ 李丹. 试论我国信息政策建设存在问题及应对策略[J]. 晋图学刊,2004(1):4.

政策素养还不高,还不适合作为产业政策评估的评估主体❶。

在关于产业政策评估中的反馈机制的讨论中,专家学者普遍认为,产业政策信息反馈渠道不通畅是我国产业政策评估面临的最大障碍之一。唐云锋等认为,反馈机制的不健全,使奖励与惩戒都形同虚设,从而影响了对政策评估结果的有效利用❷。李丹认为加强产业政策评估首先就要完善信息政策的反馈系统❸。何先刚等通过国外信息政策的对比分析,也认为我国产业政策反馈系统亟待完善❹。方丽娴、杨先明则对如何完善信息资源产业政策的反馈系统问题专门作了系统的阐述和分析❺。

3. 关于信息资源产业政策评估标准和评估指标体系

(1)关于信息资源产业政策评估标准

从收集到的研究文献看,相对于公共政策评估标准,信息资源产业政策评估标准的研究主要集中在适用性研究层面,即结合信息资源产业政策的特点,在公共政策评估标准的基础上做微调,以适应信息资源产业政策评估的要求。例如,信息资源产业政策评估的核心要素仍是公共政策评估所遵从的价值尺度。

有多个学者从产业政策有效性出发提出相关的评估标准。赵嘉辉首先梳理了产业政策的各种理论依据,然后根据历史发展和现实变化,提出了产业政策的基础层次机制论、产业发展定位论和国际层次竞争论三层次的分析框架,即"市场和政府""比较优势和后发优势""产业竞争"三个评价具体标准❻。陈瑾玫则从产业结构政策、产业组织政策、产业技术政策和产业布局政策的效应提出了"资源配置变化""产业结构优化""规模经济和产

❶ 唐云锋,李侠. 论我国科技政策评估体系中存在的问题[J]. 中国科技论坛,2004(4):106-110.

❷ 唐云锋,李侠. 论我国科技政策评估体系中存在的问题[J]. 中国科技论坛,2004(4):106-110.

❸ 李丹. 试论我国信息政策建设存在问题及应对策略[J]. 晋图学刊,2004(1):4.

❹ 何先刚,敖永春. 国外信息产业政策的比较及其对我国的启示[J]. 重庆工商大学学报(社会科学版),2008(3):65-68.

❺ 方丽娴,杨先明. 社会信息化发展中的国家信息政策分析[J]. 中山大学学报论丛,2003(6):274-277.

❻ 赵嘉辉. 产业政策的理论分析和效应评价[M]. 北京:中国经济出版社,2013.

业效率""产业技术水平提高和产业竞争力提升""产业布局优化"五个评价
具体标准❶。张泽一主要从产业政策类型对产业竞争力作用的分析,提出
产业政策效应评价的产业竞争力标准❷。韩小威将产业政策的评估分为效
果标准和效应标准两个方面,效果标准包括产业政策实现和产业政策绩效
两个方面,效应标准包括生产力标准、综合效益标准和国际竞争力标准❸。

宗诚明确提出从法经济学和法社会学的视角,重点以产业政策实施
效率作为信息资源产业政策进行评价的依据❹。刘德红通过政治、经济
和管理三个视角与分配性和限制性两个维度,对信息资源产业政策评估
的价值尺度进行了分析,即政治价值、经济价值和管理价值三个评估标
准,并以此价值标准为基础,对信息资源产业政策政府信息资源管理、个
人隐私保护、信息产业政策评估等做了实证性研究❺。

（2）关于信息资源产业政策评估指标体系

信息资源产业政策评估指标体系是国内学者研究的主要内容和重点
内容。由于评估指标体系是评估标准的具体化、确切化,所以评估指标体
系的研究与评估标准研究相比,更需要结合信息资源产业政策的特点,因
此政策评估指标体系研究的成果也更具有独特性。有关信息资源产业政
策评估指标体系研究的主要方向:一是评估指标的选择和处理;二是评估
指标体系的构建模式和程序。

在评估指标的选择上,多位学者做了有益的探索。傅威围绕信息政策
效益,达到或实现预期目标的程度及政策实施过程等问题,在公共政策评
估通用指标的基础上,对信息产业相关政策评估指标的选取、有效性验证

❶ 陈瑾玫. 中国产业政策效应研究[M]. 北京:北京师范大学出版社,2011.

❷ 张泽一. 产业政策与产业竞争力研究[M]. 北京:冶金工业出版社,2009:74-82.

❸ 韩小威. 经济全球化背景下中国产业政策有效性问题研究[M]. 北京:中国经济出版社,
2008:53-58.

❹ 宗诚. 网络信息政策法规实施效率研究[D]. 哈尔滨:黑龙江大学,2008.

❺ 刘德红. 政治、经济和管理——中国信息政策价值分析的三个视角[D]. 北京:中国人民大
学,2011.

开展了初步研究❶。钱明辉、杨建梁在如何评价信息资源产业发展水平上，从产业价值和产业环境两个维度选取了多项指标及其测算方法❷。李慧琳尝试将信息资源的安全性作为信息资源产业政策效果、政策合理性的评估指标❸。

在评估指标体系的构建程序和方法上，韩小威分析了在经济全球化背景下产业政策有效性的特点和测量方法，并以政策有效性为首要评估指标构建了产业政策评估指标体系❹。綦良群等认为产业政策评估要重视产业政策是否削弱了产业中经济主体的外部性，并将产业政策评估划分为事前评估、事中评估和事后评估三个阶段，分别构建出产业政策的评估指标体系❺。刘婷婷等在对我国信息资源产业政策安全性评估中，借鉴韦唐（Vedung）❻信息安全政策绩效评价模型，提出了构建多层次、多指标的评估指标体系的具体思路❼。关萍萍梳理了现有十一类文化产业门类的512条政策文本，对文化产业的体系标准提取46个要素，对现有文化产业政策的体系现状、政策目标设定中等角度构建了针对政策文本的3P（创造力、影响力和资本转换力）政策评估指标体系❽。

4. 关于信息资源产业政策评估的模式和具体方法

（1）信息资源产业政策评估模式研究

在政策评估模式研究方面，有学者提出要构建评估信息反馈系统，以提高评估过程的准确性。尹达等在数字内容产业政策评估研究中提出了从设立政府情报机构、统一人员培训、确保反馈信息准确三个层次构建信

❶ 傅威. 信息政策评估的指标体系[J]. 图书情报工作，1997（7）.

❷ 钱明辉，杨建梁. 我国信息资源产业发展评价的实证分析[J]. 情报资料工作，2015（4）.

❸ 李慧琳. 数字信息资源安全风险评估体系的构建[D]. 长春：东北师范大学，2011.

❹ 韩小威. 经济全球化背景下中国产业政策有效性问题研究[D]. 长春：吉林大学，2006.

❺ 綦良群，于渤. 高新技术产业政策评估指标体系设计[J]. 哈尔滨理工大学学报，2010（1）.

❻ Evert Vedung. Public Policy and Program Evaluation[M]. Transaction Publishers，1997.

❼ 刘婷婷，马海群. 我国信息安全政策绩效评价指标体系初探[J]. 管理观察，2014（4）：139-141.

❽ 关萍萍. 我国文化产业政策体系的3P评估[J]. 西南民族大学学报（人文社会科学版），2012（1）：144-149.

息评价反馈系统的设想❶。王超等也提出了加强和完善信息技术政策的评估信息反馈系统的建议❷。另外,也有学者尝试以信息资源管理理论和产业政策理论为基础对信息资源产业政策评估模式进行了深入的研究。例如,马杰综述了有关产业政策评估常用的模式和方法,包括数据包络分析法(DEA法)、构建回归模型等,对信息资源产业政策评估有较大的借鉴意义❸。

(2)信息资源产业政策评估具体方法研究

国内学者在信息资源产业政策评估的实践中,尝试了一般公共政策常用的评估方法,并运用这些方法,在信息资源产业评估的具体实践中积累了大量的有益经验。韩萍以我国软件产业政策评估为例,使用常用的定量与定性相结合的方法对《鼓励软件产业和集成电路产业发展的若干政策》和《振兴软件产业行动纲要》两项政策的实施效果评估进行了尝试❹。孙铭蔚、马海群基于加权灰靶决策理论,依据靶心距离选择最优政策方案,并指出该案例的方法可用于科学确定和评价信息资源产业政策方案的合理性❺。汪雅静、望俊成采用S-CAD("观点法"方法)对《中华人民共和国政府信息公开条例》进行评价,验证该评价方法针对信息资源产业政策的可行性。该方法的目标是帮助信息资源产业政策涉及的各参与者能更明确地界定目标,更清楚地理解不同参与者间的差异,简化评价过程❻。

5. 关于信息资源产业政策评估的实践探索研究

从收集到的国内研究文献看,当前信息资源产业政策评估实证研究不多,缺乏对信息资源产业政策总体评估的实践研究。而在细分领域的产业

❶ 尹达,杨海平. 我国数字内容产业政策法规体系和运行保障机制研究[J]. 图书情报工作,2010(23):20.

❷ 王超,崔旭. 我国信息技术政策发展现状与问题研究[J]. 现代情报,2012(1):16-19.

❸ 马杰. 我国产业政策评价方法综述[J]. 东方企业文化·产业经济,2012(2):111.

❹ 韩萍. 论我国信息产业政策研究及其评估体系的建立[D]. 长春:东北师范大学,2005.

❺ 孙铭蔚,马海群. 基于加权灰靶决策理论的信息政策方案选优[J]. 情报理论与实践,2010(7).

❻ 汪雅静,望俊成. S-CAD方法在信息政策评价中的应用[J]. 情报探索,2011(10).

政策评估实践研究中,则以文化产业政策、动漫产业政策的实证研究为主,涉及的具体产业类型较少。

如在文化产业政策评估实践中,杨京钟等采用数据定量分析方法对我国文化产业发展中的财政扶持政策进行了实证分析,评估了产业政策对我国文化产业发展的实际成效[1]。李洁利用层次分析法构建了文化产业政策的评价指标体系,并通过建立相应的评价模型,评估了山西省文化产业政策法规实施效果[2]。

在动漫产业政策评估实践中,刘斌定性评价了北京动漫产业政策的效果,认为北京政府的扶持在北京动漫产业的集聚过程中起了至关重要的作用,然而政策制定的初衷与实施的实际效果之间却出现了偏差,由此推导出产业政策在体系性、周延性以及针对性上存在错位[3]。李晶通过我国动漫产业政策的发展演变,从税种、政策适用范围、政策与产业链的配合度等方面定性评价了动漫产业税收政策在执行中存在的问题,并提出了相关调整思路[4]。

2.1.2 国外有关信息资源产业政策评估的研究

从目前掌握的研究文献看,国外与信息资源产业政策评估相关的研究,主要集中在理论框架、评估标准、评估方法和模式等方面。

1. 关于信息资源产业政策评估的理论框架

受政治文化传统和社会治理方式等诸多因素的影响,多数西方国家都没有将产业政策作为独立的政策门类,有关产业发展方面的政策基本上都列入一般公共政策范畴;我国所定义的信息资源产业,在西方国家大都被

---

[1] 杨京钟,吕庆华. 文化产业发展的财政投入效应评价研究[J]. 福建师大福清分校学报,2012(1):21-26.

[2] 李洁. 山西省文化产业政策法规实施效果评价模型的建立[J]. 山西农经,2015(10):20-21.

[3] 刘斌. 北京动漫产业政策实施效果与评价[J]. 现代传播,2013(1):100-104.

[4] 李晶. 我国动漫产业税收政策研究[J]. 税务研究,2011(2).

称作"内容产业"[1]"数字内容产业"等。而相应的旨在促进和保障这些产业发展的政策,大都被列入公共政策中信息政策的范畴。可以说,国外专家学者针对信息资源产业政策所进行的研究,有一部分是明确针对内容产业发展政策的研究,更多的则是包含在对信息政策或者创新产业政策的研究当中。这样的特点在与信息资源产业政策评估相关的研究中表现得尤为突出。为了行文的便利和研究的需要,以下将这两部分内容直接表达为对信息资源产业政策评估的研究。

　　基于现代社会治理对公共政策的特殊依赖性,评估对公共政策目标的实现有着特殊的重要作用,使西方国家对公共政策评估给予了高度的重视,相应的研究工作也取得了丰硕的成果,这一点突出表现在自第二次世界大战以来,经过几代人的努力建立起了扎实的政策评估理论基础。而这个理论基础与信息资源产业政策实践相结合,自然而然地形成了信息资源产业政策评估的理论框架。例如,Mueller 在 1993 年《信息资源产业政策评估的架构与政策研究》一书中对信息资源产业政策评估就作了系统的描述[2]。McClure 和 Medford 在《评估网络信息服务,技术,政策和问题》一书中系统地阐述了在网络环境下对于信息资源和服务的评价框架、方法论、可用性、评估政策以及未来的发展方向[3]。另外,学者 Woolthuis 等构建了一个有关创新产业政策(包括信息资源产业政策)设计的理论框架,该框架为政策制定者提供了实用的政策引导,包括如何设计、分析和评估在创新领域的政策措施等。这个框架的突出特点和贡献,就是有针对性地指出了信息资源产业等创新产业可能存在更多的"体系化失灵"现象,而这种"体系化失灵"是由市场失灵、政府失灵、创新失灵所共同造成的,在政策制定和实施中,可以有针对性地采取措施,以弥补这种"体系化失灵",同时,还可

---

[1] 欧盟"Info2000 计划"中把内容产业定义为"那些制造、开发、包装和销售信息产品及其服务的产业"。

[2] M Mueller. Information Policy – A Framework for Evaluation and Policy Research[M]. R.H.Burger,Ablex,Norwood,NJ. 1993.

[3] Charles R McClure,John Carlo Bertot Medford. Evaluating Networked Information Services,Techniques. Policy and Issues[M]. NJ,Information Today,2001.

以将此框架应用于相关产业政策的评估研究中❶。

还有一些西方学者的理论研究倾向于构建专门的信息资源产业政策评估框架,当然这些框架大都是在一般公共政策评估框架基础上,经过改良设计,特别是糅合了信息资源产业的相关发展理论后获得的。Shin 和Kweon 借用生态学理论,以宽带生态系统为基础建立了一个涉及政治、技术和社会三个方面的评估框架,对 2000—2010 年韩国宽带政策进行了评估❷。Dixon 则提出了以评价美国国家卫生信息网络(NHIN)的投入成本、付出和政策价值为内容的政策评估框架,该框架的具体内容分为五大类:实施、技术、政策、数据、价值,并且每种类别中分别列举了各种政策措施和措施的类型❸。

另外一些西方学者则主张要特别重视评估信息在信息资源产业政策评估中的作用。McDermott 明确指出了挖掘、寻找、评价和利用政府信息的重要性,特别是在政策评估依据和方法方面,他提出了基于美国政府政策信息系统的信息搜集方法和程序❹。

还有一些学者对互联网对信息产业政策评估主体和评估结果的影响进行了研究。Bozeman 系统探讨了互联网是否会影响政策评估的专业性,以及互联网对评估主体的影响。他认为,评估主体在互联网的信息获取能力的差异将影响评估主体评估的公正性和合法性❺。Keele 则构建了政府

❶ R K Woolthuis, M Lankhuizen, V Gilsing. A system failure framework for innovation policy design[J]. Technovation, 2005(25):609-619.

❷ Shin, Dong-Hee, Kweon, Sang Hee. Evaluation of Korean Information Infrastructure Policy 2000-2010: Focusing on broadband ecosystem change[J]. Governmetn Information Quarterly., 2011(28):374-387.

❸ Dixon, Brian E Zafar, Atif Overhage, J Marc. A Framework for evaluating the costs, effort, and value of nationwide health information exchange[J]. Journal of the American Medical Informatics Association., 2010(17)-3:295-301.

❹ McDermott, J Abigail. Fundamentals of Government Information: Mining, Finding, Evaluating and Using Government Information Resources[J]. Library Quarterly.2012(3):389-392.

❺ B Bozeman. The internet's impact on policy evaluation – Information compression and credibility[J]. Evaluation Review., 2004(28):156-174.

利用社交网络等工具采集公民对电子政府的满意度的理论方法,并在最后指出电子政府政策已倾向于把公民作为公共服务的消费者,而不是在政治体制的积极参与者❶。

2. 关于信息资源产业政策评估标准和评估重点

从收集到的研究文献分析,西方学者对于信息资源产业政策评估标准的研究大多以一般公共政策评估标准为基础,其研究重点在于在评估实践中对评估标准实现微调。他们普遍认为,信息资源产业政策评估标准与一般公共政策评估标准两者没有大的区别,只是进一步强调在信息资源产业政策的评估标准中更需要体现国家意识。例如,Relyea分析了美国联邦政府200年来的相关政策,指出政府保障公民民主和保护国家安全是与信息资源产业相关的公共政策首要体现的价值标准❷。

另外,有西方学者提出,信息资源产业政策评估,应当在原有政策效果评估、政策文本评估的基础上,更加重视政策过程评估。LaFond等对比分析了政府机构调查、二次文本和历史法律研究三种政策评估方法的准确性,他认为,同一项政策会由于不同数据收集方法带来评估结果的不一致,并指出应加强通过政策变化历史信息的分析,避免这种政策评估的误差❸。Sillince指出,欧洲信息资源产业政策缺乏一体化的特点,这导致了欧洲委员会相应政策评估模式的缺陷。他认为,这种一体化的缺乏是由于信息资源产业本身固有的特性,以及由于欧盟的政治特点造成的。他指出对信息政策的评估要考虑多方决策者的相关性利益和政策目标。同时,他还主张通过对政策制定过程的评估,及早发现导致政策不确定性的各

❶ Benjamin J Keele. Citizens and E-Government:Evaluating Policy and Management[M]. U.S. Information Science Reference.2010.

❷ Harold C Relyea Federal Government Information Policy and Public Policy Analysis:A Brief Overview [J]. Library & Information Science Research.2008(1):2-21.

❸ C LaFond,T L Toomey,C Rothstein. Policy evaluation research - Measuring the independent variable [J]. EVALUATION REVIEW 2000(24):92-101.

种因素❶。

3. 关于信息资源产业政策评估的模式和具体方法

政策评估模式和具体方法一直以来是西方学者在公共政策评估研究的重点领域,在信息资源产业政策评估研究方面也不例外。不同之处主要在于,其更加强调在原有评估模式和方法中充分体现信息资源产业的特点,更加注重发挥评估信息系统的作用和对评估信息的收集和利用。

McClure、Moen 和 Bertot 以美国政府信息定位服务(GILS)为例,对信息资源产业政策描述性评估方式试作了系统阐述,他们提出的描述性评估方式包括历史视角、政策工具审查、描述性建模、并排分析、相关政策工具的审查、文献综述等方法,该方法主要用于对政策目标及其实现程度的评估❷。

Shieh,Jeng-Ying 通过比较前后地理信息系统(GIS)和城市交通模型系统(UTMS)相结合的影响增量,使用增量分析的方法评估了台北城市无障碍交通替代方案政策的目标和效果❸。Hjorland 在评估信息政策效果时,提出对信息源(以互联网为例)甄别、检查、使用、考核、比较等12种具体评估方法❹。Sorrentino 等提出了以评估电子政府政策评估为例,充分肯定了评估者在进行政策评估时,充分利用信息和通信技术(ICT)系统的重要性,并指出可以通过这些工具实现政策评估从终结性评估向过程性评估的转化,

❶ J. A. A. Sillince. Coherence of issues and coordination of instruments in European information policy [J]. Journal of Information Science.1994(4):219.

❷ C R McClure, W E Moen, J C Bertot. Descriptive assessment of information policy initiatives: The government information locator service(GILS)as an example[J]. Journal of the American society for Information Science.1999(4):314-330.

❸ Shieh, Jeng-Ying. Evaluating the accessibility impacts of policy initiatives in Taipei: An application of integrating geographic information system(GIS)with urban transportation modeling system(UTMS) [D]. University of Southern California, 1995.

❹ Birger Hjorland, Methods for Evaluating Information Sources: An Annotated Catalogue[J]. Journal of Information Scienc, 2012(3):258-268.

同时,他还提出要注意评估信息源的信息污染问题❶。

Bakhshi等学者使用实验性政策评估方法(RCT+),评估了英国信息资源产业政策中创新服务提供者之间伙伴关系,其特点是,这种评估已经不是单纯的政策影响性评价,而是结合定性定量指标重点评价政策计划实现路径(How)和实现程度(What)❷。

Gavriilidis等学者提出了一个应用"政策赋权指数"以及五种理论策略对政策进行分类和评价的方法。他们提出的这个方法,主要是通过对政策草案,以及政策声明和新闻公告等相关出版物的审查,通过政策文本分析对公共政策进行评价。他们认为这种方法的一个突出优势就是可以提高民众参与政策评价的积极性❸。

Timmerman等学者认为,传统的政策评估方法使决策者和政策评估者之间存在一条信息鸿沟,而这条信息鸿沟会造成政策评估的偏差。为了克服传统政策评估方法的这一缺陷,他们提出了一个"五步计划法",该计划法主要是帮助决策者和政策评估者以适当的方式进行沟通,将政策目标分解成具体的信息需求,从而实现"信息对称",弥合信息鸿沟。该方法被应用在荷兰的水资源信息管理政策等政策的评价,其有效性得到验证❹。

4. 关于信息资源产业政策评估的实践探索研究

从既有的研究文献可以看出,西方学者非常重视产业政策评估的实践,实证方法在信息资源产业政策评估研究中得到了充分的应用。他们对

---

❶ Sorrentino, Maddalena, Passerini, Katia. Evaluating E-government Initiatives: The Role of Formative Assessment During Implementation [J]. Electronic Government: An International Journal, 2012 (2):128-141.

❷ Hasan Bakhshi, S John. Edwards, Roper, Stephen Assessing an experimental approach to industrial policy evaluation: Applying RCT plus to the case of Creative Credits [J]. research policy, 2015(10): 1462-1472.

❸ Georgios Gavriilidis, Ostergren, Per-Olof. Evaluating a traditional medicine policy in South Africa: phase 1 development of a policy assessment tool [J]. global health avtion 2012(5):1-U11.

❹ J G Timmerman, E Beinat, C. J. A. M. Termeer, Specifying information needs for Dutch national policy evaluation [J]. journal of environmental monitoring, 2010(12):1907-1917.

于信息资源产业政策评估的实证研究主要是在信息资源产业的一些细分行业领域展开，而且主要集中从评估模型、评估方法两方面进行实证研究。

Burger，Robert Harold 以 SATCOM 评估报告为案例，创建了以内容分析、专家调查为手段的信息资源产业政策分析模型，并探讨了信息技术在信息资源产业政策分析中的应用规律[1]。

Kullatip 在其博士论文中，分析了泰国校园信息政策在一个年度实施的情况，重点就如何制定校园信息化工程的政策，以及如何评价这些政策在实施阶段所表现出来的成果进行了研究。他的研究结果表明，政策执行的有效性会受到政策含糊不清问题的制约，并进而导致资金分配的延误。而这种情况的出现，进一步加剧了最高政府决策者的频繁变化，从而导致沟通不畅及严重缺乏相关方面的合作[2]。

Saxton 为了评估中介信息服务政策，以个人、组织和社会为维度，通过短期、中期和长期三个不同层次的利益和成本分析，提出了一个渐进和灵活的中介信息服务政策评估模型[3]。

Samuels 以电子出版政策为案例评估了开源软件在电子图书馆服务的应用效果[4]。Lindsay 以图书服务政策评估为对象，对学术医学中心图书馆服务从传统图书馆过渡到数字图书的馆藏项目实例作了评估并公开了评估结论[5]。Marchibroda 探讨了健康信息服务政策的评估问题，提出要以服

[1] Robert Harold. Burger. The Evaluation of Information Policy：A Case Study Using the SATCOM Report［D］. University of Illinois at Urbana-Champaign，1988.

[2] Kullatip Satararuji. An Analysis of Educational Technology Policy：Assessment and Implementation Factors in the Thailand Information Technology Campus project［D］. Northern Illinois University，1997.

[3] Matthew L Saxton. 2-1-1 Information Services：Outcomes Assessment，Benefit-cost Analysis，and Policy Issues［J］. Government Information Quarterly.2007(1)：186-215.

[4] Samuels，Ruth Gallegos Griffy，Henry Evaluating. Open Source Software for Use in Library Initiatives：A Case Study Involving Electronic Publishing［J］. portal：Libraries & the Academy.2012(1)：41-62.

[5] Lindsay，J Michae，Kemper，Adam，Oelschlegel，Sandy. Evaluating Print Collections for a Transition to Digital［J］. Journal of Electronic Resources in Medical Libraries.2012(1)：35-46.

务的质量、安全、效率,以及各利害关系方的价值为评价维度❶。

2.1.3　研究评述

1.　当前国内外同类研究值得肯定之处

(1)初步构建了信息资源产业政策评估的理论框架

信息资源产业政策评估理论基础是公共政策评估理论,国内外学者大多是在公共政策评估理论研究的基础上构建信息资源产业政策评估的理论框架,特别是贠杰、杨诚虎编著的《公共政策评估:理论与方法》一书,把国外公共政策评估理论研究成果和实践发展经验的理论进行了系统梳理,从政策评估系统、评估程序、评估方法、评估标准、评估指标体系等各个方面全面进行了介绍、整理和分析,并结合当代中国的政策评估实践,使国内公共政策评估理论与方法体系建设滞后的状况有了较大的改观。学者们在公共政策评估理论的基础上,结合信息资源产业政策的特点,丰富并完善了公共政策评估理论,初步构建了信息资源产业政策评估理论框架。

(2)将较新的评估方法引入信息资源产业政策评估研究

信息资源产业政策评估实践一般沿用公共政策评估的具体方法,如前后对比法等,通常以定性分析为主,定量或定性与定量相结合的分析方法并不多见,也缺乏相关实践。当前不少学者对此作了不少有益的探索,将新的评估方法引入信息资源产业政策评估研究,如数据包络分析法(DEA法)、构建回归模型、加权灰靶决策理论方法、S-CAD方法等,这些都是定量或定性与定量相结合的分析方法,为提高评估质量和效率提供了保障。

2.　当前国内外同类研究存在的主要问题

(1)信息资源产业政策评估理论框架研究不足

根据目前掌握的文献信息,国内尚无专门关注信息资源产业政策评估

---

❶ Janet M Marchibroda.　Health Information Exchange Policy and Evaluation[J].　Journal of Biomedical Informatics.2007(6)Supplement:S11-S16.

的专著,一些图书或教材对于信息资源产业政策评估只用了很少篇幅,难成系统,尚未构建起针对信息资源产业政策的全面、科学的评估理论体系。国内关于信息资源产业政策评估的理论研究刚刚起步,现有文献在研究深度和研究广度上都有待加强。

一是缺乏对信息资源产业政策发挥作用的机理及信息资源产业政策绩效特征的系统分析。信息资源产业政策评估研究需要运用公共政策评估的基本理论,但是必须体现信息资源产业政策的特色,这是构建政策评估体系的重要基础,但目前对于这方面的研究很少。

二是尚未构建起全面、科学的评估理论体系。现有研究主要侧重于对信息资源产业政策效果的评估,缺乏对政策制定、实施、效果的全过程评估,构建的指标体系不尽完善,且缺乏对评估主体、评估流程、评估方法的选择等其他评估体系要素的深入分析,真正规范的信息资源产业政策评估理论体系尚未在我国建立起来。

相对比而言,国外对于信息资源产业政策评理论研究起步较早,但是国外关于信息资源产业政策评估理论研究的文献偏重于评估方法和模式的研究,其原因主要在于国外的政策体系、政策实施环境与国内有较大的区别。由于目前我国信息资源产业政策理论和研究工作仍处于初级阶段,更需要在信息资源产业政策制定及实施环节展开评估理论研究,国外的经验无法简单地移植到我国,但国外的评估方法和经验非常值得借鉴和学习。

(2)缺乏信息资源产业政策评估指标体系的系统研究

从既有的研究文献可以看出,有关信息资源产业政策评估指标体系的研究支离破碎、难成体系,即使对某个方面的评估也很少有专门集中的深入讨论。

以信息资源产业政策效果评估指标研究为例,当前有不少学者对信息资源产业发展水平进行了评价,例如为测度文化创意产业集聚区的健康活力和发展潜力,牛维麟等提出过一个文化创意产业集聚区评价指标体系❶。毕小青等提出了一个文化产业竞争力的评价模型并建立了一个以评价文化产业竞争力为主要内容的指标体系❷。傅利平等以文化产业竞争力评价模型归纳分析了我国文化产业竞争力现状,认为"钻石"模型、"层次"模型、"二维结构"模型和"分叉树"模型四个模型均可不同程度对地区文化产业竞争力实施测度评价❸。王凡一则从产业投入产出效率的动态演进过程着手,评估了政策的实施效果❹。虽然上述研究成果在信息资源产业政策效果的评估中可以借鉴,但其主要是针对信息资源产业本身的评价,而不是针对信息资源产业政策,在研究当中需要有选择地借鉴。在评价信息资源产业政策的实施效果时,可以适当借用或参照以上构建的评估指标体系,但要构建信息资源产业政策自身独特的评估指标体系,尚需进一步地深入研究。

(3)实证研究的质量有待提升

由于缺乏系统的理论分析,目前对具体信息资源产业政策评估的实证研究仍不尽规范,评估结果要么依赖于评估者的主观判断,要么是单纯的统计数据分析,未能充分运用多种评估方法和工具,也未能做到综合考虑政策主体、客体等各方面的意见。

(4)研究主题有待细化和深入

从政策内容来看,目前的评估对象主要是针对信息产业政策、文化产业政策等,而对数字内容产业政策、地理信息产业政策、知识产权信息服务业政策等热门领域的评估却很少涉及。从研究内容上看,缺乏对不同地域、不同层级信息资源产业政策的比较研究,以及对政策评估标准、评估方法和模式等领域的分项研究。

---

❶ 牛维麟,彭翊. 北京市文化创意产业集聚区发展研究报告[M]. 北京:中国人民大学出版社,2009:29-62.

❷ 毕小青,王代丽. 基于"钻石模型"的文化产业竞争力评价方法探析[J]. 华北电力大学学报(社会科学版),2009(3):54-58.

❸ 傅利平,宋俊生,邓晶,等. 近年来文化产业竞争力及其评价研究综述[J]. 学术论坛,2010(6):168-171.

❹ 王凡一. 中国文化产业投入产出效率的动态演进[J]. 税务与经济,2015(4):41-46.

2.2　信息资源产业政策评估基础理论

2.2.1　信息资源产业政策评估及其功能分析

1. 信息资源产业政策评估的内涵

在政策科学领域,对政策做出相应的分析判断,有时候称为"评估",有时候则称为"评价"。但在更加科学的意义上,两者是有区别的。"评价"一般着重在程序性、定量性的测量,通常是对某个具体政策项目的事实判断,使用范围较广,如政策合规性评价、政策质量评价等;而"评估"一般着重在价值的认识与判断,是一种判断客体是否符合主体价值标准的活动。由于公共政策通常就是对政策主体基本价值观,以及一系列价值取向的集中体现,因此政策研究学者一般以"公共政策评估"表述把公共政策作为对象展开的判断分析活动,而很少采用"公共政策评价"的说法。

实际上,无论国内外的学术界,还是公共管理部门,人们对公共政策评估的认识,都是不完全一致的,对信息资源产业政策评估则更缺乏统一的定义。尽管这种状况并没有使人们放弃"评估"这种对产业政策发展有重要意义的活动,但尽可能从本质上正确认识这种活动的基本属性,对于产业政策发展中更好地顺应客观规律,取得更好的产业政策效果,还是非常有实际价值的。限于篇幅,笔者不准备列举中外诸多专家学者对政策评估内涵做出的种种描述,而仅概要介绍其中三种具有代表性的观点。

第一种有代表性的观点认为,政策评估就是分析和评价政策方案的过程。英国人理查菲尔德(Lichfield)认为政策评估就是一种"描述各种解决政策问题的方案,陈述各种方案的优劣点的过程"❶。美国阿肯(M.C. Alkin)也认为"评估是一种过程,这个过程在于确定重要的决策范围,选择适

---

❶ N Lichfield. Evaluation in the Planning Process[M]. Oxford:Pergamen Press,1975:4.

当的信息,搜集与分析这些信息并形成有用的摘要资料,作为决策者选择适当的政策方案的基础"❶。这部分学者的认识对信息资源产业政策评估实践有一定影响。例如,持这种观点的信息资源产业政策评估主体通常把政策评估工作安排在政策执行之前。

第二种有代表性的观点认为,政策评估就是评价和判断政策效果和政策影响的过程。美国托马斯·R.戴伊认为"政策评估就是了解公共政策产生的效果的过程,就是试图判断这些效果是否是所预期的效果的过程,就是判断这些效果与政策成本是否符合的过程"❷。中国台湾地区的林水波、张世贤也认为政策评估就是评估政策达到的效果,而且他们还认为需要利用研究设计的原则,来区分效果是由政策本身还是其他因素带来的❸。在信息资源产业政策评估实践中,持这种观点的人最为普遍。但是,由于评估全面性不够,持这种观点的信息资源产业政策评估主体组织政策评估时通常都遭遇操作性差的困惑。

第三种有代表性的观点认为,政策评估就是政策过程中具有独立性的一个评价测度环节。这种观点认为政策评估就是一项政策的基本过程中的一部分。而政策过程应该是如图2-1所示的流程。政策过程一般首先从提出政策问题的"政策议题"开始,其次,"政策决定"提出具体政策方案,再次是具体方案的"政策执行",最后,才是"政策评估"阶段。政策评估既是一项政策的终结点,更是政策持续改进发展起始节点。这种观点也强调了政策评估中有关政策效果评估的内容,但它更强调了政策评估对于政策过程中的地位。在信息资源产业政策评估实践中,持这种观点的人也不少,但在时间安排方面,通常在政策执行完毕后才考虑进行追溯性的政策评估。

---

❶ M C Alkin. Evaluation Theory Developent, in C.H. Weiss(ed.), Evaluation Action Programs, Boston[M]. Allyn and Bacon Inc,1972:107.

❷ 托马斯·R.戴伊. 自上而下的政策制定[M]. 北京:中国人民大学出版社,2002:203.

❸ 林水波,张世贤. 公共政策[M]. 台湾:五南图书出版社公司,1997:326.

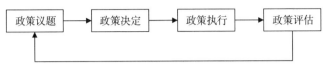

图2-1　公共政策基本过程

　　上述三种典型的观点,都从某一方面提示或强调了政策评估的基本属性,但都不同程度地存在着局限性。由于我国政策评估的理论和方法大多来自西方学者,加上相关研究起步晚、政策体制不同,我国在近年来信息资源产业政策评估实践中出现的一部分实际问题,大都与这种认识上的偏差有关。因此,笔者认为,有必要对信息资源产业政策评估的属性进行全面的揭示。

　　(1)信息资源产业政策评估是一个完整的评价测度系统

　　要深入理解信息资源产业政策评估的内涵,必须将其置于系统的观念下进行研究。信息资源产业政策评估包括了评估主体、评估客体、评估环境、评估标准、评估方法等诸多组成要素,这些要素组成了信息资源产业政策评估系统。信息资源产业政策评估是分层次、系统化的,有广义和狭义之分。广义上的信息资源产业政策评估是按照一定的评估标准和程序,对信息资源产业政策的质量和效果,以及诸多政策系统要素、环节进行的全面评估;而狭义上的信息资源产业政策评估,应该是对某项具体政策或若干个政策要素及环节的评估。总的来说,信息资源产业政策评估是由评估主体、评估对象(客体)、评估标准、评估方法构成的完整的评价测度系统。

　　(2)信息资源产业政策评估是全过程评估

　　事实上,从整体上看,信息资源产业政策评估并不是政策过程的最后一环,而是参与了信息资源产业政策全流程的所有环节,包括政策议题、政策决定和政策执行等。信息资源产业政策全流程如图2-2所示。信息资源产业政策评估是产业政策持续改进优化发展的关键节点。信息资源产业政策评估,可以在政策执行前评估政策方案,可以在政策执行过程中评估执行效果,也可以在政策执行后的一段时间内评估政策效果和影响。

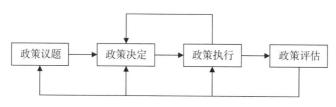

图2-2 信息资源产业政策全流程

（3）信息资源产业政策评估是一种价值判断活动

信息资源产业政策评估本质上是一种价值评价推断。而这里的价值是多元的,包括政治价值、经济价值、社会价值、发展价值等多种价值。信息资源产业政策就是对国家意志的成体系表达,是对国家在信息资源产业发展过程中基本价值观的具体化形式。因此,对这些产业政策的成败优劣的评价判断,必须充分体现国家意志,必须以是否有利于经济社会的科学发展为基本价值尺度。

（4）信息资源产业政策评估的核心要素是评估标准和方法

信息资源产业政策评价标准是上接价值判断依据、下连评价指标体系的核心要素之一。它既是对评价基本依据——价值尺度的具体化,又是规划设定具体评价指标体系的准则,对整个信息资源产业政策评估的方向和实效有规定性的影响。

信息资源产业政策评估方法是指为达到评估目的而采用的具体方式、路径、手段、措施的总和。评估方法的科学有效是实现评价目标的关键条件,信息资源产业政策评估需要根据信息资源产业政策发展需要和客观条件,准确选择和有效应用科学的评价方法。

通过上述对信息资源产业政策评估基本属性的分析,可以用属加种差的定义方法对信息资源产业政策评估的内涵做出界定,即信息资源产业政策评估是评价主体在特定的政策环境下,基于评价目的,依据评价标准,采用特定评价方法,对信息资源产业政策的方案、过程及其结果进行价值判断的行为或过程。

这个定义的基本含义是:

首先,信息资源产业政策评估是一种有高度目的性的价值判断行为或者过程。

其次,信息资源产业政策评估又是一种具有特殊性的价值判断行为或者过程,即评估主体、评估对象、评估标准、评估方法等基本要素有特定的结构和特定的内容。

最后,信息资源产业政策评估是一种全过程的价值判断行为,全过程包括政策方案制定、政策执行和政策终结等不同阶段。

2. 信息资源产业政策评估的类型

为了能够更加准确和全面地认识信息资源产业政策评估,除了可以通过赋予其定义的方式揭示其内涵,精准回答信息资源产业政策评估是什么的问题之外,还可以通过信息资源产业政策评估进行科学分类的方式,进一步揭示其外延,以精准回答信息资源产业政策评估都包括什么的问题。按不同的标准,可以对信息资源产业政策评估进行多种多样的类别划分,其中更具理论研究和实践应用价值的主要有如下几种[1]。

(1)依据组织工作正规化程度的不同,分为正式评估与非正式评估

正式评估是指评估主体按照预设的评估方案,根据一定的评估标准,通过特定的程序,对信息资源产业政策进行的评估。正式评估具有评估过程规范化、评估方法科学化、评估结论比较客观全面的优点。但其缺点也很明显,例如对开展评估的相关条件要求较高,不仅要有足够的评估经费,掌握全面的评估信息,而且对评估主体自身的素质也有比较高的要求。正式评估也包括委托专业的评估组织进行。

非正式评估是指对评估主体、评估形式、评估标准及程序不作特别严格的限制,评估者根据自己掌握的信息对信息资源产业政策做出评价和判断。这种评估方式优点是方式灵活、简便、易行,随意性强。它可以是某篇评论文章、某领导视察后的即兴评说,也可以是某篇公众网上的评论。

---

[1] 贠杰,杨诚虎. 公共政策评估:理论与方法[M]. 北京:中国社会科学出版社,2006:29-31.

（2）依据评估组织者性质的不同，分为内部评估与外部评估

内部评估是由信息资源产业政策制定者、执行者或者他们所属组织系统或者专业系统自己组织实施的产业政策评估活动。内部评估的优势是评估主体主要是内部成员，他们对政策的运行过程有比较全面的了解，可以掌握充分的评估信息，因此相对有利于评估活动的开展。但是，由于政策评估结果会影响政策制定者和执行者的切身利益，因此要其做出客观公正的评价会有一定困难。由政策制定者和执行者自己实施的评估，结果通常都会比较"好看"，可能存在报喜不报忧，自觉或不自觉地夸大政策正面效果的现象。同时，由于评估者对政策相对了解，因此容易受到评估主体主观因素的干扰，产生片面性，即所谓"当局者迷"。另外，在一般情况下，由于信息资源产业政策制定者通常缺乏政策评估的系统训练，特别是不存在更多的社会外部约束条件，因此，评估的质量和社会信赖程度都会受到一些负面影响。

外部评估是由除信息资源产业政策制定者、执行者或者他们所属组织系统或者专业系统之外的社会机构组织实施的产业政策评估。另外，依据是否存在委托程序，外部评估可以分为受委托进行的评估和未受委托进行的评估两种具体类型。

受委托进行的信息资源产业政策评估，是指受相关方面（可以是政策制定者、执行者或者他们所属系统，或者是其他相关部门机构）委托营利性或非营利性研究机构、学术机构、专业性的政策咨询公司、高校的专家学者等进行的信息资源产业政策评估。由于评估主体是专业的评价员，政策评估经验丰富，而且具有较大的相对独立性，同时由于其与委托方之间存在明确契约关系，因此，通常能够负责任地、客观公正地开展评估工作。但是，也不排除评估活动在经费等受到相关方的限定和影响，迫使评估主体迎合相关方的意愿而作出不客观、不公正的评估结论。同时，随着更多的咨询机构和个人参与提供政策评估服务，由于现实对他们的评估质量缺乏监管和责任追究制度，也可能会出现低劣的评估结果。

未受委托的信息资源产业政策评估，是指外部评估者出于自身的工作

职责、社会责任感、研究偏好、个人兴趣或相关利益而自行组织开展的政策评估活动。这些评估者包括立法机关、司法机关、新闻媒体、投资者、公民、研究机构、社会团体(第三部门)等。❶由于他们对信息资源产业政策实施的利弊得失有着最为真切的感受,可以对政策效果作出比较真实的评价。虽然外部评估能够代表各个阶层对信息资源产业政策的基本看法,评估结果相对客观公正,但是由于其不可能全面掌握评估信息,会出现评估质量偏差。另外,外部评估的结果一般不易受到重视和得到政府政策机构的采纳。

(3)依据所处政策过程阶段的不同,分为执行前评估、执行中评估和执行后评估

执行前评估也称为预评估,是指在政策执行之前对政策方案及政策执行可能导致的后果进行的分析评估。它的主要内容是对信息资源产业政策方案的评估以及政策效果的预测分析。对信息资源产业政策方案的评估主要表现为对政策方案进行价值分析和可行性分析。价值分析是对政策目标满足产业优化和促进需求的程度分析,是对政策目标是否适应与切合信息资源产业发展现实需求的主观认定。可行性分析是对方案所提出的各项政策措施背景、条件进行分析,通过分析主观客观条件、有利不利因素,对信息资源产业政策的可实施性作出评估。政策效果的预测分析则是通过对信息资源产业政策内容和外在环境的综合分析,对信息资源产业政策实施可能产生的效果作出预测,对可能获得的利益与成本预计支出进行比较。执行前评估的核心内容是政策方案的评估,是政策分析的主要内容。

执行中评估是对执行过程中的信息资源产业政策实施情况的评估。它旨在通过分析信息资源产业政策在实际执行过程中遇到的情况和问题,反映政策执行效果,及时反馈和纠偏,实现政策过程监控,保证政策目标的实现。由于政策制定过程中无法预测政策实际执行中可能出现的问题,因此及时对正在执行的政策进行调整、补充和修正就显得尤为重要。例如,

❶ 宁骚. 公共政策学[M]. 北京:高等教育出版社,2003.

政策是否得到严格贯彻执行,政策配套资源是否充足到位,政策环境是否发生了重大变化,政策实施人员素质、执行效率等都是执行中评估的重要内容。

执行后评估是对信息资源产业政策执行后体现的效果的一种全面的、综合的系统评估。执行后评估是政策评估最主要的评估形式,其主要任务是依据一定的评估标准和方法,具体考察某项信息资源产业政策的实施在客观上对信息资源产业的发展产生了怎样的影响。评估内容包括政策产出评估、政策效益评估和政策影响评估。信息资源产业政策产出评估就是对信息资源产业发展水平、产业结构、产业组织合理程度所作的评价分析。信息资源产业政策效益评估就是对政策产出和政策投入之间的关系所作的评价,以确定政策的投入/产出比。信息资源产业政策影响评估就是某项信息资源产业政策结果对目标群体、产业系统和环境所产生的影响的综合评估,包括正效应和负效应、短期效应和长期效应、直接效应和间接效应的分析和评价等。

(4)依据评估重点对象的不同,分为政策方案评估、政策过程评估和政策效果评估

政策方案评估,又称政策文本评估,是指以信息资源产业政策文件、政策方案为重点评估对象的产业政策评估。政策方案评估的内容主要从政策方案质量和政策文本的规范性两个方面提出规范性要求。这类评估旨在提高信息资源产业政策的科学性和规范性。

政策过程评估,又称执行力评估,是指以信息资源产业政策过程,特别是其中的制定和执行过程为重点评估对象的产业政策评估。政策过程评估主要是用来衡量政策执行机构的运作和执行人员的工作态度是否达到了要求,有没有违反政策原则、滥用权力等行为。

政策效果评估,是指以信息资源产业政策实际产生的执行结果为重点评估对象的产业政策评估。它关注两方面效果,一方面是政策的执行结果是否符合政策制度时确定的政策价值目标,包括政治目标、经济目标等;另一方面是政策的执行结果是否造成了非预期的影响。政策效果评估主要

是从效用、效益和效应三个方面来衡量信息资源产业政策的效果。

（5）依据评估具体目的的功用的不同，分为政绩考评评估、政策改进评估、方向导引评估、责任界定评估、正负激励评估等

信息资源产业政策评估的具体目的和功用是有很大差别的，评估组织者要实现的具体目的和功用不同，会形成不同的信息资源产业政策评估类型。

政绩考评评估，是指旨在对信息资源产业政策制定者制发或者执行信息资源产业政策的政绩进行的认定测度而进行的政策评估。其目的是要推进科学的产业政策管理思维创新，加快形成让政策主体政策创新的考评效应。

政策改进评估，是指旨在对信息资源产业政策进行问题分析、优化改进而进行的政策评估。

方向导引评估，是指旨在对信息资源产业政策的基本方向进行矫正和明确指引而进行的政策评估。

责任界定评估，是指旨在对信息资源产业政策中的存在的问题进行界定、明确责任性质和责任范围而进行的政策评估。

正负激励评估，是指旨在对信息资源产业政策制定和执行中的积极作为给予肯定和鼓励，或者对信息资源产业政策制定和执行中的消极作为给予批评和惩戒而进行的政策评估。

（6）依据评估活动的不同性质，分为内部审查性评估、社会监督性评估、自我检查评估等

内部审查性评估，是指由信息资源产业政策制定机构的上级机关依照工作常规或者专门需要，对产业政策所进行的合法、合规及合理性审查或者政策效能审查。

社会监督性评估，是指主要处于对信息资源产业政策制定和执行者的相关政策行为进行社会性监督检查而进行的政策评估活动。

自我检查评估，是指由信息资源产业政策制定者定期或者不定期自行组织的对政策合法、合规及合理性审查或者政策效能检查。

（7）依据产业政策类型的不同，分为产业结构政策评估、产业组织政策评估、产业促进政策评估等

产业结构政策评估，是针对旨在优化产业结构的信息资源产业政策进行的评估。产业结构政策评估重点测度信息资源产业政策主体对国家宏观产业结构变动趋势、产业发展现状、产业地位的认识水平，以及根据这种认识对产业结构调整作出的政策安排水平。

产业组织政策评估，是针对旨在优化同一产业内部各企业间在进行经济活动时所形成的相互联系及其组合形式的信息资源产业政策所进行的评估。产业组织政策评估重点，是评价社会资源在信息资源产业发展的区域空间和时间上的分配的有效性，测度它们对发展规模经济、促进和保障良性竞争、抑制垄断方面的实际效果。

产业促进政策评估，是针对旨在优化信息资源产业形成和产业发展动力、能力和空间环境条件的产业政策进行的评估。信息资源产业促进政策的评估，重点测度政策在实现社会资源在产业形成发展中有针对性的重点投入、倾斜性投入的情况，评价产业从政策中获得的发展的动力和能力水平，以及技术资源等配置的优化水平，同时还包括社会资源配置中的空间布局方面的优化水平。

3. 信息资源产业政策评估的功能

在管理学和产业政策领域，功能就是指事物有利的作用。对信息资源产业政策评估而言，它的基本功能，就是优化对信息资源产业发展的政策供给。信息资源产业政策评估基本功能主要表现在如下四个方面。

（1）提升信息资源产业政策的内在质量

①优化信息资源产业政策方案。在信息资源产业政策具体实施中，由于政策方案存在缺陷而导致政策执行效果偏离，这些例子是很多的。从政策科学角度上看，可以从方案的合理性、公平性、可行性和明确性等方面判断政策方案是否科学。这个方案科学与否的判断，是信息资源产业政策执行前评估的重要内容。通过对政策方案中的目标是否明确、方案是否可

行、方案要素是否完整等方面进行评估,若发现方案中存在的缺陷则可以对政策方案进行优化,从而提高信息资源产业政策的质量。

②提供信息资源产业政策运行的状态信息和反馈信息,确保政策质量的持续改进。任何公共政策都不可能完美无瑕,不可能做到全部问题都能预测,政策方案的执行也不可能自始至终不作变更。通常,公共政策都需要根据各项政策环境的变化,针对政策方案未发现的缺陷,在政策执行过程中不断修订和完善。在信息资源产业政策评估过程中,可以监控获取政策执行中的状态信息、反馈评估信息,为政策制定者、决策者提供修改、完善政策的客观依据,逐步提升信息资源产业政策的质量。

③提高信息资源产业政策制定的科学化、民主化。信息资源产业政策评估是提高政策质量的必经之路,信息资源产业政策制定科学化和民主化则是保证政策质量的制度基础。随着现代社会环境的日趋复杂,政策制定的难度也越来越大,政策制定者在政策规划时不能再仅凭靠经验,而要重视政策评估过程和结果反馈的信息,通过信息的分析为决策提供参考依据,提高政策决策的科学性。另外,政策制定者、执行者、政策目标群体都会参与政策评估的过程,并可以针对政策提出自己的意见,这个过程考虑了多方的利益和表达,体现了政策制定和决策过程的民主化。

(2)为信息资源产业政策的健康发展导引方向

①以正确的价值观为信息资源产业政策导引方向。产业政策评估实际上是一种价值判断,因此,有效的产业政策评估活动,可以弘扬信息资源产业发展的正能量。用正确的价值观引领信息资源产业政策的健康发展,可确保信息资源产业政策对信息资源产业发展的持久保障力、牵引力、推动力。

②诊断信息资源产业政策问题,引导产业政策科学发展方向。信息资源产业政策评估是全过程评估,评估将参与政策过程的每一个阶段。政策评估能够在政策的各个阶段对各种政策信息,如政策运行信息进行考察和分析,及时发现政策在不同阶段中出现的失误或偏差,有助于针对政策问题提出改进建议,优化信息资源产业政策。在信息资源产业政策诊断与优

化的同时,信息资源产业政策评估扩大了产业政策的正面效应,最大限度地规避或者减少负面效应。

③决定具体信息资源产业政策的延续、改进或终结的未来发展走向。政策科学要求政策过程要实现闭环,一项政策不能无休止地运行下去。一项公共政策在执行一段时间后,就需要判断其应该延续、改进还是终结。而信息资源产业政策评估正可以对每项具体信息资源产业政策的未来走向进行把脉判定。如果政策问题还没有得到彻底解决,政策目标没有达到,政策环境条件也没有出现重要变化,而且政策执行初具效果,那么可以延续政策,争取获得更大的政策效果。如果政策环境和政策系统有较大变化或者政策目标有调整或修正,则需改进相关政策,完善政策方案。如果政策问题已经解决或政策环境发生重大变化,又或实践证明政策方案存在重大缺陷,则需终结(如废止、替代或缩减)相关政策。

(3)实现信息资源产业政策资源的科学有效配置

产业政策本身就是一种重要资源配置方式,而任何资源实际上都是有限的,这就使得产业政策资源的科学有效配置成为一种客观的必需。

信息资源产业政策评估对于信息资源产业政策资源科学配置资源的意义,就在于科学的信息资源产业政策评估结果就是信息资源产业政策资源配置的重要依据。一项信息资源产业政策的制定和执行,需要国家和地区投入大量的人力、物力、财力支持,有效的信息资源产业政策评估活动可以为信息资源产业政策资源合理分配和利用做出准确的评判。这种评判结论实际上就为各种新的信息资源产业资源的重点供给方向和重点供给领域的确立提供了依据。同时,信息资源产业政策评估过程及其结论,还可以为各种信息资源产业政策资源的合理利用、效用倍增创造条件,实现信息资源产业政策资源效果的最大化。

(4)强化信息资源产业政策责任

①明确界定信息资源产业政策责任者,为政策优化发展注入责任动力。责任化政府要求政策主体要承担主体责任,而信息资源产业政策效果评估则是明确相关信息资源产业政策主体责任的基础。通过信息资源产

业政策评估,可以明确信息资源产业政策制定及政策执行的责任归属,确认其依法履行职责的实际状况。而这种来源于法定责任的巨大压力,将会转换成为政策制定者不断持续优化信息资源产业政策的动力。

②全面建立和完善政策问责制度。我国产业政策历来重制定,轻执行,其最重要的原因,一是没有客观的政策效果评估依据;二是没有建立行政问责制度,政府和官员无须对政策的好坏承担任何责任或承担极小的责任。当前各地方都提出要建立服务型政府、责任型政府,实行责任追究制度,政策评估是主要手段。信息资源产业政策评估,可以提高政策主体的责任感,有利于全面确立和完善信息资源产业政策责任相关追究制度。

4. 信息资源产业政策评估功能的作用机理

图2-3是信息资源产业政策评估功能的作用机理示意图,具体说明如下:

①包括内部评估和外部评估(社会评估)在内的产业政策评价活动,是作为信息资源产业政策过程的核心部分存在的,它起着为政策优化改进工作提供客观依据的作用;

②政策评估工作形成了对产业政策实际状况的认识,通过与目标间的比较,发现其差距,也就是存在的不足和各种政策问题;

③信息资源产业政策中的有关不足和问题存在的原因在评估过程中得到确认;

④信息资源产业政策中的不足、问题及其原因分析的结果被传输到政策改进工作环节,经过有针对性的研究和开发,形成有针对性解决问题的优化方案;

⑤将新的方案施加给产生不足和问题的具体活动环节,形成改善或者没有改善实际的状态;

⑥确认可以改善状态的政策方案成为更加优化的产业政策,持续性地对相关工作环节及其结果产生正面作用;

⑦无效的政策方案及其结果将被下一次的评估作为问题而发现、分

析、改进,并对相关政策过程产生作用获得结果,无效的对策措施及其结果又会被作为下一次评估所发现的问题和不足。

由图2-3可以发现,通过内部评估、外部评估所获得的评估结果,也就是对既有信息资源产业政策实际效用状态的认识,对实际效用状态与产业政策目标间的差距的认识,会随着信息资源产业政策的不断实施,持续地为信息资源产业政策的完善和改进提供依据,进而对信息资源产业政策过程中的几乎所有环节产生正面的影响。

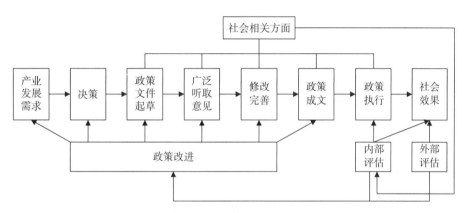

图2-3 信息资源产业政策评估的作用机理示意图

如果做更细致的分析,我们还会注意到信息资源产业政策评估在促进信息资源产业政策完善和改进过程中预防低效和不良,以及在纠正低效和不良中的具体作用过程。现代管理强调事前控制、强调预防为主、强调对问题的及时纠正。信息资源产业政策评估可以帮助相关方准确认识信息资源产业政策产生实际效用的状态,知晓形成"低效"和"不良"的原因,进而在新的信息资源产业政策方案中做出采取防范措施的设计,以达到防止问题发生,将问题消灭在萌芽状态的效果。

信息资源产业政策评估活动实实在在地产生了这样的影响:信息资源产业政策实施或者执行过程始终均处于受控状态。首先,以预防性的活动控制信息资源产业政策活动全过程,避免发生政策执行中的低效和不良问题;其次,一旦发生失误时,及时、适时地做出反应,或者通过调整和改变影响政策执行活动诸因素的状态,有效地纠正失误;再次,认定信息资源产业政策中的问题,对信息资源产业政策进行优化调整,甚至中止或撤销相关政策。

信息资源产业政策评估作用的过程,实际上就是反馈在产生作用的过程。图2-3表明,反映信息资源产业政策状态的信息,都是有回路的,都可以返回到信息资源产业政策过程的相关控制点上(如决策、实施改进等),这些信息通常都反映了政策目标与政策结果间偏差,可以成为信息资源产业政策优化改进决策的依据。

2.2.2 信息资源产业政策评估的理论依据

任何一项研究都需要理论依据和支持,信息资源产业政策评估研究也不例外。鉴于信息资源产业政策评估研究相关学科理论交叉较多,笔者主要从政策科学、公共管理学、管理科学、产业经济学和信息资源管理学等学科领域探索相关规律,寻求信息资源产业政策评估的理论依据和指导原则,如政策科学中的产业政策功能理论和政策过程理论,公共管理学的新公共管理理论,以及信息资源管理学的信息资源价值实现理论等。

通过对上述相关学科领域基本理论的梳理,笔者希望可以揭示信息资源产业政策评估相关问题的本质,或者可以取得信息资源产业政策评估研究相关问题的独特视角与基本方法。例如,运用政策科学的"产业政策功能理论"可以充分认识信息资源产业政策的必要性、有效性和局限性;运用"政策过程理论",可以更好地认识到信息资源产业政策评估是一种全过程的政策评估,从而依照政策科学客观规律最大限度地全面、科学、公正地开展政策评估活动;又如运用绩效评估的机制原理,可以认识和了解政策绩效评估机制的本质及其产生正面收益的基本规律和基本方法;再如通过责任化政府体制目标,既可以了解信息资源产业政策评估的必要性,又可以充分理解信息资源产业政策评估的规范性和科学性的要求;运用信息资源管理学的信息资源价值实现等理论,不仅可以更深刻地认识信息资源产业发展的战略价值,更可以自觉掌握和应用信息资源价值实现的规律性,从而能够确定客观、科学的信息资源产业政策评估标准。

1. 产业政策功能理论

产业政策的必要性和有效性一直是产业政策研究学者争论最多的问题,但至今尚未得到统一明确的答案。目前存在两种截然相反的观点。

(1)市场不足与市场失灵

产业政策确实必要且有效的理由之一是"市场不足",相关学者认为由于存在"市场失灵",通过产业政策可以优化产业资源的配置,提升产业竞争力,优化产业结构,促进产业技术进步,并最终实现经济赶超。如果放任市场调节,则发展中国家的产业很容易被锁定在国际价值链的低端,落于"贫困陷阱"。

有关产业政策作用机理的理论主要包括"市场失灵论""动态比较优势理论"和"产业政策演进经济学理论"。新古典经济学认为"市场失灵"是指在市场经济条件下,市场自由竞争经常会导致个别领域过度扩张和生产过剩,而有些领域则出现生产不足与资源短缺,导致资源配置的巨大浪费。因此,产业政策就是为了弥补或纠正这种市场缺陷。而"动态比较优势理论"则认为各个国家的产业优势由于不同的资源禀赋结构存在不同的特点,特别是在生产要素如劳动力、物质资源等方面体现相关的优势,应通过市场价格规律来体现。而通过政策、创新、经验等后天因素可以产生创造出新的产业比较优势,这些优势若仅仅依靠市场变化的信号进行结构调整,速度是比较缓慢的,而政府制定相关产业政策则可以实现这种产业结构和技术结构的迅速升级。"产业政策演进经济学理论"认为经济演进是由技术变革所引起的连续不断的突变,产业政策可以以知识产权创新为核心,围绕创新体系建立新的创新增长方式。

根据新古典经济理论,市场机制本身是存在局限或缺陷的,这种局限或缺陷被称为"市场失灵"。它体现在资源配置在某些领域不能实现"帕累托最优"❶,这些领域包括公共物品领域、促进基础科学研究领域等。以数据加工行业为例,企业需要多年的数据资源和人才积累才能产生经济效益,利润回收期较长,一般难以受到市场青睐,且新入企业竞争门槛极高。例如美国化学文摘社,其数据资源的积累超过50年,一般新生同类型企业与其竞争的壁垒非常高,因此这类企业如果完全依靠市场是无法发展壮大的。但是由于数据加工行业涉及公共利益,因而当前数据加工业仍需要产业政策的扶持。我国要建立市场经济体制,当然也就避免不了"市场失灵",推行产业政策在一定范围内就有其必要性❷。信息资源产业政策的合理性、必要性也是构建在"市场失灵"这一基础之上的。因此,有关信息资源产业政策评估的研究也必然以此为基础假设。

(2)经济发展与政府失灵

然而,也有人认为产业政策作用并非完美,产业政策没有必要且无效的理由之一是"政府失灵",认为政府没有能力挑选赢家,即政府不可能确定其给予支持的产业必定具有发展前途,未来必定获得成功;政府未必拥有称职的机构和办事人员,未必能使产业政策行之有效;政府对产业的干预很容易受到政治利益左右,在执行过程中容易导致寻租和腐败。信息资源产业政策评估的初衷,就是进一步优化产业政策,实现对信息资源产业的基本功能。因此,能否促进信息资源产业发展,提升产业竞争;什么样的信息资源产业政策能够有效促进产业发展;什么样的信息资源产业政策容易失效,无法促进产业发展,这些都是必须在信息资源产业政策评估研究中做出正确回答的重要问题。

2. 政策过程理论

政策科学是公共管理学科的新兴研究领域,其相关理论大多产生于第二次世界大战之后,并在西方国家得到了充分的发展。其中拉斯维尔等学

---

❶ 帕累托最优,是指资源分配的一种理想状态,假定固有的一群人和可分配的资源,从一种分配状态到另一种状态的变化中,在没有使任何人境况变坏的前提下,使得至少一个人变得更好。

❷ 刘文纲. 论我国产业政策的三个基本理论问题[J]. 经济问题,1999(8):5-7.

者提出的政策过程理论至今依然具有价值,并为当今的公共政策评估研究奠定了基础。它首先提出了以政府活动为导向的政策过程理论,认为政策过程分为信息、建议、法令、试行、执行、终止、评估七个阶段❶。布鲁尔在拉斯维尔的工作基础上提出了包括开始、预评估、选择、执行、评估、终结六个阶段的政策过程模型❷。他认为政策评估是一个动态的过程,是指由国家和社会行动主体对政策结果进行监控的过程,评估结果将是政策问题与解决方案的再概念化❸。

信息资源产业政策作为公共政策,同样遵循政策过程理论中的原则和模式。在信息资源产业政策评估研究中要综合应用管理学、经济学、统计学等多学科的理论并融入到具体的评估模式;另外,在信息资源产业政策评估中,问题导向和明确的规范性也得到了充分的体现。信息资源产业政策评估必须是一个全过程的评估,只强调预评估或效果评估都是片面的、有缺陷的。政策过程理论可以与信息资源产业政策评估的评估方法模式的适应性选择、评估标准的设定和评估指标体系的设计相结合,体现的不同的政策过程信息资源产业政策评估具有不同的区别性特点。

3. 新公共管理理论

公共管理理论在第二次世界大战后得到快速发展,并在20世纪70年代石油危机和科技革命的背景下形成了一整套理论。这场新公共管理思潮中萌生了许多新的管理理论如绩效评价、责任化政策、委托代理等。这些理论将为后续的信息资源产业政策评估研究和实践提供丰富的理论支持和导向。

(1)绩效评估理念

作为新公共管理运动的主要贡献和特色,新公共管理孕育和催生了绩

---

❶ Harold D Lasswell. A Pre-view of Policy Sciences[M]. New York:Ameerican Elsevier,1971.

❷ Garry D Brewer,The Policy Science Emerge:To Nurture and Structure a Discipline,Policy Sciences 1974(5):239-244.

❸ 麦克尔·豪利特,M.拉米什. 公共政策研究——政策循环与政策子系统[M]. 庞诗,等译. 北京:生活·读书·新知三联书店,2006:18.

效评估理论,同时绩效评估的理论与实践丰富和拓展了新公共管理的发展空间。绩效即是成绩和效益之意,两者是一个相辅相成的统一体。效益是成绩的导出,而成绩是效益的源泉。一般来说,绩效概念中包含了组织绩效和个人绩效两个层次,是指作为行为主体的组织或个人在其工作和活动中所取得的成就或产生的积极效果❶。随着新公共管理运动的深入,绩效开始进入公共行政领域并在许多政府行政部门赢得越来越高的评价,相关的评估被用来控制利害人履行其义务,并发展成一种用来处理因某些现象而引起的政策的机制。这些现象包括资源减少时对服务要求的增加、政策的多元以及政策工具不足等。

绩效评估理念对于信息资源产业政策评估具有导向作用,其中的评估标准、评估价值取向以及评估模式对于信息资源产业资源配置的效率评估具有较高的参照价值。

(2)责任化政府

政策评估必须以一定的制度作为基础,没有这个基础,就无法开展科学、规范的政策评估活动。这个制度基础就是以法治为基础的全面责任化政府体制,这是政策评估的重要动力来源之一,如果政府对其发布的政策方案对错、执行效率高低、政策效果好坏都不关心,就完全不需要政策评估。因此,责任化政府体制是信息资源产业政策评估的制度性前提;责任化政府的建构,应该成为开展信息资源产业政策评估的逻辑起点和制度基础。责任化政府体制是现代政策评估的制度性前提,系统的、规范的政策评估只能建立在责任化政府体制基础之上❷。

(3)委托代理理论

作为一种制度安排,委托—代理关系最早出现在国家法律、法规中。在法律意义上,代理是一种民事法律关系,是代理人以委托人的名义,为了委托人的利益,在委托人赋予的代理权限内与第三者所发生的法律行为。但这种行为的法律效果要直接由委托人而不是代理人来承担。在经济生

---

❶ 宋彭,王伟. 西方政府绩效评估的理论、实践及启示[J]. 创新,2007(2):86-91.

❷ 贠杰,杨诚虎. 公共政策评估:理论与方法[M]. 北京:中国社会科学出版社,2006:11-17.

活中,这种关系也具有相同的性质,如房产中介、技术中介等。

信息资源产业政策评估主体包括政策制定方、政策执行方、政策对象、政策利益相关方等,由于他们任何一方参与政策评估都将在一定程度上影响政策评估结果的客观性,因此公众参与政策评估等第三方政策评估成为当前研究的热点,而这一方面的研究和实践就需要委托代理理论来指导。

4. 信息资源价值实现理论

人类社会步入信息社会以来,随着信息资源战略价值的日益突显,信息资源开发利用和管理活动不断向广阔的领域深入发展。专门探索信息资源开发利用和管理规律的信息资源管理学科应运而生。这个学科源于20世纪60年代、正式形成于80年代的美国,接着就以令人吃惊的速度迅速在世界范围内扩展传播。几乎与美国信息资源管理学的形成同步,我国也在20世纪80年代开始了信息资源管理方面的研究,并形成了有一定特点的中国信息资源管理学科。目前,这一学科发展态势良好,在我国迈向信息社会的历史进程中发挥着越来越重要的作用。这种作用同样在我国信息资源产业政策发展中有突出表现,该学科所形成的相关理论原理在信息资源产业政策评估中同样有重要的指导作用。

从某种意义上看,信息资源管理学就是以探索信息资源价值实现规律为使命的学科,因此,信息资源价值实现理论就成为信息资源管理学科理论体系的核心和基石。而这一理论恰恰就是以确保信息资源战略价值最大限度实现为使命的信息资源产业政策制定和优化发展的重要理论依据。

我国信息资源价值实现理论认为,信息资源的价值,在本质上就是这种在信息社会特有的战略资源对国家经济社会发展的不可或缺的有用性,这种有用性主要表现在信息资源是"生产要素、无形资产和社会财富"[1];这

---

[1] 中共中央办公厅国务院办公厅《关于加强信息资源开发利用工作的若干意见》(中办发〔2004〕34号),2004-12-12.

种有用性所表现出的对经济社会发展全局性、根本性影响主要在于,它"与能源、材料资源同等重要,在经济社会资源结构中具有不可替代的地位"❶。

信息资源价值实现理论认为,信息资源价值必须通过"开发"和"利用"才能真正实现。信息资源开发,实际上是指人类旨在使信息处于可用状态而实施的各种行为或者过程。有目的、有组织、成体系的信息采集、清理、整序、加工、挖掘、存贮、保管等就是信息资源开发活动的主要方式,这些活动使信息从散漫到有序、从分散到集中、从潜隐到显露、从零星到系统,结束了信息的不可感知、不可控制、不可利用状态,处于随时可根据人们的需要和要求进入可得、可被利用状态。信息资源利用,就是指将信息应用于处置社会活动中的各种事务和问题的行为或者过程。离开了信息资源的开发和利用这两个过程或者两类行为,信息就不可得、不可用、不能用,其对人类经济社会发展的有用性也就无从谈起。开发使信息可被利用,利用产生有用性,为此,对信息资源来说开发和利用是其战略价值实现的必要条件❷。对于当今中国而言,信息资源通过开发和利用真真切切地实现着对经济社会发展的价值,具体表现为:有利于促进经济增长方式根本转变,建设资源节约型社会;有利于推动政府转变职能,更好地履行经济调节、市场监督、社会管理和公共服务职责;有利于体现以人为本,满足人民群众日益增长的物质文化需求;更重要的是,信息资源的开发利用还有利于发展信息资源产业,推动传统产业改造,优化经济结构❸。

信息资源价值实现理论认为,信息资源开发利用有多种具体方式,对现阶段的中国而言,政府信息资源开发和利用、信息资源公益性开发和利用、信息资源商业性开发利用三种方式更具有效性。这三种信息资源开发利用方式有不同的内在机制,遵从不同的规律和社会准则,但它们都与信

❶ 中共中央办公厅国务院办公厅《关于加强信息资源开发利用工作的若干意见》(中办发〔2004〕34号),2004-12-12.

❷ 赵国俊. 浅议我国信息资源开发利用战略思想的形成与发展[J]. 档案学通讯. 2009(3):4-6.

❸ 中共中央办公厅国务院办公厅《关于加强信息资源开发利用工作的若干意见》(中办发〔2004〕34号),2004-12-12.

息资源产业发展有紧密关联。三种开发利用活动不仅为信息资源企业群❶
供给着生产原料,而且还造就着信息资源产品和服务的主要消费者,成为
信息资源市场繁荣的推动力量。

信息资源价值实现理论还认为,信息资源价值实现需要有优化的外部
环境条件。社会环境、自然环境、人文环境、文化环境、技术环境、管理环
境、法制环境、市场环境等各种各样的环境因素都会对信息资源价值实现
产生重要影响。为此,优化有利于信息资源价值实现的外部环境条件成为
世界各主要国家和地区公共政策的重要使命和基本内容。

信息资源价值实现理论对信息资源产业政策发展,特别是对产业政策
评估的指导作用,主要表现在两个方面:①对产业政策优化发展,特别是产
业政策评估的指导思想、价值判定尺度的确立有规定性影响。优化的产业
政策无一不是以顺应客观规律为本质特征的,揭示了信息资源价值实现基
本规律的信息资源价值实现理论无可争议地将成为判定产业政策优劣的
核心价值尺度;②对产业政策评估方法的选择和应用提供理论原理依据。
真正适用、合理、科学、有效的方法,也无一不是尊重和顺应事物发展规律
的。信息资源价值实现既是信息资源产业的目标,同时也是信息资源产业
政策的基本目标追求。为了确保这一目标的实现,就需要在信息资源产业
政策评估方法选择和应用中,全面体现信息资源价值实现理论所体现的基
本精神,并以这样的精神作为评估方法选择应用的主要依据。

---

❶ 在一定意义上,产业就是指有密切关联的企业群落。

第3章　中国信息资源产业政策评估方法研究

方法是实现目标的工具和桥梁,评估方法是信息资源产业政策评估的核心要素,评估方法的科学有效是信息资源产业政策评估具备有效性的重要保证。广义的政策评估方法包括评估方法论、评估模式、评估程序、具体评估方法四个方面。本章从公共政策评估方法及其历史发展线索的描述开始,在概要介绍公共政策的一般评估方法的基础上,结合信息资源产业政策的特点,研究分析了信息资源产业政策评估模式及其选择、评估程序的设计、具体评估方法及其选择的要点。

3.1　公共政策评估方法及其历史发展

3.1.1　公共政策评估方法

评价、评估作为实用性的考查、测度的方法,在人类发展历史上早而有之,并且在人类社会生活的各个领域都有比较普遍的应用。例如,学校使用考试的方法测量学生掌握知识的程度;科研部门通过评审考查项目的必要性和可行性,并评测评价项目成果的实际水平和效益效果。作为人类具有高度目的性和政治性的社会活动的产物,公共政策同样需要通过一整套行之有效的方法,对公共政策形成的过程以及结果进行评价和估算。而且在一般情况下,这套方法的科学性、合理性水平,决定着评估结果的科学和有效程度。这实际上正是公共政策评估方法得到公共政策理论界和实践部门共同重视的主要原因。

公共政策的历史证明,公共政策评估实践发展的动力来源之一就是政策评估方法的多元化和多样性应用。据不完全统计,截至20世纪初叶,世界各国公共政策评估者使用过的评估方法已有100余种❶。这些政策评估方法特点不同,具体功能各异,适用的场合也不同,需要评估者根据具体的评估目的和具体政策特点进行选择。

笔者认为当今社会公共政策评估方法,已经形成了一个比较完整的体系。这个体系的存在和发展,可以使人们对评估方法形成整体认知,区分各种评估方法的层次,了解各种方法的特点,进而为结合实际需要和可能条件,科学、正确、规范地认识、分辨、应用政策评估方法。

一般来说,公共政策评估方法体系大致可以分为四个层次:一是政策评估的方法论;二是政策评估模式;三是政策评估的程序;四是政策评估的具体方法,如图3-1所示。

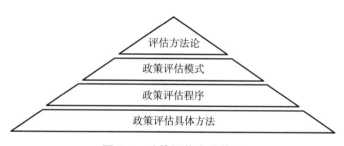

图3-1 政策评估方法体系

公共政策评估方法论是指政策评估方法的基础理论;政策评估模式是指介于评估方法论与具体评估方法之间的政策评估标准样式;政策评估程序是指政策评估活动过程的规定,也就是评估工作步骤系列的规划安排;政策评估的具体方法,是指具有实际操作意义的政策评估具体技术方法。

---

❶ 卡尔·帕顿,大卫·萨维奇. 政策分析和规划的初步方法(第2版)[M]. 孙兰芝,胡启生,译. 北京:华夏出版社,2002:361.

3.1.2 公共政策评估方法的历史发展线索概要

公共政策评估方法是政策评估的有机组成部分,也是政策评估实施所依据的手段和措施。每个评估技术方法在公共政策评估的应用都推动了公共政策评估整体的发展。近一百年来,电子计算机技术、系统科学方法、数量方法和经济分析模式等技术方法的实践和运用,极大地丰富了公共政策评估的具体技术方法。特别是从20世纪50年代以来,行为主义研究方法的迅速崛起及其作为主流研究范式地位的确立,更使得政策评估方法在短短半个世纪里迅速成长为一个独立的研究领域。

但是,公共政策评估方法的发展是与评估理论的发展相互促进的,每一次政策评估理论的革新,都会带来评估方法的更新和完善,同时又会促进新的政策评估理论的演进与发展,每一次评估理论的丰富和完善,相应地也会带来评估方法的革新和发展。因此,公共政策评估理论的发展史可以说就是公共政策评估方法的发展史。

根据美国学者古贝和林肯的归纳,政策评估方法的演进可划分为以下四个阶段[●]。

1. "测量"(Measurement)阶段

该阶段评估方法重视事实分析,即使用技术性测量工具,对政策绩效与效率进行客观、量化的检测,类似实验设计的方法,因此该阶段的方法属于定量的评估方法,是政策评估的基本方法。开创该阶段方法的代表学者包括坎贝尔(Donald T. Campell)、斯坦利(Julian C. Stanley)、萨茨曼(Edward A. Suchman)等。第一代评估方法受行为主义政治学的影响,高度重视事实分析与评估技术,因此评估者通常被视为"技术员"。由于此阶段的方法过分重视测量和实验研究结果,并未考虑评估结果是否被人所接受,因而饱受诟病。但由于评估角度和方法有效可行,该方法仍然是当前政策评估的基本方法。

❶ 卡尔·帕顿,大卫·萨维奇. 政策分析和规划的初步方法(第2版)[M]. 孙兰芝,胡启生,译. 北京:华夏出版社,2002:359-361.

2. "描述" (Description) 阶段

该阶段评估方法重视理论描述的功能,其基本任务是尽可能清楚、完整地描述公共政策所面对的社会系统、政策或计划的方式、参与者如何看待政策等,评估者从"技术员"变为"描述者"。该阶段的方法属于定性的评估方法,该阶段的方法还包括历史评估方法、案例评估方法。由于以客观事实为取向的描述并未包含政策主体的价值取向,评估者很难做到价值中立,因此并未解决"测量"阶段方法存在的核心问题,但这些缺陷同样并不影响其成为政策评估的基本方法。

3. "判断" (Judgment) 阶段

如果说第一、二阶段评估方法的使用者是"描述者""观察者",那第三阶段评估方法的使用者就是"参与者"或"判断者"。由于受后行为主义政治学理论的影响,该阶段评估方法重视价值的判断,其基本任务是将实验方法与实地调查方法结合起来,得出评估结果,以此影响政策的相关者。正如豪斯(House)指出:"由于应用环境的不同和基础设施的相应有效性,任何方法都可能是合适的,也可能是不合适的。"[1]评估者面临的问题不是在定性和定量两种方法之间权衡协商,而是如何根据评估情势和问题"正确"地选择评估方法。也就是说,评估的问题应该决定评估方法的选择,而不是相反。

4. "协商" (Negotiation) 阶段

该阶段评估方法又称为"回应性建构主义评估"(Responsive Constructivist Evaluation)。该方法认为政策评估应以反映所有有关政策的要求、观点为主体,以发现、论证不断互动为动力,以达成共识为核心目标。因此,围绕一个评估案例,首先是一种多元的认识建构,通过不断重复、分析、判断、再复述、再分析等不断辩证地建构共识,在多元认识的不断循环影响作用的过程中,自然环境、潜在知识、质化方法、量化工具和其他投入共同融合,最终产生一种共识,一种新的替代观念。回应性建构主义评估理论的

---

[1] Ernest R House. Evaluating with Validity [M]. Beverly Hill: Sage, 1980.

贡献主要是在方法论方面,而非具体的评估方法。

中国改革开放之前,由于缺乏公共政策评估体制,评估主体单一,政策的评估大多"一言堂"❶,因此也无所谓科学的评估方法,评估方法局限在传统的"测量"和"描述"阶段。从20世纪90年代以来,我国提出要转变政府职能,建立责任化政府,为评估方法的发展注入了新的动能,更注重评估方法的科学性。随着21世纪初互联网技术的广泛应用和电子政府的推广,公众参与政策评估的方式得到发展。而当前大数据技术的应用,评估主体通过信息平台获取评估信息更加便利,评估数据更全、更新,也促进了新的评估技术的发展。

有必要说明的是,不能根据评估方法所属的阶段类型的去判断评估方法的优劣,并不是说历史越久的政策评估方法效果越差。它们在具体实践中相互影响、相互促进,不同的评估条件、评估对象、评估目的都会影响不同方法的选择与实际效果。

3.2　信息资源产业政策评估方法论的探索

3.2.1　公共政策评估方法论

在公共政策方法体系中,政策评估方法论对政策评估方法的形成和应用有根本性影响。政策评估方法论(Methodology)是政策评估方法的理论基础,是对评估方法的科学性、合理性的哲学论证,并不是用于政策评估的具体方法。这一层次的评估方法属于认识论范畴,是认识论的程序性、操作性层面,处于整个评估方法体系结构的最高层次。在西方思想史上,人们形成了两类研究方法,一类是源自古希腊哲学并在以后的历史进程中完善的形式逻辑体系和数理逻辑体系,另一类是从牛顿、伽利略等近代科学家为代表逐渐形成的系统的实验和观察方法。前者由于技术局限,研究方法偏向思辨、逻辑推导和数学演绎;后者的研究方法偏重经验实证、事实陈

❶ 赵子源. 对于我国公共政策评估的回顾与思考[J]. 唐山学院学报,2013(3):83-84.

述。这两类方法及其所依据的认识论在漫长的实践中逐渐走向统一和融合。我国的政策评估方法所依据的认识论原则是马克思、恩格斯所创立的辩证唯物主义与历史唯物主义。但由于政策评估方法理论发源于西方,其所依据的认识论,即经验主义、理性主义以及作为两者的调和形态的逻辑实证(经验)主义、后现代主义对我国的公共政策评估方法产生了相当大的影响。

一直以来,人们的思考方法大多是一元化的,即重逻辑、实证和因果律的"理性主义"。在第二次世界大战之后,西方的社会与文化日趋多元化,一元社会受到批评,与一元社会共存的"理性主义"也受到批评,不少人转而推崇"后现代主义"。事实上,反对者并没有认识到"理性主义"不仅可用在一元的社会,也可用在多元的社会。反对者认为以西蒙(Herbert Simon)为代表的理性派用的方法包括系统分析、成本与效益分析等在伦理上并非中立,政策目标的定义往往就是争论的焦点;同时政策分析所用的各种"量化"的方法并不适用于政策这类包含多个含糊不清的社会关系。因此,后来理性派摈弃了"完全理性"(Comprehensive rationality),而改为"有限理性"(Bounded rationality)。以林德布隆姆(Charles Lindblom)为代表的渐进派则认为一般政策都是过往政策的延伸,以最少量的修改去适应环境的变动,是一步一步向理想靠近。理性派需要大家认同政策目标,渐进派则只需要大家认同政策本身,而无须考虑大家是否有一致的价值和目标。

实际上,理性派所持的"理性主义"仍是政策评估方法中的主流。理性派考虑的是技术,渐进派考虑的是政治。理性派所强调的是整个政策过程要"有迹可循",在思考上有系统化的逻辑,在政治上有合理的解释❶。20世纪90年代以来,随着评估理论向着更高层次的完善和发展,政策评估方法论从一元化进一步走向多元化,其核心已超越逻辑实证主义而走向"批评性复合主义"❷。

---

❶ 梁鹤年. 政策规划与评估方法[M]. 丁进锋,译. 北京:中国人民大学出版社,2009.

❷ 威廉·邓恩. 公共政策分析导论(第2版)[M]. 谢明,伏燕,朱雪宁,译. 北京:中国人民大学出版社,2002:3-8.

3.2.2 我国既有信息资源产业政策评估方法的一般特点

我国信息资源产业政策评估实践中缺乏自身特有的方法论的指导,一般遵循或参照公共政策评估的方法论。既有信息资源产业政策评估方法方面形成了如下一些特点。

1. 我国信息资源产业政策评估方法单一,以整体价值评估为主

我国政策评估主体的单一性,导致改革开放之前的政策评估方法实践局限在实地调研、官方传媒的公开报道、内参机构反映政策效果等类型;而改革开放之后,因评估侧重于经济建设的硬性指标,评估标准单一,制约了科学评估方法的借鉴和应用。如前所述,目前我国公共政策评估方法所依据的认识论原则是马克思、恩格斯所创立的辩证唯物主义与历史唯物主义,我国的政策评估方法论实践多数强调政策政治价值取向等评估准则,这是符合当时中国的社会主义发展阶段的特点和基本国情的。我国信息资源产业政策评估使用的方法多源自一般公共政策评估的具体实践,同时信息资源产业政策是政府主导的以促进产业发展为主要目标的经济政策,因此信息资源产业政策评估时必然更加注重政府发展经验目标价值的考量,其评估方法同样以产业政策整体性价值评估为主。

2. 我国信息资源产业政策评估缺乏系统、科学的方法论指导

评估方法的单一也导致了公共政策评估方法论研究和实践缺乏系统性的指导。李静芳从评估主体的角度提出了缺乏系统性指导的原因。她认为当前评估主体知识结构和思维方式比较单一,难以兼有思辨和公理化思维方式的长处,因此政策评估时不可避免地倾向于用价值判断代替事实分析,用定性分析取代定量结论[1]。而贠杰则认为我国公共政策评估缺乏具有自身学科特色的方法论体系指导,其主要原因是缺乏对其他学科分析

---

❶ 李静芳. 当前我国地方公共政策评估现状与对策[J]. 江西行政学院学报,2001(4):18-20.

方法的借鉴和整合❶。信息资源产业政策评估在发展初期难免受到公共政策评估的影响,因此其评估方法同样缺乏系统和科学的方法论指导。

3. 我国信息资源产业政策评估方法存在实证主义倾向

随着转变政府职能改革、强化政府责任意识,我国的政策评估从21世纪初开始已有向实证主义转变的倾向❷。而互联网和大数据技术的广泛应用以及公众意识的觉醒,公众参与社会管理和政策评估的呼声也越来越高,让数据说话,让利益相关者"发声",这些都是实证主义倾向的表现。信息资源产业由于自身与互联网和大数据技术天然的紧密关系,在其产业政策评估实践中自然而然地接受了实证主义的方法论,评估方法实证主义倾向性明显。

3.3　信息资源产业政策评估模式及其选择

在政策评估方法体系中,政策评估模式指介乎评估方法论与具体评估方法之间的政策评估标准样式。它是将评估方法理论与实践有机结合起来的一种政策评估思路、套路,其主要功能在于可以缩小政策评估中的主观随意性,使评估工作既能满足特定目的需要、符合具体情境条件,又能有一个基本的框架性遵循,降低操作难度,保证评估结果的科学性。公共政策评估已建立了多种评估模式,信息资源产业政策评估应根据不同的评估目标、评估对象特点,从中找到最适用的那一个,也就是进行适配性选择。

3.3.1　有代表性的政策评估模式

在西方的政策评估实践中,有各种各样的评估模式,评估学者试图将这些模式分类研究,其中比较有代表性的是三位学者归纳的政策评估模式:豪斯的政策评估模式、邓恩的政策评估模式和韦唐的政策评估模式。

❶ 贠杰. 论现代社会条件下的政府政策评估[J]. 江苏行政学院学报,2005(4):92-96.

❷ 和经纬. 中国公共政策评估研究的方法论取向:走向实证主义[J]. 中国行政管理,2008(9):118-124.

1．豪斯的政策评估模式

美国学者豪斯(House)根据评估的假设标准,归纳了西方政策评估的八大模式[1],见表3-1。

表3-1　豪斯的政策评估模式分类

模式	主要对象	一致意见	方法论	产出	典型问题
系统分析	经济学家、经理	目标、已知原因和效果、定量和变量	规划、计划和预算系统、线性计划、规划改进、成本效益分析	效率	获得预期效果了吗?可以使用更经济的方法获得该效果吗?效率最高的计划是什么?
行为目标	经理、心理学家	预告确定的目标、定量、产出变量	行为目标、成就测量	生产率、责任	获得预期效果了吗?计划起作用吗?
决策制定	决策者(尤其是行政人员)	一般目标、指标	调查、问卷、采访、自然改进	效果、质量控制	计划有效吗?哪些部分有效?
无目标	消费者	结果、指标	偏见控制、逻辑分析、做法	消费者选择、社会效用	全部效果是什么?
技术评论	内行、消费者	批评意见、标准	评论总结	提高标准、增强意识	批评家会同意计划吗?听众的赞赏增加了吗?
专业总结	专业人员、公众	指标、工作程序	专门小组总结	专业接受	专业人员认为计划的等级是什么?

[1] Ernest R House. Evaluating with Validity[M]. Beverly Hill:Sage,1980:121.

续表

模式	主要对象	一致意见	方法论	产出	典型问题
准法律	陪审团	程序和判断	准法律程序	决议	支持和反对计划的观点是什么?
案例研究	客户、实践者	谈判、活动	案例研究、采访观察	理解多样性	对于不同的人,计划有什么不同?

2. 邓恩的政策评估模式

美国学者邓恩(Dunn)提出了三种政策评估模式[1],见表3-2。

表3-2 邓恩的政策评估模式分类

模式	目标	假设	方法
伪评估	采用描述性方法获得绩效的运行结果的有效信息	价值尺度是不证自明的或不容置疑的	社会系统核算、标杆比较法
正式评估	采用描述性演绎法得到运行结果方面的有效信息。这些运行结果已经被正式宣布为计划目标	被宣布的目标是对价值的恰当的衡量	发展评价、实验评价、回顾性过程评价、回顾性结果评价
决策理论评估	采用描述性演绎法得到运行结果方面的有效信息。这些运行结果已经被多个"利益相关者"明确评估过	利益相关者潜在的也是正式宣布的目标,是对其的恰当衡量	评估力估计、多重效用分析

3. 韦唐的政策评估模式

德国学者韦唐从政府干预的实质结果入手,按"组织者"的不同将评估

---

[1] 威廉·邓恩. 公共政策分析导论(第2版)[M]. 谢明,伏燕,朱雪宁,译. 北京:中国人民大学出版社,2002:435.

模式分为三大类:效果模式、经济模式和职业化模式❶,如图3-2所示。

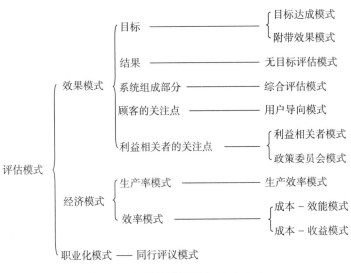

图3-2　韦唐的政策评估模式分类

3.3.2　信息资源产业政策评估模式的选择

1. 信息资源产业政策评估模式选择的重要性分析

评估模式选择对于政策评估的成败至关重要。选择正确的评估模式则事半功倍,选择错误的评估模式则事倍功半,甚至做"无用功"。在某种程度上说,政策评估的成功主要取决于评估模式和方法的选择与使用❷。

以政府数据开放政策为例,因为政府数据开放政策关注的是通过开放政府信息资源,降低信息资源加工行业的成本和入行门槛,为信息加工政府事业单位与信息加工企业提供公平竞争的环境,促进信息资源的使用。该信息资源产业政策目标明确,应该更关注政策效果,宜采用豪斯模式中的系统分析模式,采用成本效益分析方法,评估政府信息资源开放后取得

---

❶ Evert Vedung. Public Policy and Program Evaluation［M］. Transaction Publishers, 1997:35-92.

❷ 贠杰,杨诚虎. 公共政策评估:理论与方法［M］. 北京:中国社会科学出版社,2006:255.

的政策效益。而如果采用案例研究模式或行为目标模式,则没有抓住政策评估的主要目的,评估结果就是"无用功",也不会被政策决策者和实施者所采纳。

2. 信息资源产业政策评估模式选择的基本依据

科学选择信息资源产业政策评估模式的依据,具体可以考虑以下几点。

首先,要考虑政策评估的目标。政策评估模式虽然形式多样,但其根本考虑是政策评估的目标,有什么样的评估目标就会采取什么样的评估模式。因此,政策评估模式的选择先要清楚了解实施政策评估究竟是为了什么? 政策评估要取得怎样的成效? 如前所述,信息资源产业政策评估的目的是多元的,但其最重要的目的是完善信息资源产业政策,保障产业政策取得应有的成效。信息资源产业政策从根本上就是为了促进信息资源产业的发展。从这一点来看,信息资源产业政策评估模式的选择第一考虑因素是政策效果。

其次,要考虑政策评估的类型。不同的政策评估类型应选择不同的评估模式。例如,如果是正式的内部评估可采用邓恩的伪评估模式,如果是执行后或效果评估,则可采用韦唐的效果模式,关注政策目标的达成。

最后,还要考虑评估的条件。由于不同的信息资源产业政策有具体不同的特点和实际情况,例如在评估信息采集方面,如果某些信息无法采集导致某种评估模式无法实施,即使政策评估目的和评估类型与该种评估模式都非常吻合,也不宜采用。

3. 我国信息资源产业政策评估模式及其选择

根据目前我国信息资源产业政策评估的具体需要和可能条件,下面几种常用的产业政策评估模式更有实际应用价值。

(1)政策效果评估模式

政策效果是所有信息资源产业政策评估都关注的,因此该模式应用最为广泛。为了评估政策取得的效果大小和政策结果的影响,标杆比较法、发展评价、回顾性过程评价、回顾性结果评价、多重效用分析等方法都会应用于该模式。

（2）政策效益评估模式

信息资源产业政策评估在关注政策成本和产出时，将采用政策效益评估模式，具体操作时会综合运用目标达成模式、附带效果模式、综合评估模式、利益相关者模式、生产率模式、成本效能模式、成本收益模式等多种评估模式或方法。

（3）政策公平评估模式

信息资源产业政策主要是为了平衡政策相关利益群体的利益时，宜采用政策公平评估模式，具体可综合运用公众参与、资源配置水平评估等多种评估模式或方法。

3.4 信息资源产业政策评估程序

3.4.1 信息资源产业政策评估程序的价值分析

在英文中，与"程序"相对应的词是"process"，其基本含义可以解释为"过程、进程"。程序实际上是对事物、事物要素之间逻辑关系的反映，信息资源产业政策评估程序就是构成评估活动的各工作步骤或环节之间关系的模式。可见这种模式需要两个或者两个以上的工作步骤或环节。程序又是对事物、事物要素之间历史联系的反映，信息资源产业政策评估就是对评估步骤或评估环节之间原本时间顺序的确定性反映。

1. 信息资源产业政策评估程序的基本功能

信息资源产业政策评估程序是对信息资源产业政策评估规律的反映，信息资源产业政策评估程序不仅告诉评估者做什么，什么时间去做，而且解决"怎么做"的问题，因此，它必须包括每一个工作步骤或环节的具体方法。

信息资源产业政策评估程序是信息资源产业政策评估方法体系中的核心内容，评价程序最集中地体现着信息资源产业政策评估工作的价值观。信息资源产业政策评估程序的功能作用主要在于下面几方面。

（1）信息资源产业政策评估程序是评估工作高效化的保证

这主要表现在：评估程序是对评估工作经验的总结，按照评估程序可使评估过程更加符合客观规律性，有利于建立稳定的评估工作秩序；评估程序的存在减少了评估过程中的"多余"过程，减少了不必要的协调和尝试，使评估者获得可操作的评估依据，从而省时、省力、省人；评估程序可为评估工作过程增加"规定性"，从而减少工作中因责任不清、关系不明、去向不定、时限不确、标准不细、方法不合理等造成的时间延误等不利影响。

（2）信息资源产业政策评估程序是评估工作质量的保证

这首先表现在评估工作可以依靠规定的方式方法和标准及时发现和弥补各种疏漏和失误；其次，表现在有利于对评估工作过程的监督，规范相关管理工作人员和评估者的行为，减少他们在评估工作中对自由裁量权的滥用，抑制腐败，避免或减少以权谋私行为；最后，表现在评估工作可以克服各种不利的随机因素的影响，实现评估质量的均衡，也就是使评估结果尽可能不因评估者素质、评估环境条件的不同而形成比较大的差异性。

（3）信息资源产业政策评估程序是评估工作公平公正的保证

公平公正是人们对信息资源产业政策评估的普遍期望和基本要求。但同时人们也非常清楚，面对信息资源产业政策这样一个非常特殊和复杂的对象，要实现绝对的实体公平公正是非常困难的，很多时候甚至是不可能的。科学有效的评估程序可以通过程序上的公平公正，弥补实体公平公正方面的不足，因为有了这样的评估程序至少保证对相同的信息资源产业政策，在情况相同、条件相同的情况下，能得到大致相同的认识，有大致相同的评估结果。

2. 信息资源产业政策评估程序的核心价值——产业政策效能

如前所述，信息资源产业政策评估程序具有多重功能，在确保效率、质量或者实现公平正义方面都表现出特定的有用性。笔者认为，在信息资源产业政策评估程序的这些价值及其表现中,居于核心位置的价值,也就是最反映这个程序本质特征的价值,既不是效率,也不是质量,更不是公平正义,而是产业政策效能。

鉴于现阶段我国信息资源产业政策主体依旧以党政机关为主,因此,信息资源产业政策评估程序应当列入行政程序范畴,也就是说产业政策评估程序就是一种行政程序。但是,我们也不得不指出的是,产业政策评估程序又不是一般的行政程序,而是有一定特点的、特殊的行政程序。这种特殊性主要表现在两个方面,首先,信息资源产业政策评估程序属于内部行政程序,也就是说,产业政策评估程序关涉的事务是党政系统内部的事务而非关系社会各方面利益的社会公共事务,它所要评价和确认的是对本系统内部特定机构工作成果的性质和状态;其次,信息资源产业政策评估程序所追求的目标结果,主要不是抑制对行政权的滥用,而是要保证党政机关工作成果和预设目标的一致性,也就是确保产业政策确实能够实现促进和保障信息资源产业健康发展。

信息资源产业政策评估程序的这两个特殊性,使一般行政程序突出强调的在实现实体公平正义和程序公平正义❶方面的有用性,被排除在产业政策评估程序核心价值之外。因为一般行政程序所追求的公平正义是一种"社会性准则",无论从工具价值角度,还是从独立价值角度,无论追求实体公平正义,还是追求程序公平正义,主要都是要维护社会各方面的合法权益,使公共事务得到公正无歧视无差别的处置。但对于内部程序而言,因为所处置事务并不直接关涉社会各方面的权益,而只是对党政机关内部工作成果进行评价测度,所涉及的机构组织及其成员均为内部公务机构和公务人员,因此,评价测度的结果是否公平,公务机构和公务人员能否得到

---

❶ 程序正义是指对一种程序的正确适用,而这一程序本身有助于提高结果公正的可能性。程序正义介于实质正义和形式正义之间,是指在制定和适用规则、规范时的程序所具有的正当性。实质正义和形式正义主要是一种"结果评估",是评估程序结果的价值准则;而程序的本质是过程性、交涉性的,因此程序正义本质上是种"过程价值",它主要体现在程序的动态过程中,是评价程序本身正义与否的价值标准。

公平和平等的对待,虽也须顾及,但绝不构成主要的价值目标。

　　信息资源产业政策评估程序的这两个特点,同样将一般行政程序所强调的单纯的"效率"或者"质量"排除在核心价值之外。因为对于党政机关内部工作活动而言,效率只是一个简单的工作投入与工作产出之间的比率,也就是工作活动所取得的劳动成果、社会效益同所消耗的资源(人力、物力、财力和时间)之间的比例关系。这其中并不涉及活动自身的价值判断,并无质量方面的规定性。因此,对于信息资源产业政策评估而言,工作效率固然是重要的,评估程序也确实可以为效率的提升确立保障,但却绝对不是最重要的,因为如果评估工作本身不具备正面价值,不属于"正确的事情",那么,程序越完备有效,工作效率越高则意味着这项工作活动的实际危害越大。故此,效率并不能构成信息资源产业政策评估程序的核心价值取向。另外,单纯的"质量"也不能构成产业政策评估程序的核心价值。对于一项工作活动而言,质量无非是这项工作优劣的程度,优化的评估程序确实可以为工作质量提升做出贡献,但如果失去对工作目标的价值判断,优化的工作活动也不能保障工作结果与正确目标确立一致性。故此,单纯的工作质量也不是信息资源产业政策评估核心价值所在。

　　那么,信息资源产业政策评估程序真正的核心价值是什么呢? 笔者经过认真的分析研究认为,这个核心价值就是产业政策效能。

　　效能通常是指活动达成预期结果或影响的程度;产业政策效能则是指产业政策目标的实际达成程度。产业政策效能实际上是一个复合概念,它包含效率和质量两个方面的因素,但又不等同于两个概念外延的简单相加。与效率相比,效能是指目标达成的程度,着重对目标正确性的把握;与质量相比,它更强调效果,而不仅仅是时效,不仅仅是投入产出量和它们之间的比例关系,它更加强调质量保证能力建设,而不仅仅是最终的质量结果。产业政策是追求政策目标达成程度的,是讲效果、讲时效、讲质量、讲经济性、讲能力保证、讲服务对象满意度的一个综合性概念。依我们前述对信息资源产业政策评估活动客观规律的初步揭示,不难看出,这些才是信息资源产业政策评估程序最重要、最能反映信息资源产业政策评估程序本质特征的核心价值。我们完全可以这样认为,对于完全针对党政机关内部工作活动过程设定的信息资源产业政策评估程序而言,它的最大的有用性、最重要的有效性,既不是公平正义,也不是效率或者是质量,而是产业政策目标的有效达成程度,是产业政策是否在评估程序的保障之下,在评估程序自身对科学、合理、民主、秩序的有效维护下,更加有效地促进和保障信息资源产业的健康发展。

信息资源产业政策评估程序以产业政策效能,也就是以产业政策目标达成程度为核心价值的特点,要求我们在产业政策评估程序设计和实施过程中,始终将产业政策目标达成程度,也就是最大限度地促进和保障信息资源产业的发展,放在首要位置。在与产业政策评估程序过程相关的一切价值判断、一切资源配置、一切取舍判定、一切措施安排中,都要服务和服从于实现信息资源产业政策目标的需要和要求。

3.4.2　公共政策评估程序的一般构成

公共政策的具体种类确实具有多样化特点,具体性质不同、具体功用不同、评估要素的具体构成不同,这使每一种具体公共政策的评估程序过程各有特点。但是,整体功能的一致性、整体要素构成及其作用方式机理的一致性、对政策评估核心价值目标追求的一致性,使得公共政策评估程序过程需要遵循一些共同的规律性,这些共同性集中表现在所有公共政策评估程序的一般构成具有一定的通用性。

笔者通过对国内外公共政策过程的研究发现,公共政策评估程序大致可以分为准备、评议、审定、利用四个阶段,每个阶段都存在一部分共性的步骤,如图3-3所示。

图3-3　公共政策评估的基本环节

需要注意的是,图3-3只是公共政策评估的一般过程,客观实践中的具体政策过程会因评估类型、评估性质、评估目标、评估主体、评估客体、评估方法的不同有很大的区别。

1. 准备阶段

该阶段的主要内容包括明确评估目标、确定评估具体对象、明确评估约束条件、设计并确定评估方案(包括评估指标体系)、组成评议机构、落实评估工作所需要的设备设施和经费等资源条件、公告、接受申报等。

准备阶段是评估工作的基础和起点,要从人财物、技术、信息、配套政策、人员思想统一等多方面做好准备,明确评估的重点,避免盲目。无论是正式评估还是非正式评估,政策评估准备阶段都是必经阶段,只是非正式评估可以根据政策的特点简化或省略某些步骤。

(1)确定评估对象

该步骤主要解决政策评估的可行性和必要性的问题。并不是所有政策在任何时候都可以拿来评估,确定评估对象就是要分析政策是否具备可评估的条件,分析政策是否有必要评估,是否符合政策评估的时机,评估的对象是政策要素的评估还是政策过程评估等。

分析政策是否具备可评估的条件、是否有必要评估其实是确定政策可评估性的问题。结合我国信息资源产业政策的特点,应该从以下几个方面确定政策可评估性:①法定评估项目;②问题较大的政策;③效果显著的政策;④应要求评估;⑤长期项目的阶段评估。❶

是否符合政策评估的时机主要是针对政策效果评估来说的。评估时间过早是不合适的,因此政策的效果需要一段较长的时间才会显现。若过早评估,评估的结果也因缺乏科学性而不具有参考价值。

由于政策评估是全过程的评估,因此确认评估对象还包括选择评估对象,一般包括政策方案、政策过程和政策效果。例如,是评估政策方案的合理性、政策过程的规范性,还是能否取得政策预期效果?选择不同的评估

---

❶ 高兴武. 公共政策评估:体系与过程[J]. 中国行政管理,2008(2):59.

对象就决定了不同的评估重点,例如,是评估特定行业政策如知识产权信息服务政策,还是评估特定技术政策例如数据开放政策?

(2)分析评估对象

分析评估对象的主要内容包括理清政策问题、政策目标、政策利益相关者、政策背景和作用机理、政策工具等。

要理清政策所要解决的问题,就是要明确政策问题是什么,它确实是政策问题吗?它是如何进入政策议程的?政策出台的过程是怎样的?

政策目标是政策制定和执行的前提和基础。在具体实践中,经常会遇到政策目标不明确的情况,导致政策多重目标间冲突、目标经常变更等问题。政策目标也分主要目标和次要目标,直接目标和间接目标等,甚至有些政策实际目标并非政策文本中表述的那样有不可告人的目标,例如可能是官员的政绩。

分析政策作用机理就是要弄清楚政策中为实现政策目标使用了什么方式和手段,采用了什么政策工具,这些政策工具是如何发挥作用,发挥了什么样的作用等。

(3)设计评估方案

设计评估方案是政策评估准备阶段的重要内容,它是在上述调研的基础上指导政策评估,其设计的合理性和科学性直接关系到评估的质量和评估工作的成败。一个完整的评估方案主要包括评估对象和主体、评估目的和目标、评估标准和方法、评估程序等。❶

2. 评议阶段

该阶段的主要内容包括采集评价所需要的数据信息、对数据信息进行整序处理、对成果本身进行认定、对成果效应进行认定、形成初步评议结果。

评议阶段是评估活动中最重要的阶段,它需要利用各种方法收集政策制定、政策执行、政策效果、政策效益等方面的信息,并在此基础上进

---

❶ 高兴武. 公共政策评估:体系与过程[J]. 中国行政管理,2008(2):61.

行整理、分类、统计和分析,然后选择合适的评估方法展开评估并得出评估结论。

政策评议阶段的核心内容包括两个方面,即政策信息的收集、政策信息的分析。

(1)政策信息的收集

政策信息包括主观信息和客观信息,涉及政策的系统、过程、效果等方面。从政策信息来源上看,政策信息又有一手信息和二手信息之分。不同种类的信息一般需要采用不同的信息收集方法。例如,观察法、调查法一般用于一手信息的收集,文献研究一般用于二手资料的收集。

(2)政策信息的分析

政策信息的分析可分为统计分析、逻辑分析和理论分析三个步骤,它是从具体到抽象的一个过程。为了使信息容易被理解以便应用于统计系统,需要应用统计分析方法分析收集到的政策数据,这是统计分析过程;如需要分析政策数据之间的因果关系,则需要应用逻辑分析方法,这是逻辑分析过程;在最后的理论分析过程,可以将上述两个步骤得出的结论进行归纳、抽象,总结经验教训。

3.　审定阶段

该阶段的主要内容包括初步评估结果的公示、评估结果复审、确定评估结果、正式公布评估结果。

审定阶段的核心内容包括两个方面:政策评估结果反馈、撰写评估报告。政策评估者在政策评估分析得出结论后,需要将政策评估的结果向政策制定和执行者反馈,以发挥政策评估的诊断、监督、完善等作用。同时评估结论的反馈也使评估结果更加可信、有效以及可接受。反馈的形式包括传统会议方式(如座谈会、发布会)、网络媒体方式(如网评、社会讨论)等。接下来就是撰写评估报告。评估报告是政策分析结果的表述,正式评估有固定的结构和形式,非正式评估的评估报告结构和形式则多样而灵活。

4. 利用阶段

该阶段的主要内容包括将评估结论向相关方面报告,作为优化和持续改进政策的参考和依据,对下一步的产业政策过程和结果产生影响。

在上述四个阶段,为了维护相关方面的合法权益,还可以包括处理相关投诉、申诉、复议,使合法权益受到侵犯并造成损害的相关方获得恢复和补救的机会。

3.4.3 我国信息资源产业政策评估程序的设计要点

信息资源产业政策是公共政策的重要组成部分,相关政策的评估当然也需要遵循公共政策评估的一般规律,需要履行公共政策评估的一般程序;信息资源产业政策又是公共政策中具有特殊性的政策,它还需要遵行一些特殊的规律性,包括特殊的程序规则。这些特殊规律性主要表现在信息资源产业政策评估具体程序的设计规划过程中。具体程序的设计规划应当特别关注和充分体现如下要点。

1. 政策评估程序的设计必须遵循信息资源产业政策形成和产生作用的特殊规律,符合信息资源产业政策发展的实际需要和要求,确保评估过程和结果客观公正

①信息资源产业政策涉及面广,政策目标既有产业经济发展又有政治、文化等方面因素;既有财税政策又有人才政策;政策利益既与企业相关又涉及公众。因此在确定评估对象时,要有重点,要结合评估目标选择重要的评估对象,不能大而全。

②信息资源产业政策调整的主要对象是信息资源产业组织利益的分配,政策既对产业组织内部有影响也会对产业组织外部有影响。因此在分析评估对象时,要综合考虑,不能有所偏颇。

③由于信息资源产业天然注重信息的收集和利用,因此应加强评估信息的收集和分析,尽量使用客观、可量化的评估信息。

2. 政策评估程序的设计必须注意各种复杂环境因素的影响,特别是要充分顾及政治、法律、经济、文化等约束条件的限制,使设计结果保持对客观环境及其变化的高度适应

①信息资源产业政策评估程序必须能够"因地制宜",特别是对产业区域政策的评估需要充分考虑各地方的实际情况,评估标准和程序不可绝对一致。

②信息资源产业政策评估程序必须能够"因时制宜",产业政策有较强的时效性,在评估时机的选择上,要充分考虑产业政策是否已取得一定的效果,政策的影响是否已经基本呈现。

③信息资源产业政策评估程序必须能够"因事制宜"。信息资源产业细分领域较多,各种细分产业政策有其特殊性,在制定评估方案时也要考虑有所区别。

3. 政策评估程序的设计必须有利于实现评估结果在核心价值目标方面的和谐统一,兼顾政策效能和公平公正

①在整体上要确保政策评估价值目标双元统一,不偏废其中任何一个方面。

②在评估对象主要涉及产业发展的情况下,要以政策效能为主,兼顾公平;在评估对象主要涉及公众利益的情况下,要以公平、公正为主,兼顾政策效能。

4. 政策评估程序的设计必须注重实效,克服烦琐哲学,尽可能节约政策资源,注意使评估活动尽可能简化便利

①确保评估活动取得实际效果的所有必备政策评估过程要素齐全完整、有序、有效。

②将人力、物力、财力资源集中使用在确保政策评估取得实际成效的重点过程要素上。

③在确保评估程序功能不变的前提下,尽可能对政策评估过程要素实现化繁为简。

④从信息获得的便利性考虑,参与评估活动的主体排序为社会大众、外部专家学者、政策实施主体、政策制定主体、政策评估组织者等。

3.5 信息资源产业政策评估具体方法及其选择

政策评估的具体方法就是狭义的政策评估方法,指具有实际操作意义的政策评估的具体技术方法。信息资源产业政策评估具体方法的选择应用方面有着特殊的规律性。充分了解和理解、认真顺应这些特殊规律性,是确保信息资源产业政策评估方法科学有效的重要条件。笔者认为,在数量多达百余种的公共政策评估具体方法中,与信息资源产业政策评估特殊规律更加契合的方法主要有三大类:政策方案评估方法、政策过程评估方法、政策效果评估方法。而在真正的产业政策评估实践中,这些不同的方法各有自己的适用范围,需要依据不同的标准和依据,实事求是地进行科学选择。

3.5.1 适合信息资源产业政策评估的基本方法

1. 适合信息资源产业政策方案评估的方法

以产业政策方案为重点对象的政策方案评估是信息资源产业政策评估的重要方式之一。在采用这种方式进行产业政策评估时,重点任务是对产业政策中的决策方案进行预测分析,对产业政策方案进行可行性论证,因此,相应的预测方法、可行性论证方法就有比较高的应用频率。

(1)信息资源产业政策预测的方法

政策的共有特征是未来取向,信息资源产业政策也一样,因此政策评估者需要以既有信息为基础,预测政策的未来趋势。信息资源产业政策预测的方法很多,常用的有以下三种类型❶,见表3-3。

---

❶ 威廉·邓恩. 公共政策分析导论(第2版)[M]. 谢明,伏燕,朱雪宁,译. 北京:中国人民大学出版社,2002:225.

表3-3 政策预测方法分类

预测类型	依据的方法论	预测技术
外推预测	趋势外推	时间序列分析、线性均势分析
理论模型预测	理论和模型	理论图形化、因果模型、回归分析
判断预测	有见地的预测	德尔菲法、可行性评价

政策评估中的预测是一种程序或方法。它是根据政策问题、政策目标和政策方案的信息对政策发展前景的预计、推测或判断。而预测根据其依据和技术方法可以分为不同类型。邓恩认为预测有投射、预定和猜测三种形式，而预测方法论的基础分别与这三种形式相联系。趋势外推（trend extrapolation）是把过去观察到的均势扩展到未来；理论假定（theoretical assumption）是在系统地建构的经验上可以检验的系列定律和命题；有见地的判断（informed judgments）基于经验、见识、灵感、直觉一类的知识，而不是靠归纳或演绎得来的知识。

信息资源产业政策方案评估中的预测类型也离不开这三种。例如产业规划方案具体目标的确定、相关信息产品市场下一年竞争水平的测算等。

理论预测的方法是根据理论假设以及现在和历史的数据对未来状况作出判断。常用的理论图解法（Theory Mapping）主要是帮助评估者查明因果论证中的关键假定。判断预测方法常用的是德尔菲技术（The Depphi Technique）❶。它主要利用一系列简单的问卷和对所获意见的控制性的反馈，获取一组专家的最可靠的统一意见。从信息资源产业政策评估实践来看，德尔菲法是预测方法中使用最多的一种。

（2）信息资源产业政策方案的可行性评估方法

信息资源产业政策方案的可行性评估主要是对该政策方案的技术、政

---

❶ 德尔菲法是又称专家会议预测法，是一种主观预测方法。它以书面形式背对背地分轮征求和汇总专家意见，通过中间人或协调员把第一轮预测过程中专家们各自提出的意见集中起来加以归纳后反馈给他们。

治、经济、行政等方面的可行性作出评估。

①经济可行性评估。信息资源产业政策的实施通常需要财政等公共资源的投入，因此必须进行经济可行性评估，如评估一项信息资源产业政策方案的执行能否获得充足的资金支持，又如评估某项信息资源产业政策的执行能否取得令人满意的经济效益或效率。对信息资源产业政策方案进行经济可行性评估的方法主要有成本—收益分析❶、敏感性分析等。

②政治可行性评估。信息资源产业政策通常带有很强烈的政治意志，政策涉及各方的利益，因此它必须具有政治上的可行性。首先要评估政策的公平性，即弄清楚谁受益、谁受损的问题，即谁获得的资源多，减少了谁的福利。其次要评估政策相关各方的利益，即弄清楚政策涉及哪些人、企业或团体的利益，主要利益方是谁，政策解决了他们什么问题，涉及的利益方在政策出台后会有什么对策。由于政治可行性评估没有量化的标准，所以目前还没有通行的评估方法。

③技术可行性评估。信息资源产业政策方案的实施能否达到预期目标是技术可行性评估的主要内容。其中包含两个含义，一是现有的技术能否促进目标的达成；二是政策的技术方案能够实现多大的政策目标，而政策目标的实现又有多少是由于该政策行动所引起的。

2. 适合信息资源产业政策过程评估的方法

以产业政策过程，特别是其中的执行过程为重点对象的政策过程评估是信息资源产业政策评估的另外一种重要方式。在采用这种方式进行产业政策评估时，重点任务是对产业政策过程，特别是其中的政策执行情况进行分析评价，检测产业政策的具体执行情况是否达到政策目标及其提出的一系列具体要求，以及实际的达成程度。因此，社会审计、社会系统核算、社会实验和综合实例研究四种具体方法的应用有较高频率，并形成了

---

❶ 成本—收益分析法简称CBA分析法，是经济分析方法在政策评估领域中的应用，主要用于评估公共政策在经济上是否可行。具体又分净现值法（"B—C"法）、净现值率法（"B/C"法）。

一定的特殊性❶,见表3-4。

　　信息资源产业政策评估使用最多的方法是社会实验和综合实例研究。社会实验(Experimenting Society)是在非真实实验情况下运用实验的逻辑,系统控制政策行为、观察政策产出的过程。社会实验一般是通过项目组内的不同类型政策行为之间的差别来获得关于政策结果变化源头问题的答案。综合实例研究(Social Research and Practice Sythesis)是一种对政策执行过程和结果进行系统整理、对比和评价的方法。它依据有关政策形成与执行的案例调查分析以及阐述政策行为和结果关系的研究报告作出评价。但由于案例经常"报喜不报忧"、质量参差不齐,所以极大地影响了政策执行评估结果的可靠性和有效性。

表3-4　政策过程评估方法一览表

评估方法	控制类型	所需信息类型
社会审计	定量	任何可获得的和最新的信息
社会系统核算	直接控制和定量	最新信息
社会实验	定量、定性	最新信息
综合实例研究	定量、定性	可获得的信息

3. 适合信息资源产业政策效果评估的方法

　　以产业政策产生的实际效果为重点对象的政策效果评估是信息资源产业政策评估的第三种重要方式。在采用这种方式进行产业政策评估时,重点任务是对产业政策对信息资源产业发展的实际效果进行评价分析,得出评测结论。因此,整体评估方法、层次评估方法、前后对比法、DEA方法等具体方法有较高的应用价值。

　　(1)整体评估方法❷

---

❶ 威廉·邓恩. 公共政策分析导论(第2版)[M]. 谢明,伏燕,朱雪宁,译. 北京:中国人民大学出版社,2002:370.

❷ 刘斌,王春福. 政策科学研究[M]. 北京:人民出版社,2000:311-314.

整体评估方法是一种定性评估方法,主要用于政策效果评估。整体评估方法重点包括四个方面:一是评价政策发挥了怎样的整体功能,只有整体功能好的政策才是高质量的政策,避免仅从政策的某一方面功能出发做出片面的评价结果;二是评价政策各部分是否发挥了应有的功能;三是评价政策各组成部分的功能是否相互协调,只有政策各部分功能相互补充、相互配合才能产生良好的整体功能;四是评价政策功能是否与政策环境相适应,只有与政策环境相适应才能取得政策最佳效果。

(2)层次评估方法[1]

层次评估方法也是一种定性评估方法,主要从政策内部层次评价政策效果。该方法重点包括三个方面:一是评价政策是否有合理的层次和结构,所谓合理的层次和结构是指有序、分级、可控等;二是评价不同政策之间是否界限分明,政策层次不清将降低政策的效力;三是评价各层次政策目标是否服从政策的整体目标,各层次政策目标不能损害整体目标的实现,要在政策整体目标下实现和谐统一。

(3)前后对比评估法

前后对比法是一种定量的评估方法,主要用于政策效果的评估。前后对比评估法可分为四种基本类型[2]。

①简单"前—后"对比评估法。图3-4中A_1是政策实施前的效果,A_2是政策实施后的效果。

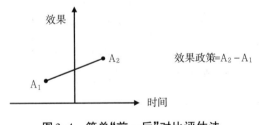

效果政策=$A_2 - A_1$

图3-4 简单"前—后"对比评估法

②"投射—实施后"对比评估法。图3-5中A_1是若实施政策时预测的

❶ 负杰. 公共政策研究的理论与方法[M]. 郑州:河南人民出版社,2013:238-239.

❷ 张金马. 政策科学导论[M]. 北京:中国人民大学出版社,1992:264-266.

效果，A_2是政策实施后的事实效果。

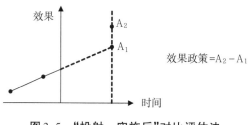

图 3-5 "投射—实施后"对比评估法

③"有政策—无政策"对比评估法。图 3-6 中 A_1、A_2 为政策执行后的效果，B_1、B_2 为政策执行前的效果。

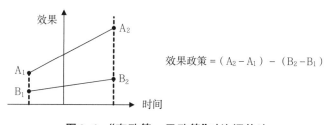

图 3-6 "有政策—无政策"对比评估法

④"控制对象—实验对象"对比评估法。图 3-7 中 A_1 和 B_1 在执行前效果处于相同状态；A_2 为实验组的效果，B_2 为控制组的效果。

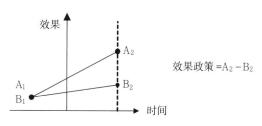

图 3-7 "控制对象—实验对象"对比评估法

（4）DEA方法❶

DEA（Data Envelopment Analysis）方法即数据包络分析方法，是运筹学、管理科学与数理经济学的交叉应用，主要用于测度资源配置的相对有效性，比较多个评价对象投入/产出的相对合理性。DEA方法在评价资源配置效率时运用广泛，其原因主要是其评价过程中指标权重自发生成，较大程度地避免了评估者的主观性。由于信息资源产业政策的目的就是要在全局范围内调整资源的配置，使资源配置到生产力最高的地方，引发产业规模效应，因此信息资源产业政策在评估信息资源等产业资源的配置利用效果时，就经常使用DEA方法。

3.5.2 信息资源产业政策评估具体方法选择的基本依据

近几十年来，随着政策科学的发展以及相关学科研究方法与技术的进步，各种新的评估方法不断涌现并趋于完善。评估方法的多样化，推动着政策评估科学不断走向成熟。目前用于政策评估的方法呈爆炸式增长，已出现的评估方法多达上百种。究竟哪些方法适合我国信息资源产业政策的各类型评估？适用同类型的评估的方法中又有哪些更符合我国信息资源产业政策评估的特点？这些都是值得认真研究和对待的。一般来说，每种政策评估技术方法都有它的适用范围，不同的政策与政策评估对象，都应该有相适用的政策评估方法，而不存在万能的评估方法。政策评估方法选择最重要的一步就是分析评估对象特点，预测评估方法的效果，分析评估方法的适用性。

上面介绍了几种信息资源产业政策评估常用的技术方法，但是对于我国信息资源产业政策评估，具体应该采取哪种或哪些评估方法？笔者认为我国信息资源产业政策评估方法的科学选择主要取决于被评估政策的特点以及政策评估的时间要求等因素。下面总结了我国信息资源产业政策

❶ 杨国梁,刘文斌,郑海军. 数据包络分析方法(DEA)综述[J]. 系统工程学报,2013(6):840—860.

评估方法科学选择的几个约束条件,在这些约束条件可以得到满足时,才可以在具体评估方法中选择适用的那一种或者几种。

1. 信息是否完整

政策评估经常会遇到数据量少或数据不完整的问题,为补全数据,评估者经常采用问卷调查法。但问卷调查法由于政策对象通常会根据自身利益对政策效果夸大或贬低,因此需要同时使用对象评定法和自评法。由于数据量少一般无法采用"投射—实施后"对比法,但通过问卷调查补充数据后,则仍然可以使用。

2. 政策对象的数量大小

不同的政策有不同的作用范围。有的政策是全国性的,有的政策只涉及某个产业园区或某个市县。政策作用范围的大小关系到政策对象的多少,评估方法与政策对象数量有密切的关系。明显地,当政策对象数量较少时,所有的对象都应该参与调查,而数量较多时,则需采取抽样调查法。再例如当政策对象数量较少时,前后对比、非随机选组对比法比较适合,而当潜在的政策对象数量较大时,前后对比、非随机选组对比法就更适用。当然,问卷调查法不管政策对象的数量的多少,都是适用的。

3. 政策预期效果的大小

政策预期效果对于评估方法的选择也有较大的影响。政策预期效果小的,一般选择随机选组对比法,如果选择问卷调查法,且调查的对象对政策感觉较少,则评估结果没有太大意义。如果政策预期效果大,则一般选择问卷调查法。当然,无论政策预期效果大小,都可以选择前后对比法,它不需要很准确的计算也能得出效果大小的结果。在实践中使用随机选组对比法较多,使用该方法应尽量选取较多的样本,避免一些无法观察到的细微特征影响了评估的结果。

4. 时间和预算的限制

评估时间和评估预算对于评价方法的选择也有较大的影响。每种评

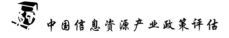

估方法花费的时间和费用都不相同。例如"投射—实施后"对比分析法,由于要采集长时间的信息,时间和费用成本都较高。又例如选组对比法,因为需要设计实验、实验监督的原因,其时间和费用成本也很高。而实践中评估预算资金通常较少,因此可选择相对花钱较少的评估方法。

综上所述,政策评估在选择具体评估方法时,要在了解各种评估方法的特点、适用条件、时间和费用成本的基础上,根据政策评估对象的客观条件、政策评估环境和评估数据的掌握程度和多少,选择最合适的评估方法。另外还要注意多种评估方法的配合,只有这样才可以相互验证和对比分析,为今后的评估工作提供修正建议和经验积累。

第4章 中国信息资源产业 政策评估标准研究

政策评估标准是对政策评估价值尺度和界限的概要表达,是政策评估不可或缺的基本依据。本章首先对公共政策评估标准发展的历史作出概要梳理总结,然后根据我国信息资源产业发展的需要和要求,分别概括并明确提出了我国信息资源产业政策评估的总体标准和主要类型及信息资源产业政策评估的具体标准。

4.1 公共政策评估标准及其作用

4.1.1 公共政策评估标准的概念

公共政策评估标准是指做出政策评价或判断所依据的价值尺度和界限,它是公共政策评估的核心要素之一。

公共政策通常是一种具有高度目的性的公共管理活动,其目标性即是公共政策的目标,表现了一定的价值追求和价值规定。因此,可以说公共政策评估就是测量或评价公共政策目标达成与否或达成的程度,它本质上就是一个价值判断评定的过程,最终需要回答公共政策的对错、好坏和利弊。而要做出这样的回答,首先就必须解决何为对、何为错、何为好、何为坏、何为利、何为弊的问题,解决怎样去根据实际情况,准确地去界定公共政策的对错、好坏、利弊程度的问题。公共政策评估标准实际上就是界定公共政策对错、好坏和利弊及其程度的尺度。

公共政策评估实际上就是一个探寻、证明和确定政策价值的过程,而且是一个用确定的价值尺度,不断与公共政策方案、公共政策过程、公共政策效果的实际状态进行比较对照的过程。这个过程离不开评估标准,否则政策评估就沦为空谈,失去任何意义和价值。从这种意义上,政策评估标准是政策评估的核心,政策评估离不开评估标准,没有评估标准就没有政策评估;没有正确的评估标准就难以进行有意义的政策评估;没有准确反映公共政策目标、准确体现公共政策价值取向的评估标准,就没有可靠、有效的公共政策评估。这实际上也正是政策评估标准历来为人们所重视的主要原因。

从公共政策评估的目的来看,最终的评估结论,既需要一个整体性的对错、好坏、利弊评价;也可以根据需要,分别从方案、过程、效果等诸方面进行分项的评价,并且还需要测定衡量对错、好坏、利弊的程度。因此,公共政策评估标准实际上就需要有两个基本类型,一类就是对某项(或类)公共政策整体进行量度的"总体标准"或者称"一般标准";另外一类就是用于对某项(或类)公共政策进行分项评价测量的"具体标准"或者称"特殊标准"。

依据"总体标准"进行的政策评估,可以告诉人们一项政策在根本属性上是对还是错,是好还是坏,是弊大于利还是利大于弊。因此,"对错""好坏""利弊"等表示粗线条原则界限的价值判定尺度,构成了"总体标准"的主要内容。相反,依据"具体标准"进行的政策评估,可以更具体地告诉人们一项政策"对错""好坏""利弊"的具体程度。因此,对政策具体性质和状态进行细致、具体测度衡量的价值评定尺度,构成了"特殊标准"的主要内容。

在这里特别需要说明的是,在公共政策评估中经常需要提及"政策评估指标"这一概念,容易与政策评估标准的概念相混淆。政策评估标准与政策评估指标的关系简单辨析如下。

首先,评估标准与评估指标是相互关联、相互对应的关系。评估标准就是评估的准则和尺度,这个尺度无论是"总体标准"还是"具体标准"实际上都是粗线条的,通常它们还都不能对政策直接进行测度,至少是不能进行具体细致的评价量度,而这个使命通常都需要由政策评估标准具体化、精确化的评估指标来完成。因此,只有首先有了明确的评估标准才可以细化完善为更具操作性的评估指标,评估标准也才能真正应用于政策评估实践。

其次,评估标准的层次性和评估指标体系结构是相关联的。评估标准的层次性决定了评估指标体系的层次性。例如,在评估指标体系的构建过程中,评估指标体系结构与评估标准的层次基本上是相对应的。

最后,评估标准的形式决定了评估指标的类型。评估标准一般可分为形式标准、事实标准和价值标准,而评估指标一般可分为主观指标、客观指标、定性指标、定量指标等类型。价值标准一般对应于主观指标和定性指标;事实和形式标准一般对应于客观指标和定量指标。因此用于说明政策的形式好坏、事实真假、价值高低的评估标准就都需要有相应类型的评估指标。

有关评估指标选择的原则、指标之间的约束关系等具体内容将在下一章节详细阐述。

4.1.2　公共政策评估标准的重要作用

公共政策评估标准的重要作用是不可低估的。任何一种测量、评估或评价活动都离不开统一的尺度或标准,否则此类活动就无法开展,评价结果也会由于没有可比性而失去意义。政策评估的目的是探寻、论证、确定和校正政策的方向和价值。公共政策评估标准的作用表现在以下三个方面。

首先,政策评估标准是公共政策评估活动有效的基础。政策评估就是价值判断,评估标准就是测定价值有无、大小、多少的标杆,是评估活动能够依序有效开展的基本依据和重要内容。没有评估标准,评估活动就无法进行,更不能取得有价值的成效。

其次,政策评估标准是公共政策评估活动具备可操作性的保证。政策评估是一项目标价值实际实现情况的事实认定性质的活动,评估标准就是比对和确认价值目标达成程度的标尺,是使价值目标实现情况可以被测度、被衡量的重要工具。有了评估标准,就可以以此为依据设定更加全面系统、精确细致测度价值目标所能达成程度的政策评估指标,使价值目标达成的具体事实状况能够全面、客观、准确地被人们所认知和把握。

最后,公共政策评估的标准是公共政策优化发展的必要条件。评估标准作用于政策评估活动,但又不仅仅如此,它还是确保公共政策能够持续优化发展的必要条件。这重点表现在两个具体方面:一是为公共政策发展确定方向,因为评估标准所体现的价值取向,实际上就是公共政策不断克服和解决发展中存在的困难和问题,持续优化发展必须遵行的目标方向。这个方向保证了公共政策发展可以始终沿着正确的、最快捷顺畅的道路前行。二是为政策的持续有效施行提供动力和保障。公共政策评估标准是对政策价值的明确阐释,当公共政策制定者、实施者,以及政策利益相关各方有了对政策价值的明确统一认识时,各方的协商配合就有了充分的认识基础和更充分的动力保障。

4.1.3 公共政策评估标准研究的历史发展及其启示

现有资料表明,真正科学意义上的政策评估标准研究起源于20世纪六七十年代的美国。通过了解公共政策评估标准研究的发展历程,有助于理解科学设定公共政策评估标准的基本规律和特点,有助于研究确定信息资源产业政策的评估标准的方法。

1. 公共政策评估标准研究的发展情况

作为公共政策评估研究的一个重要内容,公共政策评估标准的相关研究逐步为人们所重视,并根据公共政策评估实践发展的需要和要求不断展开。在几十年的历史发展中,这方面的研究可以分为四个阶段[1]。

(1)偏重事实标准阶段

偏重事实,这是公共政策评估标准研究初期阶段所形成成果的重要特征,同时也是第一代公共政策评估标准的特征。其代表作就是所谓的

---

[1] 贠杰,杨诚虎. 公共政策评估:理论与方法[M]. 北京:中国社会科学出版社,2006:202-210.

"3E+A"标准❶。这一时期的政策评估原则是"价值中立",即在政策评估中尽量减少主观价值判断,将可以客观"测量"的标准视为最好的评估标准,并认为最好的公共政策评估结果是"测量"出来的而不是评估者"评判"出来的。该阶段的特点是偏重对政策结果的描述,尽可能不加入评估者的主观价值分析,同时,以这样的标准展开的公共政策评估也不主张深入分析政策成败的原因,甚至认为这并不是评估者的职责范围。

(2)过程合法标准阶段

随着政策评估的不断实践,公共政策评估专家发现,政策执行机构和执行人员也是决定政策效果的因素,他们的状态,特别是他们执行政策的过程,对政策效果也有着直接的关系。因此,开始有研究者认为,公共政策评估还应考虑政策执行过程的影响。这其中的道理非常简单,公共政策结果是公共政策过程,特别是执行过程创造的,有什么样的过程,就会有什么样的效果。同时,偏重事实的评估实践也告诉人们,政策结果方面的事实也并不那么容易被"测量"出来。因为公共政策产生的结果通常与其他因素产生的结果是混在一起的,面对"结果"通常很难界定清楚哪些是受公共政策影响形成的,哪些则不是,至少主要不是。评价过程则相对容易,因为过程是因素构成的,人员、环境、方法、程序、信息等因素都是看得见、摸得着的,它们的性质和状态都比较容易被认识和界定,特别是被"测量"。可以明显看出,这一时期公共政策评估标准是对第一代政策评估标准的修正,公共政策评估不仅要评政策结果,而且还要评创造政策结果的政策过程,特别是其中的执行过程。

(3)价值标准阶段

仔细观察可以看出,强调过程评价,强调以过程合法作为公共政策评估的标准,只是对第一代评估标准的补充,但仍然过分强调事实判断,强调"测量"技术方法的作用,在相当大的程度上忽视了评估的政治原则和政策相关者的价值需求。强调事实判断的政策评估标准在后续的实践中引发

---

❶ "3E+A"标准即是以公共政策的效果(Effectiveness)、效率(Efficiency)、效能(Efficacy)及其充分性(Adequacy)组成的评估标准。

了诸多争议。突出的问题是,有些政策评估结果不错甚至很好,但公众却认为它是一项不好的政策。例如,美国对越南战争政策,以及应对经济停滞、种族矛盾的政策,评估得出的结论都很好,但事实是政策评估专家认为政策的效率和效能越高,社会公众的质疑声、反对声就越大。这使人们认识到,评价政策效率和效能的指标,只能反映公共政策效果的某些方面,而不是全部,而且通常无法对政策是否真正满足社会公众的需求做出正确的回答。同时,人们还发现,评估者的价值中立标准在实践中也是很难做到的。人们还发现,政策评估与科学研究有很多不同,因为它通常没有唯一正确的标准;政策评估标准也不同于社会公认的价值观,即使评估者在评估中使用了试验设计、数学统计、随机抽样、问卷调查等所谓的"科学"方法,但评估仍然可能是一种非科学的"伪评估",因为它们通常无法用来解决伦理道理和价值争议问题。因此公共政策评估必须"不忘初心",必须强调公共政策自身的公共性和公共价值,这就需要在公共政策评估标准中,明确并且要强调公共政策的正当性、公平性和社会性。

(4)多元理性与多元政策评估标准

美国政治学者保罗·狄辛(Paul Diesing)经过对既有公共政策评估标准应用情况的系统研究,发现了这些评估标准都存在一个缺乏多元理性的颠覆性问题,他认为这个问题是既有公共政策评估标准没有发挥其应有作用的主要原因。他明确指出,人类社会所追求的理性,与公共政策相关的可分为五种:技术理性、经济理性、法律理性、社会理性和实质理性❶。

保罗的"多元理性"为公共政策评估标准的进一步完善提供了理论基础,成为现代科学政策评估标准的研究方向。从"多元理性"可以看出政策

---

❶ 技术理性考量的是公共政策是否对社会产生效应,是否解决了人类所面临的问题;经济理性考量的是公共政策是否对社会有效率,是否以最低的成本提高最大的效益,或者提供固定的效益而消耗最低的成本;法律理性考量的是公共政策是否符合成文的法律规范和各项先例,以此探讨政策在社会上的合法性问题;社会理性考量的是公共政策的内容是否与社会流行的规范与政治社会价值相一致,分析政策在维持社会制度中所起的作用;实质理性考量的是公共政策是否追求上述四种理性中的两种或两种以上的内容,以及公共政策能否解决各项理性之间的冲突问题。

的效果、效率、效能等事实标准,以及后续的价值标准、过程合法标准都是基于"技术理性""经济理性""法律理性"分别提出来的,但却没有意识到"社会理性"以及两种以上理性组合的潜在价值,评估标准缺乏系统性考量。

在今天,以多元理性为指导,公共政策评估标准朝着系统化、多元化的趋势发展。

2. 公共政策评估标准研究历史发展对信息资源产业政策评估的启示

信息资源产业政策是公共政策中的一个具体类型,它的形成和发展当然需要遵从公共政策科学的基本规律。因此对信息资源产业政策评估标准方面的研究自然也需要从整个公共政策评估标准研究的历史发展中,汲取营养,获得有价值的理论指导和经验教训。笔者经初步研究认为,如下几点尤其值得引发思考。

第一,如同其他任何公共政策评估一样,评估标准要从政策目标价值出发。产业政策的直接政策目标是保护和发展国民产业经济,相比公共政策其根本区别就在于产业政策是从国家经济利益出发,而公共政策虽然也涉及国家利益,但更多的是从公民利益出发。因此,信息资源产业政策评估标准是对国家意志、社会主流价值观的表达,必须坚持将促进和保障国家信息资源产业发展作为明确的目标追求,作为衡量产业政策对错、好坏、利弊的主要依据。

第二,如同其他任何公共政策评估一样,信息资源产业政策评估标准也是呈现多样性特点的,任何简单化、绝对化倾向都是非常有害的。

科学政策评估标准强调多样性,不存在单一的评估标准。评估标准的多样性体现在两个方面,一是评估标准类型的多样性;二是价值标准的多样性。

评估标准分类有多种方式。按政策流程可以分为前评估、中评估和后评估三类标准。按评估对象可以分为形式标准、事实标准和价值标准,形式标准主要用于判断政策形式的合法性;事实标准主要用于判断政策结果的有效性;价值标准主要用于判断政策价值的合理性。按标准来源又可以分为政治标准、经济标准和技术标准。

由于政策的目标不是单一的,例如有社会价值目标,有经济价值目标,也有生态价值目标等,因此政策评估的价值标准也存在多样性。价值目标的多样性也意味着不同的评估评估可以应用于同一评估对象,其评估结果由于评估标准不同而必然不同。但是,评估标准的多样性并不代表评估标准的选取是可以随意的,而是应该需要根据评估目的、评估环境、评估者等多种因素进行科学的选取。例如,对信息安全政策的评估,就应使用有关国家安全、个人信息安全等法治标准以及信息安全技术标准展开评估,而不宜采用经济效益标准。

为了推进政策评估工作,有学者建议简化评估标准,这是有一定科学意义的,但简化与简单化是两回事。科学意义的简化是确保事物功能不变的前提下,化繁为简。简单化的评估标准会使评估的价值目标发生偏差,会造成政策评估不好评,评不出对错、好坏、利弊的情形。而不分评估的具体情况和具体目标要求,追求千篇一律的评估标准,也就是绝对化倾向,更是为害无穷。评估标准本质上就是政策的目标价值,目标价值是具体的,会因评估目的、功效、情况条件的不同而不同,绝对化就会使评估实质上失去真正的目标价值,就会出现无的放矢、南辕北辙现象,使评估活动失去效用、失去意义。

第三,如同其他任何公共政策评估一样,信息资源产业政策评估标准的设定必须从其所处的具体客观情况出发,任何脱离中国国情和产业发展客观实际的产业政策评估标准都是有害无益的。因此,我国信息资源产业政策评估标准要结合国情,标准要有阶段性和多样性,对不同行业的不同发展水平和区域布局制定符合产业发展现状和规律的评估标准,体现自己的特色,绝不能盲从外国的评估标准和评估经验。

第四,如同其他任何公共政策评估一样,信息资源产业政策评估标准的设定需要注重系统理论与方法的应用,要综合考虑各方面的情况,照顾各种利益关系,注重政策整体结构、整体功能、政策运行整体功能、政策整体效果的全面分析和评价,真正体现评估标准对政策整体优化发展的作用。

4.2　信息资源产业政策评估标准的特性分析

从归属上讲,信息资源产业政策是公共政策的一个具体种类,它是公共政策的一部分,同时又是具有一定特殊性的公共政策,这既表现在它在具体功用方面,服务和服从于国家特定产业发展的需要和要求,也表现在它的形成和作用领域、作用方式方面有一定的特殊之处。这其中就包括这项特殊政策在政策评估方面,特别是评估标准方面的特殊性。信息资源产业政策在这方面的特殊属性,可以被称为信息资源产业政策评估标准的特性。

信息资源产业政策评估标准的特性,在本质上,是对这项特定产业政策评估规律在评估标准方面的反映,它实际所表现出来的属性,其实就是为了满足科学、有效地对这项产业政策进行评估,评估标准应当具备的一系列特点。经过分析研究,笔者认为我国信息资源产业政策评估标准的特性,应当包括目标价值多元性、全面适用性、可信赖可依靠性、投入产出的经济性。

实际上,这几个信息资源产业政策评估标准特性既是对这一特定产业政策评估依据基本特征的揭示,同时也是在这项产业政策评估标准的设定和实施中的目标追求的描述。也就是说,使信息资源产业政策评估标准的特性尽可能鲜明,尽可能有更加突出的表现正是我们在产业政策评估中刻苦努力的方向。在这样的意义上,对信息资源产业政策评估标准特性的研究,不仅有理论原理探索的价值,还对政策评估实践有指导作用。

4.2.1　信息资源产业政策评估标准的目标价值多元性

所谓信息资源产业政策评估标准的目标价值多元性,就是指这项特定产业政策评估所依据的标准,在其目标价值的规定上内容丰富,具有多样化特点。

按照政策科学的原理,"价值标准直接影响甚至决定公共政策的性质、方向、合法性、有效性和社会公正的程度。因此,价值标准的确认和选择是公共政策的决定性因素之一"❶。信息资源产业政策评估标准的目标价值是这一产业政策评估标准的核心内容,它反映了政策制定者和政策相关者的目标价值需求——要达成一个怎样的目的和结果,同时也就构成了对这项产业政策对错、好坏、利弊进行判定的主要价值尺度。信息资源产业政策评估的目标价值实际上就是信息资源产业政策的基本价值取向和价值选择依据,不仅对政策评估本身,而且对整个产业政策的存在和发展,都有着规定性的影响。

如果对这个对信息资源产业政策评估标准有规定性、决定性影响的目标价值进行考察,就会发现它的一大突出特点——多元性。信息资源产业政策作为一种促进和保障产业发展的政策,其基本目标方向是非常确定的,但这个产业发展对特定历史阶段中国经济社会的特殊重要性,以及这个产业发展的特殊规律性,决定了这个基本目标所包含的具体目标,也就是通过产业政策要实现的具体的"促进"和"保障"目的和结果,是丰富多样的,这些具体目标的价值也是多样化的。从比较宏观的角度看,信息资源产业政策的具体目标及其价值,主要表现在以下几个方面。

1. 信息资源产业政策的经济目标价值

信息资源产业政策的经济目标中,其核心是通过各种政策工具和手段,一方面优化信息资源产业结构,提高产业效率和技术水平,提升产业竞争力;更重要的另外一个方面,就是通过信息资源产业自身发展,为处于信息社会发展初期的中国经济社会发展供给更多的信息资源,优化资源结构,降低能源原材料等物质资源的消耗,提高物质资源的有效利用率,全面提高社会生产力、扩大消费市场,使信息资源产业发展成为新的经济增长点,刺激消费,拉动内需。具体目标包括:①促进信息资源的开发与利用,提升信息资源价值;②刺激信息消费,拉动内需;③以信息资源产业的发展促进产业结构升级,转变经济发展方式。

---

❶ 张国庆. 现代公共政策导论[M]. 北京:北京大学出版社,1997.

2. 信息资源产业政策的社会目标价值

信息资源产业政策的目标还指向更广泛的社会发展领域,促进社会公平、扩大就业就是信息资源产业政策所需要和能够实现的社会发展目标。具体目标包括:①克服信息资源供给的不均衡、信息资源不对称的现象。信息资源产业政策目标之一就是要让每个社会成员都能平等地获取所需要的公共信息资源,公共信息资源能与全社会共享。发展信息资源产业,可以为信息资源产业提供公平、平等的市场环境,扩大信息资源的广泛、无差别或至少较少差别的供给。②缓解就业压力。截至2013年底,我国信息资源产业总营业收入为30613万亿元,占2013年全国国内生产总值(GDP)的5.38%,从业人口达到2888万人❶。发展信息资源产业有助于缓解我国的就业压力,化解社会矛盾。

3. 信息资源产业政策的政治目标价值

信息资源产业在中国的发展,促进政府信息资源开放、透明政府建设和社会主义法制的完善。为此,信息资源产业政策同样有自己的政治目标。这样的目标价值同样事关重大、至关重要。具体目标包括:①信息资源产业发展将推动政府数据开放、政府信息公开。各级政府是全国80%以上信息资源的主要生产者、初级加工者和拥有者,一直以来由于各级政府对信息资源的垄断,信息资源的社会利用率较低。当今,政府信息资源开放,信息公开已经成为社会进步的重要标志,同时,另外一个侧面,信息资源产业的发展必然会提出更多、更高的信息资源供给需求。②信息资源产业发展的促进作用将有助于提高社会主义民主化水平。信息资源产业的发展,会大力促进政府信息公开和政府数据开放,提升政府的透明度,将极大地促进我国社会主义民主建设,推动政治进步。

4. 信息资源产业政策的文化目标价值

信息资源产业细分领域包括图书业、动漫业、影视业、广播业等涉及多种文化内容产品形态,间接地起着传播民族文化的作用。传承民族文化、

---

❶ 冯惠玲,等. 2014中国信息资源产业发展报告[R]. 北京:中国人民大学,2014.

丰富人民群众的文化生活、提升公众素质同样是信息资源产业政策的目标。这种文化方面的目标,对国家社会主义文化的大发展大繁荣极具战略价值。信息资源产业政策的这种文化属性,对传播中华优秀文化、支持科教事业发展有着重要作用。

5. 信息资源产业政策的环境目标价值

信息资源产业发展的结果,其中之一就是改变我国经济社会发展的资源结构,大幅度地扩大信息资源的消耗,降低物质资源的消耗水平,提升物质资源的有效利用率。这样的结果,无疑会大幅度减少环境污染,改善我国的生态环境。这实际上正是信息资源产业政策的环境目标价值所在。具体目标包括:①发展信息资源产业,提高国民经济绿色GDP的比重,降低因经济发展而带来整体的污染水平。②通过信息资源的效用倍增作用,提高能源、原材料等物质资源的有效利用率,减少能源和原材料的浪费,减少生态环境的污染,有助于实现我国经济可持续发展的战略要求。

4.2.2 信息资源产业政策评估标准的全面适用性

所谓信息资源产业政策评估标准的全面适用性,就是指这项特定产业政策评估所依据的标准,能全面适合人们使用,能满足人们科学准确地对产业政策做出有效评价和测度需要的特点。

产业政策评估标准是一把标尺,是一个工具,这样的基本性质就决定了它首先必须具备适合人们有效使用的性能,并且一定应使这种使用方便、安全,能实现正当的目的。

适用性强的信息资源产业政策评估标准应当有如下方面的优秀表现。

第一,合乎国家法律和党的方针政策,不与国家意志,不与国家主流价值观发生任何抵触。这就要求信息资源产业政策评估标准的所有内容,都必须与体现国家意志和根本性公共利益的法律、法规、规章、政策、指令等保持高度的一致性,符合它们提出的基本思想精神,满足它们提出的一切要求。因为只有做到这一点,才能确保产业政策评估标准的正确性,确保它所体现的价值取向是正确的和有效的,因为政策评估标准符合法律和党的方针政策才会受到法律的保护,才会在产业政策评估中产生法定效用,才能够在政策评估中被人们有效使用。

第二,合乎规律、合乎道理。这就要求信息资源产业政策评估标准的设定遵从科学原则,符合规律,符合信息资源产业的特点;只提出应当提出的要求,不提及不应当提及的其他任何要求;各种要求的提出,都要有切实的客观针对性,有助于解决政策评估中出现的具体问题;所有内容都要有正确的理论指导或者经过基本的实践检验,符合社会公序良俗。需要做到这些,就是为了确保公共政策评估有反映客观发展规律的科学依据。

第三,内容构成完备齐整。任何一个信息资源产业政策评估标准都是由若干尺度性要求构成的有机整体,要确保其具有完整的功能,可以让人们在政策评估中实际被有效使用,就必须保证标准在内容构成方面的完整性,即应当确保政策评估所有必须应对解决的问题,都必须涉及,不存在颠覆性的遗漏和空白;各项要求的内容要完整,确保有效施行政策评估时所必需的尺度性信息完整无遗漏地得到有效表达。

第四,内容的表达要明确、精准、可比较。这就是信息资源产业政策评估标准在表达方面的特点。评估标准要通过一个表之于外、达及他人的过程才能被有效理解、有效利用。因此,评估标准的表达,必须满足这样几点要求。首先是明确,也就是一切内容的表达,都必须清晰明白而确定不疑、统一一致。其次是精准,也就是一切内容的表达,都要精确无误,要有利于、便利于做出准确的判断。特别是概念要准确,内涵外延要清楚,没有歧义,要有利于理解。各种界限要分明,要有利于避免纠缠不清。最后是具有可比性,就是产业政策评估标准提出的各项要求的表达,要有利于、便利于做出比较分析。公共政策评估的实体活动就是比较,评估标准就是为比较确立标靶,产业政策的对错、好坏、利弊都是比较出来的。因此,信息资源产业政策评估标准中的各项要求,必须具有可比性。

第五,所有内容都应当实用。也就是产业政策评估标准,要充分反映信息资源产业政策评估的特殊规律,有实际的应用价值,不搞花架子、不搞形式主义,不搞神秘化、繁杂化和过度学理化,以确保评估标准可用、能用、好用,有更强的可操作性和实际成效。

4.2.3 信息资源产业政策评估标准的可信赖可依靠性

所谓信息资源产业政策评估标准的可信赖可依靠性,就是指这项特定产业政策评估所依据的标准,可以被社会各相关方面信赖和依靠,能够长期稳定、可持续性地实现其价值的特点。这个特点,实际上是指在一定时间内、在一定条件下信息资源产业政策评估标准无故障地实现指定功能的能力或可能性。

可信赖、可依靠性强的信息资源产业政策评估标准应当有以下的优秀表现。

第一,评估标准具有足够的稳定性,在其有效的时间限度内稳定存在,不发生频繁震荡。这种稳定有利于确立评估标准的权威性,能实现必要的社会信任,有利于节约各种社会资源,特别是非常宝贵的政策资源。要保持稳定,当然主要还是要使政策评估标准自身符合客观规律,保证其正确无误。因此,需要政策评估标准的设定确保科学性,确保不是率性而为之作。广泛听取各方面意见有助于政策评估标准有更充分的民意基础,在标准中不提超过需要的刚性要求,保持政策评估标准中的各项要求留有必要的余地等,都有利于克服朝令夕改现象,提高评估标准的稳定性。

第二,评估标准应当具有动态适应性,能实事求是地实现自我持续改进和完善。任何政策评估标准都不是一成不变的,真正适用的政策评估标准都需要对不断发展着的社会环境及其变化,对不断发展演变着的政策问题性质和状态的变化,保持适应性,做到与时俱进,持续改进,不断完善,绝不僵化。这种动态适应性调整,一要迅捷,就是要能迅速有效地捕获客观环境和产业政策目标的一切变化,迅速地根据已经变化了的环境条件和社会需求,及时对政策评估的标准进行调整,对标准中的相关内容进行及时改进;二要持续,要按照科学管理所遵行的PDCA循环❶过程,在产业政策评估的整个生命周期中,不断发现评估标准中存在的问题、分析问题、解决问题,循环往复永不间断;三要适时适度,产业政策评估标准调整不是任意的,不是频繁发生的,过度的和频繁的调整会损害评估标准的权威性,因此,调整必须精准把握最佳时机,在需要的时候及时出现,及时调整。同时要把握好标准内容变更的分寸,绝不为调整而调整,注意克服标准频繁变更给标准稳定性带来的挑战和危害。

第三,评估标准构成简约,便于理解,便于实际掌握,便于操作。这实际上就是要求政策评估标准达到充分简化的要求。科学意义上的简化,就是在确保事物功能不变的前提下,对事物的结构、数量、规模、过程等化繁为简。构成简单的事物不仅便于操作,有利于提高事务处理的效率,而且可以确立可靠性保障。"简化就是可靠"的道理对产业政策评估标准而言同样适用。化繁为简降低了理解和实际操作的难度,提高了评估的质量,同时简化还有助于减少因多余过程存在而带来的本不该出现的各种差错。

简化的信息资源产业政策评估标准,一是标准的构成简约,取消一切没有正面功能效用的要求,合并没有独立存在必要的要求;二是标准的表达简明扼要,去除一切赘言。

4.2.4　信息资源产业政策评估标准的投入产出的经济性

所谓信息资源产业政策评估标准的投入产出的经济性,就是指这项特定产业政策评估所依据的标准,有助于降低产业政策评估的资源投入,尽可能争取以最小的投入产生最大效益效果的特点。经济性强的信息资源产业政策评估标准在如下方面有优秀表现。

---

❶ PDCA循环又叫质量环,是管理学中的一个通用模型。PDCA是英语单词Plan(计划)、Do(执行)、Check(检查)和Adapt(行动)的第一个字母,PDCA循环就是按照这样的顺序进行质量管理,并且循环不止地进行下去的科学程序。

第一,产业政策评估标准的设定充分考虑了可能的资源耗费情况,这些政策评估标准的实施过程,要尽可能降低各种人、财、物、信息、时间、机会等资源的耗费,也就是要降低成本。各类无效的资源投入和消耗要尽可能压到最低限度。产业政策评估活动是需要资源耗费的,应使产业政策体系和每一项产业政策对全社会信息资源开发利用的有用性、有益性最大化。

第二,产业政策评估标准的设定要有利于扩大政策评估活动的收益。政策评估是具有高度目的性的行为过程,实事求是地设定评估标准,抑制资源投入、降低成本的目的,主要还是扩大评估收益,尽可能低成本地达成评估目标。在这里,"省"的目的还是"生",即产生更多更好的政策评估成效。因此,经济性强的政策评估标准,并不简单追求成本的绝对值低,而是要全面考虑政策评估标准对评估活动投入产出比的影响。所谓低消耗,主要是指在收益相同的前提下,尽可能减少投入。如果能有助于政策评估收益更高、成本更低则说明这个评估标准的经济性更好。

需要特别说明的是,这里所说的资源耗费,包括但并不限于金钱;这里所说的经济性,并非一味地减少资源投入,而是要获得更佳的投入产出比;这里所说的投入产出比的测度,不应当只是对一时一事的短期单一指标的考量,而更是长期和全面的根本性衡量。

4.3 中国信息资源产业政策评估总体标准的设定

4.3.1 我国信息资源产业政策评估总体标准及其功用

1. 信息资源产业政策评估总体标准的特点

在进行公共政策评估时,根据评估标准具体功能可以将其分为两大类,其中一类就是用于对公共政策整体价值进行评价度量的"总体标准"

(或者称"一般标准");另外一类就是用于对某项(或类)公共政策进行分项评价测量的"具体标准"(或者称"特殊标准")。这种对公共政策评估标准进行分类的方法,也适用于信息资源产业政策的评估。

信息资源产业政策评估"总体标准"与"具体标准"相比,有如下明显的特征。

(1)信息资源产业政策评估总体标准主要规定评估工作的基本规则

信息资源产业政策评估总体标准是对这项产业政策评估活动规律的反映,其基本内容就是有效实施政策评估的基本规则。这些规则主要是对于评估工作基本准则、评估工作基本价值取向,以及评估工作衡量产业政策对错、好坏、利弊基本尺度的规定,同时还包括对评估工作所奉行的基本思想、基本精神的规定。

总体标准是基本规则,主要是由于这个标准确实不涉及评估工作的细节,而只是对基本思想、基本精神、基本准则、基本尺度做出最具决定性意义的原则性规定。这些规定决定着产业政策评估的方向,决定着产业政策评估的价值评定依据,决定着产业政策评估的科学性和有效性。

(2)信息资源产业政策评估总体标准重点规范评估工作所依据的核心价值尺度

事物的功能决定事物的结构。信息资源产业政策评估标准的最主要作用,就是为产业政策评估提供一个判定政策对错、好坏、利弊的尺度性依据,对政策的整体价值做出决断性评价。因此,在产业政策评估标准的诸项内容中,判定政策核心价值的尺度是其重点内容。也就是说,政策评估标准必须明确回答这项产业政策的核心价值取向。与这个核心价值取向相比,评估标准中的其他内容都处于辅助地位,都必须服务和服从于它。

(3)信息资源产业政策评估总体标准是高度原则和概括的

产业政策评估实践说明绝大多数的政策评估,首先都需要对政策进行一个根本属性方面的判断,也就是从基本性质、根本方向上界定其是对还是错,是好还是坏,是弊大于利还是利大于弊。产业政策评估"总体标准",就是进行这种判断的依据。出于确保评估效能和降低成本的考虑,对于这种根本属性方面的判断不需要也不能够用非常细致周密的尺度去进行测度。因此,信息资源产业政策评估总体标准的线条是清晰、简练的,是在根本属性上对政策的"对错""好坏""利弊"进行判断的依据,是高度原则性、高度概括性的。

对产业政策价值取向方面根本属性的判断,之所以不需要也不能够用过于精细的尺度去测量评定,主要是因为事物的根本性质是由它的基本构成因素及其相互作用关系决定的,抓住这些有决定性作用的主要因素和主要方面,就可以明确认识事物的根本性质。相反,如果顾及的因素和方面过多,不仅会增大辨析、认识问题的成本,还会因大量非决定性因素和非决定性方面的存在,形成干扰,混淆视听,对精准认识事物的根本性质造成影响。而如果能紧紧抓住少数对事物根本属性有决定性意义的因素和方面,反而能够排除非决定性因素的干扰,有效率、有质量地精准认识事物的本质,对其进行准确而有效的价值评判。

(4)信息资源产业政策总体标准具有更强的稳定性

用于信息资源产业政策评估的总体标准是对国家基本意志、公共根本利益的表达,是对信息资源产业发展基本规律的反映。因此,这项标准的稳定性是非常强的,与其他具体评估标准相比,它不需要也不能频繁地进行调整。

对于信息资源产业政策评估总体标准而言,它所确立的价值取向是产业政策主体意志的表现,是为了维护社会公共利益,更好地发展信息资源产业做出的郑重选择,在一定意义上也是对产业政策发挥社会效用的基本规律的反映。因此,如无重大根本性变化,特别是没有发生经济社会条件的重大变化,没有出现与信息资源产业相关的国家战略的重要调整,信息资源产业政策评估总体标准不需要也不能进行实质性的调整。退一步说,就是从产业政策评估科学性的角度出发,这个总体标准也不宜频繁调整。否则不仅有违公平公正原则,而且还降低产业政策评估本身的权威性和有效性,在客观上背离促进和保障我国信息资源产业发展的宗旨,形成对我国经济社会科学发展的阻碍作用。

2. 信息资源产业政策评估总体标准的功用

信息资源产业政策评估总体标准的功用,也就是它的功能效用主要有两个主要方面,一是用于对一项(或者一类)产业政策进行整体性评价,从根本属性方面对其"对错""好坏""利弊"做出总体的价值判断;二是为信息资源产业政策评估具体标准的设定提供依据和指导,确保这些具体标准方向选择和基本价值取向方面的正确。

信息资源产业政策评估总体标准的第一个方面功用,是针对大多数产业政策评估需求的,就是依据它就可以进行实际的评估活动,得出一个整体性的评估结论。对于一项产业政策的评估而言,无论是政策制定者、政策制定者的上级机关,还是社会公众,相关各方最关心的就是这项政策对信息资源产业发展是具有正面价值,还是负面价值,就是需要一系列具体的评估结论,以及一个整体的评价;而且对于一部分产业政策而言,相关方面只要能获得这样一个整体结论就基本上满足需要了。因此,从这样的意义上,除了个别情况,绝大多数产业政策评估都需要以总体标准为依据得出一个整体评价。也就是说,总体标准对于大多数产业政策来说,都是适用的,而且是有操作意义的,可以据此得出评估的初步结论甚至是最终结论。

信息资源产业政策评估总体标准的第二个方面功用,是针对所有需要进行细致、具体评估的产业政策的。它的功能效用就表现为它可以为这些细致具体的政策评估活动提供一个不可或缺的正确价值观导向,保证具体评估标准方向选择和价值取向方面不出问题、不出错误。在这样的意义上,产业政策评估具体标准实际上都是在整体标准所确立的正确价值观指导下、规范下对总体标准内容的补充和具体化、精细化。依据具体标准所做出的政策评估结论,实际上是对依据总体标准做出的整体评估结论的事实证据说明,是对这一粗线条评估结论的细致描画和补白。

在我国信息资源产业政策评估实践中,越来越多的政策评估活动都在结合应用整体评估和具体评估两种方式,而且通常在具体评估中结合应用政策方案评估、政策过程评估、政策效果评估等多种方式。为此,政策评估总体标准两个方面的功用都有越来越广泛的作用领域和越来越高的作用频次。

4.3.2 我国信息资源产业政策评估总体标准的内容及其分析

1. 我国信息资源产业政策评估总体标准内容的提出

目前在我国信息资源产业政策评估中广泛采用整体评估或者是整体评估和具体评估相结合的方式。但是截至目前,我国相关主管机构却一直没有明确提出一个适用于全国信息资源产业政策评估的总体评估标准,这已经给产业政策评估实践的发展带来一系列困难和问题。考虑到上述现状,笔者提出了一个供参考的中国信息资源产业政策整体评估标准(建议稿)。这个产业政策评估总体标准建议稿,主要是给这个标准的最终制定提供一个广泛批评讨论的靶标,期望它能够成为我国信息资源产业政策评估总体标准形成和发展进程中的全面优化的一小块"引玉之砖"。

笔者认为,"我国信息资源产业政策评估总体标准"可以表述为:以遵循社会主义基本政治制度和社会主义市场经济基本发展规律为准则;以满足经济社会发展的资源结构根本性调整的社会需求、促进和保障信息资源产业健康发展为基本价值取向;坚持经济发展标准和社会发展标准的统一;注重产业政策的社会效益效果和经济效益效果相结合、长远效益效果和近期效益效果相结合、国民经济整体效益效果和产业内部效益效果相结合。

上述表述所强调体现的基本精神是:

①核心价值。这里所提出的界定产业政策对错、好坏、利弊等基本性质的首要标准,就是产业政策必须对社会主义政治制度的完善、社会主义

市场经济的发展,对经济社会的发展具备正面的有用性。

②价值表现。这里所提出的衡量产业政策对错、好坏、利弊基本程度的核心标准,就是产业政策是否有利于满足经济社会发展提出的资源结构根本性调整的社会需求,就是是否有利于促进和保障信息资源产业的健康发展。

③双重影响。这里所提出的测度产业政策影响力的标准,既要看其对经济发展的影响,同时也要看其对社会发展的影响,两者同等重要,不可偏废。

④效益效果。这里所提出的评价产业政策价值实现程度的标准,就是政策效益和政策效果,而且是社会效益效果和经济效益效果、长远效益效果和近期效益效果、国民经济整体效益效果和产业内部效益效果紧密结合的全面的效益效果。

⑤具体尺度。这里所提出的测量评价信息资源产业政策对错、好坏、利弊及其程度的具体标尺,一是产业政策的客观必要性;二是产业政策的实际有效性。当然,这两把标尺还可以根据政策评估工作的需要和可能的条件,分解为若干更加细致的要求。比如,政策客观必要性,就可以分解为信息资源产业现状与政策发展目标的契合度、政策问题及其严重程度、政策立项时机的适度性、政策制定的民意基础等。

2. 我国信息资源产业政策评估总体标准内容的基本分析

笔者上述关于"我国信息资源产业政策评估总体标准"的建议,是基于对我国国情实际的了解和理解,对我国经济社会发展战略问题的基本认识,对信息资源产业发展对我国经济社会发展的特殊战略性作用的基本认识,以及我国信息资源产业发展对信息资源产业政策的特殊依赖性的分析做出的。

(1)中国特色社会主义政治制度和经济制度是人类社会先进社会制度的代表,我国信息资源产业政策评估的基本准则就是迄今为止人类社会最先进社会的基本制度及其发展规律我国信息资源产业政策评估就是要"以遵循社会主义基本政治制度和社会主义市场经济基本发展规律为准则"。例如,当评价信息资源产业政策的合法性时,必须考虑政策是否合乎社会主义法制的条文要求;当评价信息资源产业政策的执行效果时,必须考虑政策实施是否遵循社会主义市场经济的要求;当评价信息资源产业政策的效益时,必须以不违反社会主义基本政治制度为基础。我们应该始终以对社会主义政治制度的完善、社会主义市场经济的发展,对经济社会的发展具备正面的有用性作为信息资源产业政策评估的核心价值尺度。

(2)要从国家经济社会发展资源结构根本性转变的高度,认识信息资源产业政策在促进和保障信息资源产业健康发展方面的价值

当前我国存在的一系列经济社会发展问题,包括环境生态被破坏、发展模式以能源消耗为主不可持续等。这些问题归根结底都需要彻底改变资源结构,需要在信息社会三大资源中,充分发挥信息资源作用,改变单纯依赖物质资源(原材料、能源)的面貌。同时当前国家产业经济发展面临几个战略问题:经济发展方式转变、产业结构调整、传统产业优化升级、改革开放成果需要更多地惠及社会大多数成员等。破解这几个问题,归根结底都需要改变资源结构,扩大对信息资源的利用。信息资源产业的最重要价值,是通过信息资源产业发展为经济社会发展供给更多优质信息资源。这个认识要落实在评估实践中,就是注意评价信息资源产业发展对资源结构调整的影响力、贡献力,就是在评价中要兼顾几个方面相结合的效益效果,在必要性评价和有效性评价中,不能仅看信息资源产业发展本身获得的规模发展和效益提高,还有看它的发展对整个国民经济发展,对整个中国的社会进步形成的影响。信息资源产业政策评估应当有大格局,评价具体尺度应当是"大尺度"。

(3)信息资源产业发展具有经济和社会的双重价值,信息资源产业政策的有用性既表现在经济发展方面,也表现在社会发展方面

我国经济社会发展面临的战略问题中,有经济发展方面的影响,也有

社会发展方面的影响。例如,政府信息公开,不仅促进了信息资源加工行业的发展和信息资源的利用,同时对政府行政能力和工作规范也是一种科学监督,有利于责任化政府的建设,有助于促进社会公平、公正、公开。又如当前解决更多社会成员,特别是知识型劳动者就业问题已经成为一大社会问题,由于信息资源产业是劳动和知识双密集型产业,该产业的发展对解决上述问题有重要作用和影响,如GPS地理信息产业的代表"滴滴打车",就撬动了300万的就业机会●。信息资源产业政策评估所依据的价值标准,一定是经济和社会两个方面的,两个方面的效益效果都重要且必需,缺一不可,缺少哪一个方面都是错误的、有害的,都难以达到政策评估的初衷,难以实现政策评估的有效性。

(4)信息资源产业政策的客观必要性和有效性综合反映了这项产业政策评估所依据的价值尺度,可以具体测度评价信息资源产业政策的对错、好坏、利弊及其程度

信息资源产业政策的必要性是政策评估最重要的价值标准之一。例如,根据产业政策功能理论,信息资源产业发展需要产业政策的理由之一即"市场失灵",即产业发展无法通过市场的自由竞争和调节实现,必须通过产业政策优化产业资源的配置,提升产业竞争力,优化产业结构。因此,如果市场并没有"失灵",仍是产业发展的有效运行模式,而产业政策的实施反而造成了市场竞争的不公平,那么信息资源产业政策就是失败的、错误的,或者是有欠缺的。同样,信息资源产业政策的有效性也是政策评估最重要的价值标准之一。即使"市场失灵"确实存在,信息资源产业政策是有必要的,但是如果信息资源产业政策不能发挥作用,政策有效性欠缺,也将证明相关政策是失败的、错误的,或者是有欠缺的。

● 滴滴全年完成订单14.3亿撬动300万就业机会[EB/OL]. (2016-01-28). http://news.xinhuanet. com/info/2016-01/28/c_135052436.htm.

4.4 中国信息资源产业政策评估具体标准的设定

4.4.1 我国信息资源产业政策评估具体标准及其功用

1. 信息资源产业政策评估具体标准的特点

信息资源产业政策评估具体标准是与总体标准相对称的另外一类评估标准,它是政策评估总体标准在不同种类政策评估活动中的具体化和精细化,受总体标准的指导和规范。与信息资源产业政策评估总体标准相比,具体评估标准有如下特征。

(1)信息资源产业政策评估具体标准是对评估工作基本规则的具体化

信息资源产业政策评估具体标准是根据不同评估对象、不同评估流程或不同评估环境下对总体标准上的细化,是衡量产业政策对错、好坏、利弊的具体尺度,并为后期构建评估指标体系奠定基础框架。具体标准必须服从总体标准基本要求,奉行总体标准所确立的基本规则,具体标准提出的各项要求都是对总体标准基本规则、基本精神的具体化,必须与总体标准的基本精神保持一致,接受总体标准的指导和规范。

(2)信息资源产业政策评估具体标准全面规范评估工作价值尺度

信息资源产业政策评估具体标准强调评估的全面性,不像总体标准仅仅是对核心价值尺度的规范。具体标准是将核心价值具象化的所有政策价值尺度的全面规范性要求,如从评估对象维度看包括政策文本、政策过程、政策效果等评估价值尺度。

(3)信息资源产业政策评估具体标准是高度细致周密的

信息资源产业政策评估总体标准是高度原则和概括的,是对政策的对错、好坏、利弊进行定性,粗略对其对错、好坏、利弊的程度进行定位。而其体标准是在上述基础上,对政策的对错、好坏、利弊程度的精细测度,这种测度是细致和周密的,不再是粗线条勾勒,而是细密的描绘和补白。

(4)信息资源产业政策评估具体标准具有直接操作性

信息资源产业政策评估总体标准更多是方向性的规范、要求,不具备政策评估的操作性。信息资源产业政策评估具体标准在总体标准的基础上全面具体化、精细化后,也使评估标准具备了直接可操作性。当然,后期还要将具体标准落地,逐一对照形成评估指标体系才能开展实质的信息资源产业政策评估活动。

(5)信息资源产业政策评估具体标准指向性强,三种常用的具体标准分别适用于政策方案评估、政策过程评估和政策效果评估

产业政策评估的具体标准中并不存在唯一的标准,而是针对特定情境,根据需要和可能条件,有针对性地制定各自的标准。目前在我国的产业政策评估实践中使用频率高的是产业政策方案评估标准、产业政策过程评估标准、产业政策效果评估标准,它们分别适用于政策方案评估、政策过程评估和政策效果评估。

2. 信息资源产业政策评估具体标准的功用

信息资源产业政策评估具体标准的功用,就是在通过应用评估总体标准得出定性结论和粗略程度测度的基础上,用更加细致、具体的价值评定尺度,进一步精准测评产业政策对错、好坏、利弊的程度,为后期构建评估指标体系奠定基础框架,得出明确具体的评估结论。

信息资源产业政策评估具体标准的指向性非常强,使用频率比较高的政策方案评估标准、政策过程评估标准、政策效果评估标准三种具体评估标准,各自在它们所适用的政策方案评估、政策过程评估和政策效果评估中产生实际的功能和效用。

具体评估标准通常由分层次的一组具体规范要求组成,这些具体要求明确而精准地反映了某一特定产业政策的方案、过程和效果在性质、状态方面应当达到的质量水平和程度,用这些要求与产业政策客观实际的达标

状况相比对,就可以得出明确的评估结论。

在现实政策评估实践活动中,根据实际需要和可能条件,人们既可以分别进行政策方案评估、政策过程评估和政策效果评估,以所得到的评估结论为产业政策定性并对政策对错、好坏、利弊的程度做出精确测度评判;也可以综合应用其中的两种或者三种评估方式,以三个具体评估结论全面综合地对产业政策进行评价测度。为此,三种具体评估标准都有实际应用价值。

需要特别说明的是,信息资源产业政策评估具体标准是由一组评估要求构成的,现实应用中并不是在每一次评估中都全数采用这些要求,而是需要根据需要和现实条件在评估要求中实事求是地做出取舍,选择真正需要和可以应用的,这些方面涉及后期构建评估指标体系,将在下一章节阐述。

4.4.2 我国信息资源产业政策评估具体标准内容框架

政策评估的具体标准是政策评估总体标准在不同种类政策评估活动中的具体化和精细化。根据第2章介绍的政策评估的类型,可分为内评估、外评估、正式评估、非正式评估、制度化评估、技术型评估等,但从目前的评估实践情况看,具体评估标准通常采用的分类是三种:产业政策方案评估标准、产业政策执行过程评估标准、产业政策效果评估标准。其理由如下。

第一,产业政策离不开方案和文本评估,它关注政策方案的基本功能、有效性、形式要素等,确定产业政策方案评估的具体标准,基本上就能把政策方案的基本性质和状态都测度了。由于政策方案的评估具体标准比较显著,得出的结论不容易出现以偏概全,也不存在烦琐低效的问题,是信息资源产业政策评估具体标准内容最基础的一个部分。

第二,产业政策执行过程评估的原理是过程控制理论,其内容就是认为任何结果和影响力都是过程创造的,控制了过程,把对过程有决定性作用的要素控制住了(指标值都能达到能创造优化结果的程度),结果就自然会是好的。过程评估既经济又有实际效果,具有较好的可操作性。因为要素都是可以控制和调整的,通过控制调整各要素的状态,使它们都能处于能够创造优化结果的程度,好的结果就会成为现实。产业政策过程评估就是要找到具有决定性的要素,并针对这些要素的性质和状态提出要求,使政策评估有了依据,测度一下这些要素实际的达成程度,就可以判定政策的好坏、利弊程度了。由于测度这几个方面要素达成程度时,容易取值,容易获得结论,因此信息资源产业政策执行过程评估具体标准也是最值得研究的具体标准之一。

第三,产业政策评估的核心是评估政策效果、政策目标是否达成。政策结果不完全是政策造成的,其因素很多,很难区分,因此政策效果评估有难度,其科学含量和研究价值更高。政策效果评估要看政策效用、政策效益和政策效应,虽然这三个方面不能涵盖所有与产业政策产出相关的所有因素,但这三个方面是因素中的主体部分,至少从目前的认识水平上看,有决定性作用的因素都涉及了。因此从效用、效益、效应三个方面提出要求和评估具体标准,应当可以比较全面准确地反映产业政策产出的基本面貌、基本性质和基本状态。为了降低评估成本,提供便利性和可操作性,重点研究信息资源产业政策效果评估具体标准也是合适的。

4.4.3　我国信息资源产业政策方案评估标准

对产业政策方案进行评估,是一种常用的政策评估方式。应用于政策方案评估的评估标准,主要从政策方案质量和政策文本的规范性两个方面提出规范性要求。这与两个方面因素相关。

一个因素是政策方案评估通常都是在依据产业政策评估总体标准进行整体定性评估后进行,方案评估已经隐含有产业政策是"对的"前提假设,因此,不需要再对政策必要性进行评定,而只需要重点对政策本身的质量(好坏、利弊)进行评价测度。

另外一个因素就是产业政策方案评估的有效性假设。政策方案评估有效性的假设是:既然产业政策必然是"对"的也就是正确的,那么,只要产业政策本身从内容到形式都是"好的",即符合国家意志、符合产业发展的规律性,它就是需要肯定的好政策、就是"有利"的,有利于国家经济社会发展,有于信息资源产业健康发展。上述假设,决定了评估标准的内容构成。

1. 信息资源产业政策方案质量评估要求

我国信息资源产业政策方案质量评估要求,实际上就是对政策方案优劣和利弊程度方面提出的规范性要求。这些要求重点是:政策要素的合法合规程度、政策目标公平公正程度、政策目标的明确程度、政策取向的正确和明确程度、政策措施的适用性和可行性、政策工具的适用和有效程度等。

(1)政策要素的合法合规程度

产业政策要素包括政策目标、政策取向、政策措施、政策工具等。合法合规程度就是指这些政策因素从内容到形式,符合国家法律、法规和其他各种表达党和国家意志的规范性文件的实际程度。合法合规是确保产业政策质量的第一位要求,因为违法违制的产业政策不会受到法律的保护,违背党和国家意志,是最大的价值取向失范,产业政策不仅完全失去效用,还会给国家法治,给国家经济社会发展造成严重损害。

(2)政策目标公平公正程度

政策目标就是通过政策制定和实施要实现的目的和结果。政策目标公平公正是信息资源产业政策的重要价值取向和追求。政策目标公平公正程度主要指政策目的和政策结果的设定,是否在资源配置、利益分配、市场竞争中体现公平公正的精神。

(3)政策目标的明确程度

政策目标应该是清晰明确的,含糊不清的政策目标不仅影响政策执行的效果,还会造成政策评估标准的不确定,后期也无法构建评估指标体系,无法评估政策执行是否有效,政策效果是否符合政策目标。

（4）政策取向的正确和明确程度

政策取向是政策的核心要素，是政策实践中的基本指导思想，它体现了政策主体的动机、基本态度、基本主张和决策意图。

（5）政策工具的适用和有效程度

政策工具是指政策执行机构用以实现特定政策目标的活动方式，是实现政策目标的道路和桥梁。

（6）政策措施的适用性和可行性

政策措施的适用性和可行性标准包括技术可行性、经济与财政可承受性、政治可接受性和行政可操作性四个方面。

（7）政策方案经济性

政策方案的经济性，实际上就是方案实施中投入与未来所产生效益间的正相关关系。投入恒定，产出越高，经济性就越好。

（8）政策资源供给可行性

政策方案都是需要基于一定的资源供给水平制定的，方案实施的资源供给可行性越强，政策方案的质量也就越好。

（9）不同利益群体对政策方案的认可程度

政策方案的民意基础越好，质量就越好，这个民意基础实际上就是不同利益群体对政策方案的高认可程度。

2. 信息资源产业政策文本评估要求

政策文本是产业政策内容的系统表达，信息资源产业政策方案评估需要针对政策文件展开，这种评估也被称为产业政策文本评估。因为在我国，产业政策一般都有正式成文文件，政策文件是否规范、有效关系到政策方案是否具备完整的效用。这方面的评估要求，主要是一种程序性的，更偏重形式要素方面的评估。这方面的要求主要包括以下内容。

（1）文本内容方面的合法性、针对性、一致性、稳定性、可操作性

合法性：是指不与一切比自身效力等级高的规范性文件的内容相抵触；针对性：是指政策问题的指向性准确、清晰；一致性：是指全部政策文本内容是一个统一整体，不自相矛盾、自相对立或抵触；稳定性：是指经得起

时间检验,不频繁"失效";可操作性:是指文本内容具体明确,便于理解和掌握,可以直接操作。

(2)文体结构格式方面的完整性、规范性

文体规范:是指以规范的现代汉语书面形式作为符号体系,表达方式的应用符合规范性文件要求;结构完整、合理:是指整体结构和正文结构完整,没有缺项,结构安排要符合逻辑,符合工作规律和特点;格式规范:是指符合国家有关部门制定的规范性文件格式要求。

(3)语言表达的准确性、规范性、简明性

准确性:是指用字用词用语规范无错漏,语言含义完整周密确切,没有歧义,实际表达出来的意思与欲表达的意思相一致;规范性:是指用字用词用语符合语法规则、逻辑规则,符合规范性文件的特殊表达要求;简明性:是指表达简要明确,无多余成分,无废言赘语。

(4)生成程序的合法性、科学性

程序合法:是指政策的发布完整履行了法律规定的各种程序;程序科学:是指在程序合法的前提下,程序合理、简化、效率高。

4.4.4 我国信息资源产业政策过程评估标准

按照政策周期理论,政策过程本来是指从政策动议、政策规划、政策制定、政策执行到政策评估的完整过程,但在这里则是专指政策执行机构和人员执行政策的实际过程。对政策过程的评估又称执行力评估,是指政策的实施过程,即从政策开始实施到产业政策绩效的工作过程是否体现了较高的能力水平。政策过程评估主要是用来衡量政策执行机构的运作和执行人员的工作态度是否达到了要求,有没有违反政策原则、滥用权利等行为等。用于信息资源产业政策过程评估的标准,通常由如下要求组成。

1. 信息资源产业政策执行的合理性要求

主要包括信息资源产业政策执行机构是否设置科学合理,机构人员是否合理配备,机构人员工作态度是否积极等。

2．信息资源产业政策运行过程规范化要求

主要包括信息资源产业政策执行是否按期执行，执行指令是否明确，政策执行程度是否充分，组织协调与社会沟通是否充分等。

3．信息资源产业政策的执行力要求

从政策主体能力、政策执行效率、政策执行监督等方面判断政策的执行力度。主要包括信息资源产业政策资源的使用情况和政策执行效率的高低等。

4.4.5　我国信息资源产业政策效果评估标准

我国信息资源产业政策效果评估实际上可以视作产业政策目标达成度评估。这种评估方式应当是难度比较大、科学含量比较高的一种。产业政策效果评估所依据的具体标准，不仅要关心政策效果的回应性，还要关注政策效果响应的程度，信息资源产业政策作为产业政策，更加关注的是经济目标的响应程度，如信息资源产业政策的效用、效益和效应等。

信息资源产业政策效果评估标准实际上主要由以下三个部分要求构成。

1．信息资源产业政策效用方面的要求

信息资源产业政策效用是指政策的实施对产业发展基本状况带来的变化，政策效用是衡量政策效果的重要方面。用于评价产业政策"变化"的要求主要包括如下两个方面。

（1）产业环境方面

具体包括：资源配置，可以从信息、人力、资本等资源的大小、优劣、布局等方面提出；市场环境条件，可以从市场要素、市场竞争、市场法规等方面提出；产业结构，可以从信息资源产业内部各行业的规模、布局、产业链等方面提出；产业技术水平，可以从信息资源产业技术研发和应用水平、创新能力等方面提出。

(2)产业竞争力方面

信息资源产业竞争力是指产业参与者双方或多方的一种角逐或比较而体现出来的综合能力。增强产业竞争力是信息资源产业政策的重要目标。信息资源产业政策目标的实现在相当大的程度上要依靠信息资源产业的市场竞争力、产品竞争力、技术竞争力和国际竞争力的全面提升。因此,可以分别从上述四个方面提出产业竞争力的要求。

2. 信息资源产业政策效益方面的要求

信息资源产业政策效益,实际上是指产业政策的投入和产出的比较,即政策成本与政策收益之间的比率。因此,产业政策效益方面的要求,可以从制定实施产业政策所带来的人力、物力、财力、信息、机会、时间投入情况与因此而给产业经济规模、就业规模及其质量改变之间的比率关系规定的方式提出。

信息资源产业政策效益,既有经济方面,也有社会、政治、文化、生态等方面的效益;既有直接效益、也有间接效益;既有正效益,也有负效益;既有短期效益,也有长期效益。应当从多角度全面提出信息资源产业政策效益要求。

3. 信息资源产业政策效应方面的要求

政策效应指在政策的有效作用下,相关产业及社会有关方面作出的反应和影响。对于信息资源产业政策而言,政策效应主要指产业政策实施后对社会生产力发展、公平公正,以及其他社会响应或影响的大小,主要包括以下几个方面。

(1)发展社会生产力方面

主要从信息资源产业政策必须有利于生产力的解放与发展,信息资源产业政策应当对国家整体经济发展有正效应等方面提出要求。

(2)实现社会公平公正方面

主要从产业政策成本及收益在不同群体或阶层中间分配应达到的公平程度的角度提出要求。要求资源分配实现公平性和合理性。

（3）关注公众回应方面

公众回应实际上就是指产业政策运行结果是否符合社会大众的需要、偏好或价值观念，是否受到他们的欢迎。这方面要求通常以公众满意度形式提出。具体要求中应当包括公众对信息资源产业政策积极回应的程度，以及公众对产业政策满意的实际表现和程度。

第5章 中国信息资源产业政策评估指标体系研究

在多数情况下,政策评估标准还不能直接用于测度政策对错好坏和利弊的确切程度,只有将评估标准所表达的要求用一系列指标的方式,予以具体化和确切化,人们才可以确切测度政策的实际状态。定性的、定量的指标值可以确切精准地反映被评估政策对错好坏及利弊的性质和程度。本章研究探索了信息资源产业政策评估指标,以及评估指标体系的构建问题。具体内容包括评估指标的概念和类型,评估指标的质量要求,信息资源产业政策评估常用评估指标及其分析,以及信息资源产业政策评估指标体系构建模式和基本程序等。

5.1 信息资源产业政策评估指标及其质量要求

5.1.1 信息资源产业政策评估指标概念和主要类型

1. 信息资源产业政策评估指标

在社会生活中人们广泛使用"指标"一词,比如个人小客车购买指标、工作人员绩效指标等。指标有广义和狭义之分,小客车购买指标提出的是"指标"狭义的概念,即说明总体数量特征。工作人员绩效指标提出的是"指标"广义概念,即指标既可说明简单的总体数量特征,也可以是复杂的描述事物状态或特征的文字。

指标在人类社会的使用,最著名且发展最早的是经济指标。20世纪发展经济指标的成功经验,激起了学者、专家对社会指标的兴趣。1966年,美国学者罗蒙德·鲍尔出版了《社会指标》一书,强调社会、政治、经济的和谐发展,从而掀起了所谓的"社会指标运动"❶。20世纪70年代末期,指标开始受到各国政府决策人员、学者及社会大众的重视。而到20世纪80年代以后,指标开始被有规模、系统地应用于教育、科研领域。20世纪80年代,美国北卡罗来纳大学公共政策学者麦克瑞(MacRae)将政策评估指标定义为可将公共统计数据值用于公共政策议题的衡量工具,其主要目的在于利用公共部门的统计来协助政策利害关系人制定妥当的政策❷。

其实,评估指标并不神秘,它无非是说明评估对象数量和品质特征的概念。信息资源产业政策评估中,评估指标就是对评估标准的进一步具体化和度量化,它可以用一个精准说明事物性质或者状态的概念,把特定的评估要求具象化,使其可以直接测度产业政策某一具体性质或者状态,帮助人们精确地认识产业政策在这一点或者这一方面的对错、好坏、利弊。

与上一章讨论的信息资源产业政策评估标准相比较,评估标准更加原则和宏观,在多数情况下,只能表现为一种对价值观的表达,表现为一组具体的要求。它可以用来评价政策,但它无法直接精确测量事物的性质状态,只能用于对政策进行根本属性的评判,只能粗略地界定政策实际的对错、好坏、利弊程度,通常不能做出精准的、有事实说服力的评估结论。而评估指标则不同,它从属于评估标准,且绝对忠实于评估标准,是对评估标准的具体化,特别是对每个评估要求的具象化,它是精确的,是可以直接测度的。它是内涵单一确定的概念,一个指标只包含一个确定的意思,只用于精确说明政策的某一个特定的性质和状态,因此,它可以在几乎所有政策评估中得到直接应用,它把产业政策标准和每个具体要求直观化、明确化,使它们可以直接被观测和度量。从评估指标可以直接认识产业政策某一性质或者状态的事实情况,精准测度这些性质或者状态所能达到的程度和水平。有了政策评估指标,就可以清楚、准确地认识信息资源产业政策

---

❶ 社会指标运动目的在于强调搞好社会指标的收集、分析和研究工作,建立国家社会指标信息系统,重视社会指标在决策实践中的作用。

❷ 李允杰,丘昌泰. 政策执行与评估[M]. 北京:北京大学出版社,2008:245-246.

的事实状况。然后通过与评估指标标准值的比对,判定一项或者一类信息资源产业政策对错好坏利弊的基本性质,以及对错、好坏、利弊的精准程度。

2. 信息资源产业政策评估指标的主要类型

依据不同的标准,信息资源产业政策评估指标类型常见于以下几种。❶

（1）主观指标与客观指标

主观指标,是指人们对评价评估对象反映出来的意见、满意度等心理感觉的指标。主观指标通常用于价值标准实现程度的判断和测定,如"公众对信息资源产业政策的满意程度"指标等。客观指标则偏重事实,要求数据真实和完整,不同评估对象之间具有可比性。客观指标通常用于对事实现象性质、状态的测评度量,如信息资源产业政策的"信息资源使用效率"指标。

（2）定量指标与定性指标

定量指标有明确的数值,可与参考标准数值做对比,该类指标具体、直观,如"信息资源产业经济总量"就是定量指标。但是,由于信息资源产业政策评估的特殊性,在很多情况下只能采用无量值的定性概念对评估对象进行描述和分析判断,如"信息资源产业政策目标合理性"就是一个定性指标。

在定量指标和定性指标的选取上,没有固定的规律或要求。定量指标和定性指标各有其优缺点、各有其适用的范围,因此在实践评估活动中要根据不同的情况确定定量指标和定性指标数量的比重。

（3）肯定性指标与否定性指标

依据指标值正负属性的不同,信息资源产业政策评估指标分为肯定性指标和否定性指标两类。肯定性指标又称"正指标",用于反映信息资源产业政策的成绩和正面效果,比如"信息资源产业国际竞争力"指标,数值越大说明成绩越显著。否定性指标又称"逆指标",反映信息资源产业政策存

---

❶ 贠杰,杨诚虎. 公共政策评估:理论与方法[M]. 北京:中国社会科学出版社,2006:242-245.

在的问题和消极面,如"政府开放数据获取难度",数值越小,则说明政府数据开放的力度越强。

5.1.2　信息资源产业政策评估指标的质量要求研究

将评估标准转化为可观测、可操作的各项评估指标需要一定的方法,各项评估指标的选取、设计、组合也需要达到一定的质量要求。如果不满足质量要求,轻则降低评估工作效率,重则影响评估的准确性,甚至评估结果与事实相背。

我国台湾学者王保进提出了七项标准作为构建成果指标的依据,分别是①测量研究最为重要的中心特征,具有简明性;②与政策具有相关性,可指出当前或潜在之问题;③为提高指标的精确性,所测量的事物应是可观察的现象,使每一指标均能赋予数量化;④必须具备价值中立(value-free)的特质;⑤应能加总或分割,以便进行横向和纵向的比较和预测;⑥具有信度;⑦具有效度❶。

笔者认为,对信息资源产业政策评估指标而言,其质量方面的要求特别需要强调的有如下几个方面。

1. 产业政策评估指标应当与政策评估标准保持高度的一致性

一致性又称统一性,是指所构建的信息资源产业政策评估指标要与所评估对象的内涵与结构相符合。评估指标是评估标准的具体化和确切化,因此其质量的首要要求是对评估标准完整化、具象化的再现,评估指标相比评估标准更具体、更细致、更精准、更明确。一致性体现在评估指标相对于评估标准的基本思想、基本精神不能改变,标准涉及的范围不能逾越,也不能不及,即不能遗漏。评估指标与评估标准是相互关联的关系,标准是纲,指标是目:纲举才能目张,指标必须服从和服务于标准;标准是灵魂,指标是血肉,指标必须紧紧围绕和反映政策评估标准,符合政策价值取向,与政策目标保持一致。

❶ 王保进. 自我评监潮流下反映办学成效之评监项目设计[J]. 评监双月刊,2013(42):16-21.

2. 产业政策评估指标应当有单一明确的含义和功能

信息资源产业政策评估指标的含义首先应该是清晰的、明确的,不能使不同的评估者有不同的理解。这样既避免无法评估的情况,也避免评估的尺度不一,造成评估结果不准确。其次,信息资源产业政策评估指标及指标之间关系应该是单一的,一个指标就用于测度一种性质或者状态,不可混用;同时同一层次的指标之间应相互独立、不相关、不相互重叠,不相互存在因果关系,不重复表述。信息资源产业政策评估指标的单一属性要求,一是避免了指标冗余情况的出现,冗余指标不仅对整个评估工作没有意义,还增加了评估工作量,同时也降低了评估的可行性;二是提高了评估的科学性,如单一性指标不重复表述,避免了重复评分带来的权重偏差。

3. 产业政策评估指标的效度、信度、区分度、误差受控度要高

第一,信息资源产业政策评估指标效度要高,这是指一个评估指标的一致性程度或有效性程度,反映的是评估结果与真实情况的吻合程度,体现的是评估指标的一致性。例如,如果设计的评估指标与同一评估对象的评估指标不相互冲突,则该指标有"效度"相对较高。

第二,信息资源产业政策评估指标信度要高,这是指评估指标评估的结果要真实可靠,评估结果准确性、客观性、稳定性越高,则其评估指标可信程度越高,即信度越高。准确客观的评估指标能全面反映信息资源产业政策发展的规律和特点,能够通过观察、测试、评议等方式得出明确结论,客观真切地反映评价对象发展演化的状态。稳定的评估指标评估结果不会或较少受到外部因素的影响,对任何不同的评估对象的多次测定都会产生比较稳定的、前后一致的结果。

第三,信息资源产业政策评估指标区分度要高,即根据所设指标进行评价所得的结果能将不同层次或不同水平的评价对象区分开来,也指评估指标在不同的评估对象中,其评估结果是可以对照和比较的。区分度体现

了一个评估指标的评估结果区分不同评估对象的程度。区分度高的评价指标可以将评价对象层次或者水平区分开来,层次水平区分得越清晰越明显、区段分布越合理,则区分度越高;反之,则区分度越低。例如,对不同区域的信息资源产业发展情况的评估,如果全国不同区域的评估结果区间相对集中,则其评估指标区分度较低。

第四,信息资源产业政策评估指标误差受控程度要高,是指在设定指标时,应事先考虑到误差的控制,尽量将误差减少到不影响评价结果科学性的程度。实践中根据任何指标体系进行评价的结果均会有误差,这是无法避免的,但可以提前预测和分析误差来源和产生误差的原因,从而想办法控制并尽量减少误差。

4. 信息资源产业政策评估指标应当简化,便利实际操作

简化就是在保证指标体系功能不变的前提下,化繁为简的过程或者行为。评价指标的简化,一是指标的数目要精简,控制在必要限度内;二是指标的设定要有助于具体评价活动的简约便利,即获取评价所需要的信息消费的时间和精力较少,如选择易于采集的数据项、采集方法容易掌握和操作等,又如如果有现成的全国性或地方性统计年鉴或专业年鉴,就尽量不要自行采集和加工数据;三是指标的设定要有利于获得简明的评价结果,便于相关方面理解和使用。

5. 信息资源产业政策评估指标应当保持必要的动态适应性

虽然上一章提到信息资源产业政策评估标准是稳定的,但是作为评估标准的具体化、精细化的评估指标则要适时地进行动态调整。由于信息资源产业政策是不断动态调整的,与政策相关的人、事、物等客观环境条件以及相关信息都有可能发生变动。为了保证评估的科学、客观,评估指标的选择和确定也要不断地作适应性改变,要与时俱进,不僵化,要使信息资源产业政策评估指标能动态地综合反映信息资源产业政策运行的现状、潜在效果及未来趋势。

5.2 信息资源产业政策评估常用指标

5.2.1 信息资源产业政策常用指标设定的方法要点

公共政策评估指标的设定,是指设计拟定评估指标的过程。这个过程通常包括评估指标的选择、分类和分组、量化、优化、检验等程序。对于信息资源产业政策评估指标的设定而言,这个程序过程中的几个步骤环节需要强调若干特殊方法的应用。

1. 评估指标的选取

政策评估指标的选取实际上就是如何在自然语言中,选取能够精准表达政策评估标准具体要求的概念。比如说在政策评估标准中有一项"政策要素的合法合规"的要求,对于这个要求用怎样一个概念去规范而准确地表达它,是用"合法性"还是用其他词语或者短句,这就是评估指标的选取。笔者认为,从政策评估实践经验看,以下两种方法更适合信息资源产业政策评估指标的选取。

（1）目标分解法

顾名思义,目标分解法就是对政策评估标准及各项要求的目标进行分解后,获取评估指标的方法。大致的操作过程是,首先,在认真研究分析的基础上,界定政策评估标准要求所要达到的目的和结果;其次,按照一定的依据对其进行分解,找到一般不可再分的、可用事实数据测度的具体目的和结果;最后,选择可以准确表达这一具体目的和结果的词语。

比如,在信息资源产业政策方案评估标准中,有一项"政策文本结构完整"要求,经分析会发现,这项要求的目标实际上是对政策文本结构完整性的控制,使政策文本在整体上和正文两个方面不缺少必要内容成分,从而达到政策功能完备的效果。这个目标就可以分解为"政策文本整体构成完整性""政策文本正文完整规范性"两个指标。这两个指标都是不可或者不必要再分解的,可以以国家规范性文件处理方面的法规制度为依据,针对事实存在的具体政策文件进行具体量度,得出定性评估结论。

这种方法的优点是操作简便,并可以确保评估标准对评估指标的统率作用,评估指标与评估标准之间保持高度的契合性。

(2)内涵分析法

内涵分析法指通过对政策评估标准要求所包含的实际含义的分析,找到若干或者一个内涵可以与之契合的词语而选取评估指标的方法。这种方法的大致操作过程是,对评估标准要求进行分析,梳理清楚这项要求实际包含着的含义,然后找到可以准确表达这一含义的词语,词语可以是一个或者是若干个,一个词语就是一个指标。当然,对这个(或者这些)词语的基本要求是,它(或者它们)的含义可以被准确描述和测度,通常也是不可细分或者不需要再做细分的词语。

比如,信息资源产业政策过程评估标准要求中,有一项"政策执行机构的设置合理"的要求。经梳理其含义,所谓机构设置合理,无非是指这个机构设置有制度依据、职能明确、责权利统一、规模适度满足基本需要。为此,可以表达这些含义并且可以通过事实认定测度其满足程度的"设置依据符合性""机构规模""职能明确度"就成为评估指标。

这种方法通常更加简单直接,对于那些对评估对象有深刻了解和理解的人而言,只要有基本的逻辑思维能力,操作难度不大。

2. 评估指标的量化

由于每一项评估标准通常对应多重评估指标,不同的评估具有不同的量纲,给信息资源产业政策评估带来困难。因此需要对评估指标进行量化处理,最终使有不同单位的评估指标数据可以相比较。

评估指标的量化也包括对一部分定性评估指标的"量化"处理。对于定性指标而言,其科学性容易受到质疑,评估工作的难度也会更大一些。但实际上,对于信息资源产业政策评估来说,定性评估又是必不可少的,甚至在相当一部分场合,定性评估还是主要方式,是评估有效性很高的方式。为了提高定性评估的科学性和评估工作的便利性,实际工作中创造了一种将定性指标定量化的方法,这种方法并不复杂,但效果明显。定性指标定量化的具体方法有以下三种。

(1)等级区分法

如在对信息资源产业政策方案评估标准的分解中,会形成"企业满意程度"之类的指标,这本来是一个定性的指标,结论可能就是满意或者不满意。如果这样进行政策评估难免因区分度太低,影响有效性和公平性。这时候,就可以根据实际需要,应用等级区分法将满意程度变成"满意度",细分为"非常满意""满意""比较满意""不太满意""不满意""很不满意",并分别给这些指标规定标准值,最终结论就可以分出等级,数量特性就显露出来了,评估结果的区分度高了,操作难度下降了,评估效果也就会有所提升。

(2)预期描述法

在信息资源产业政策效果评估中,可能会形成"产业布局优化程度"之类的指标用于评价产业政策效用水平。这个指标明显也是个定性指标,除了可以通过与上例相同的方式划分出相对细致的等级来量化外,也可以用预期描述法,即用比较具体的内容描述一下对产业布局的定性要求,然后规定"远远高于""高于""达到""低于""远远低于"预期的区间值,明确它们分别和"优化"之间是一种什么关系。根据这样的指标,也可以得出相对客观的结论。

(3)关键事件法

在信息资源产业政策过程评估中,可能会形成"政策执行力度"之类的定性评估指标。其实这时候用关键事件法,也可以将这个定性指标定量化。就是规定一个单位时间内"有令不行"错误行为的出现次数指标,根据次数的多少界定力度是很强、强、一般、不强、弱。这样不易于评价的事物,也变得容易评价了。

3. 评估指标的较验

评估指标经过选择和量化后,还不能直接应用,必须对其进行检验和校正。校验的目的是增加评估指标的科学性和可操作性。一般采用以下两种方法。

（1）专家检验

将待检验的评估指标做成问卷或访谈提纲,邀请专家进行筛选,综合专家的意见修改指标。

（2）实证检验

将待检验的评估指标对政策进行试评估,根据试评估过程中发现的问题修改指标。

5.2.2　信息资源产业政策整体评估常用指标

在进行信息资源产业政策整体评估时,这项评估的目的就是对具体产业政策做出对错、好坏、利弊的定性判断,或者再对对错、好坏、利弊的程度做出概略的测度。因此,多数情况下,这样的产业政策评估可以不需要使用评估指标,而只需要用政策评估总体标准作为测评尺度就够了。但是,这种政策评估测量评价信息资源产业政策对错、好坏、利弊及其程度的具体标尺太过粗疏了,仅用产业政策的客观必要性和实际有效性做出评价结论有时就无法满足来自社会或者相关上级机关的需要和要求。也就是在这样的一些相对特殊的情况下,为了使评估结论更加具有科学性和公平公正性,信息资源产业政策的整体评估,还需要一部分更加精细具体的评估指标。

经过笔者的初步研究和总结,发现目前阶段我国信息资源产业政策评估实践中所需要的常用评估指标是紧紧围绕产业政策的客观必要性和实际有效性两个方面形成的,目前可供具体评估实践选择应用的常见产业政策整体评估指标包括如下几种。这些指标的含义和测度的方法虽无国家正式制度进行规范,但基本上为社会相关方面所认同。这些指标不一定在所有信息资源产业政策整体评估中都被应用,而只是提供了一个供相关方面,根据自己组织或者参与的政策评估活动的需要和客观条件,实事求是予以个性化选择的"评估指标库"。

需要特别说明的是,以下几节所提出的信息资源产业政策方案评估、政策过程评估、政策效果评估的常用指标,都具有相同的性质和作用,它们都只是一个备选的评估指标系列。在实际评估实践中,需要根据实际情况,实事求是地从中进行选择。还需要特别说明的另外一点是,这里只是对信息资源产业政策评估指标做出的初步梳理整备,只能称为"常用指标",难免有疏漏。

1. 信息资源产业政策客观必要性方面的评估指标

信息资源产业政策客观必要性是从整体上对产业政策进行根本性质评价的重要标准要求。信息资源产业政策的客观必要性是指一项(或者一类)产业政策在客观上对于促进和保障国家信息资源产业发展具有的不可或缺、不可替代的性质。具体测度这一产业政策客观必要性的指标有多个,其中从科学性、合理性和经济性角度看,最有效和最常见的主要包括以下几点。

(1)政策问题及其严重程度

任何政策都是为解决问题而生的,没有政策问题,就不需要政策。而这里所说的政策问题,实际上就是通过政策有效破除、有效解决的各种社会问题;产业政策问题当然也就是产业发展过程中需要通过产业政策破解的各种社会问题。按照一般规律,产业政策问题越严重,产业发展对产业政策的依赖性就越强,产业政策的必要性也就越强。

(2)产业现状与政策发展目标的契合度

这里所说的契合度,实际上就是指信息资源产业政策目标,也就是这项政策所欲达到的目的和结果,与信息资源产业发展现状之间关系的吻合关联程度。这个指标对产业政策必要性的影响是,契合度的程度越高,说明产业政策对促进和保障产业发展的贡献越大,产业政策的不可或缺性越强。

(3)政策出台时机的适宜性

适时程度也对产业政策的客观必要性有直接影响,时机成熟了抓住机会出台政策,产业政策就能表现出它的不可或缺价值,恰逢其时的政策才是信息资源产业发展必需的政策。所谓的产业政策出台时机适宜,不外乎是:对要解决的政策问题已经认识清楚,特别是问题的表现、性质、形成的原因,以及对信息资源产业发展造成的后果已经有明确、清楚的认识;这些问题确确实实可以通过出台产业政策的方式得到有效解决;确实找到了通过产业政策解决问题的办法;具备了实施产业政策的基础条件;不会因此而引发新的矛盾和问题。有鉴于此,政策出台时机的适宜性可以具体分解为如下指标。

①对政策问题的认识水平。毋庸置疑,政策对象对政策问题的认识水平越高,政策出台时机就越佳。

②对政策问题的针对性。寸有所长、尺有所短,产业政策对政策问题的针对性越强,出台时机越好。

③政策办法有效性。目标确定之后,实现目标的方法就成为第一重要的因素,办法有效,政策出台才真正必要。

④政策实施基础条件完备程度。基础条件越完备,政策越容易取得成效,越能表现出不可或缺的性质。

⑤引发新矛盾的可能性。政策出台引发新问题新矛盾的可能性越小,政策出台的机会就越成熟。

⑥政策制定的民意基础。产业政策民意基础最好的时候,就是政策获得人民群众广泛拥护和支持的时候,这是政策回应程度最高的时候,也是出台时机最好的时候。

2. 信息资源产业政策实际有效性方面的评估指标

信息资源产业政策实际有效性方面的评估指标是从整体上对产业政策进行根本性质评价的另外一个重要标准要求。信息资源产业政策的实际有效性是指一项(或者一类)产业政策达成预设目标或者结果的实际程度。具体测度这一产业政策实际有效性的指标有多个,其中最有效和最常见的主要包括以下几点。

（1）政策目标实现度

所谓的政策目标实现度实际上就是狭义的目标达成度,指政策预设具体目标实现的程度。通常需要通过评估者主观直接感受做出评判。它实际上是形成整体性定性评估结论的主要依据,特别是在对产业政策对错、好坏、利弊及其大致程度的评价时,会发挥重要影响。

（2）政策结果实现度

政策结果实现度就是指政策预设结果实现的程度。这个指标在对产业政策对错、好坏、利弊及其大致程度的评价时,也会发挥重要影响。通常情况下有时只需要通过评估者主观直接感受做出评判,但也有通过更精细指标做出评价的情况。这时候,常用的具体指标包括:

①绝对效果实现度。绝对效果实现度实际上是指政策实施后,客观上可直接观察到的信息资源产业发展变化情况。常用产业规模、产业贡献、带来的就业贡献具体测度或者估算。

可以测度产业规模的指标主要有:

A. 产业产值规模,指产业GDP总值。

B. 从业人口规模,指产业全部从业人口数。

C. 法人单位规模,指产业企事业单位数量。

D. 上市公司规模,指上市公司数量、净资产收益率、总收入等。

可以测度产业贡献的主要指标有:

A. 产业就业贡献,指产业从业人口与全国从业人口比值。

B. 经济总量贡献,指产业营业收入与全国GDP比值。

可以测度产业发展对社会就业贡献的指标包括:

A. 从业人口规模,指产业全部从业人口数。

B. 产业就业贡献,指产业从业人口与全国从业人口比值。

②相对效果实现度

相对效果实现度是指经过与政策实施前后,产业所发生的发展变化程度。采用这个指标时,需要用反映产业发展变化的同类情况进行前后对比,比如产业规模前后变化、产业贡献水平前后的差距、产业带来社会就业情况的前后变化等。

产业规模前后变化,就是产业政策实施前与实施后,反映产业规模指标逐项赋值数之差。

产业贡献水平前后的差距,就是产业政策实施前与实施后,反映产业贡献指标逐项赋值数之差。

产业带来社会就业情况的前后变化,就是产业政策实施前与实施后,反映产业就业贡献指标逐项赋值数之差。

(3)政策适应性

政策适应性也是反映产业实际有效性的指标,指政策及其运行与一国国情和利益偏好的适应程度。这个指标在测度有效性方面作用明显。因为政策如果不能适合本国国情,不能为社会所认同和接受,不能适应社会根本利益偏好,都不能说是有效政策。这个指标也是定性的,通常也主要由评估者根据主观感受直接做出结论。

5.2.3 信息资源产业政策方案评估常用指标

在进行信息资源产业政策方案评估时,评估指标通常是围绕产业政策方案评估标准要求进行设定的。

1. 产业政策方案质量评估要求

信息资源产业政策方案的质量,就是具体产业政策方案优劣的程度,对这一程度进行测度认定的具体指标围绕政策方案质量评估标准提及的九个方面设定。

(1)政策要素的合法合规程度

评测政策要素合法合规程度的指标,主要是定性指标,包括两大类,一类是政策方案内容所表现的政策要素与成文法律规范符合程度;另一类就是方案内容诸政策要素与国家法律和其他基本政策所表现出的基本主张、基本取向的吻合程度。

①法律规范符合度。可以用违法点数量、违法点性质两个指标测度。

违法点数量,指政策方案中违背成文法律、法规等规范条文的错漏处数量。

违法点性质,指政策方案中违背成文法律法规等规范条文的错漏处的错误严重的程度。可以通过设置若干错误等级予以区分。

②国家意志吻合度。可以用国家意志吻合度指标定性衡量,这个指标就是政策方案诸要素与国家法律和其他基本政策所表现出的基本主张、基本取向的吻合程度。

(2)政策目标公平公正程度

产业政策是否公平公正,是否达到一定的高度,是衡量政策方案"政策"水平的主要依据,主要用政策受益面、特殊惠及面等指标测度。

①政策受益面。政策受益面,就是政策目的和结果的规定中,受益者范围的广度。

②特殊惠及面。政策特殊惠及面,指政策目的和结果规定中,特别需要关照的人群或者区域实际得到特别照顾的程度。

(3)政策目标的明确程度

政策方案中关于政策目的和结果的规定越明确,方案被准确理解和执行的可能性就越强,因此,应当用定性测试评估者对政策目标认识一致性程度的方式进行政策目标明确程度的衡量,这需要有两个指标,一个是政策目的理解差异度,另一个是政策结果理解差异度。

①政策目的理解差异度。政策目的理解的差异度,是评估者群体对政策方案中关于政策欲达到目的认识的不一致程度,程度越高,说明差异越大,政策方案质量也就越差。

②政策结果理解差异度。政策结果理解差异度,是评估者群体对政策方案中关于政策欲达到结果认识的不一致程度,程度越高,说明差异越大,政策方案质量也就越差。

(4)政策取向的正确和明确程度

政策取向是产业政策的核心要素之一,其正确和明确的程度越高,说明政策方案的质量越高。衡量这两方面程度的指标包括政策取向的错漏率和政策取向理解差异度。这两项指标也属于主观判定性指标,需要有评估者群体在审读政策方案后,凭主观理解和感受做出。

①政策取向的错漏率。政策取向错漏率,是评估者针对一项具体产业政策认定其存在错误或者漏洞的产业政策取向的数量占全部政策取向数量的比重。比重越高,说明政策方案越差。

②政策取向理解差异度。政策取向理解差异度,是评估者群体对政策方案中关于政策主张认识的不一致程度,程度越高,说明差异越大,政策方案质量也就越差。

（5）政策工具的适用和有效程度

政策工具实际上是产业政策目标实现的基本方法路径,适用有效的政策工具是产业政策方案的重要质量保障。衡量政策工具质量的指标包括:

①与政策目标的匹配性。实际上这是一个测度政策工具绩效特征与政策目标的匹配程度的指标。程度越高,政策方案质量越高。

②与政策问题的适配性。这是一个测度政策工具功能与政策问题性质适配程度的指标。适配性越高,政策方案质量越高。

③与目标群体遵从性的匹配性。这是指政策工具性质与政策目标群体遵从行为的匹配程度。政策工具性质方面的差别很大,不同政策目标群体对公共政策的遵从行为也有很大不同。政策工具性质与目标群体政策遵从性匹配程度越高,政策方案质量越高。

（6）政策措施的适用性和可行性

政策措施适用性、可行性标准包括政策措施适用性、经济与财政可承受性、政治可接受性和行政可操作性四个方面具体要求。

①政策措施适用性。政策措施的适用性,实际上就是政策措施对政策问题的针对性和有效性。通常可以用政策措施针对性、政策措施有效性测度。

政策措施针对性:是指措施对政策问题指向的精准程度,可以通过评估者主观认定方式做出判断。

政策措施有效性:是指措施在缓解或者破除政策问题中实际效果与目

标设定间的差距,可以通过评估者和利益相关者主观判定方式做出判断。

②经济和财政可承受性。经济和财政可承受性实际上就是政策措施实施的经济条件准备度。可以通过政府财政能力和其他社会经济条件提供者对政策措施的认可和实际支持程度进行测度。

③政治可接受性。政治可接受性指政策措施合法、合乎社会主流价值观的程度,可以通过政策方案合法性审查的方式予以确认。

④行政可操作性。行政可操作性是指政策措施在以政府为主导的政策实施过程中,实际执行的便利性。可以通过主要执行者的主观感受做出判断。

(7)政策方案经济性

政策方案的经济性,主要用投入产出比衡量。实际上,政策方案经济性的评价,基本上是粗略的估算。常用政策方案所需人力物力财力、时间、机会、信息等方面的投入量,与可能形成的经济效益、社会效益进行概要比对,投入产出比越高,政策方案的经济性越好。

(8)政策资源供给可行性

量入为出是公共部门资源投入的基本原则,因此,政府等公共部门是否有资源能力为政策方案"埋单",也是衡量政策方案质量的依据。公共部门政策资源供给可行性,主要用政策资源丰沛度、政策资源需求与可投入比等指标衡量。

①政策资源丰沛度。产业政策制定方用于政策方案实现可支配财力资源充裕的程度。丰沛度适当,政策方案质量高。

②需求与可投入比。对产业政策方案实现所需要政策资源与可投入政策资源的比率。比例适度,政策方案的质量高。

(9)不同利益群体对政策方案的认可程度

不同利益群体对政策方案的认可程度可以用方案认可度指标测度。实际上这个指标是政策目标群体中的不同利益者在方案形成过程中,提出质疑或者反对的强度,这个强度值越低,说明方案被认可的程度越高,政策方案质量越有保障。

2．产业政策文本评估要求

（1）内容的合法性、针对性、一致性、稳定性、可操作性

衡量产业政策文件内容质量的指标，重点是合法性、针对性、一致性、稳定性、可操作性，其程度越高，说明政策内容实现的困难和障碍越少，政策方案的效力功用越强。

①政策文件内容的合法性。信息资源产业政策文件合法性，可以用内容错漏数、内容错漏性质指标进行测度。

内容错漏数：指一份政策文件出现的违法违制错漏的数量，数量越多，文件质量越差。

内容错漏性质：指政策文件出现的违法违制错漏的错误性质的严重程度，严重程度越高，文件质量越差。

②政策文件内容的针对性。信息资源产业政策文件的针对性，指政策方案对于"产业政策问题"的专有所指程度。政策文件内容针对性越强，政策有效性才会越有保障。政策文件内容针对性可以通过政策问题清晰度、政策问题关涉度指标测度。

政策问题清晰度：是政策文件关于政策问题表述的精确、明确程度。可以通过组织若干评估者进行主观判断的方式进行测度。

政策问题相关度：是指政策目标、政策取向、政策措施等要素与政策问题直接关涉的密切程度。可以通过组织若干评估者进行主观判断的方式进行测度。

③政策文件内容的一致性。政策文件内容的一致性，指全部诸项内容之间、每项内容内部要素之间存在矛盾抵触的数量和程度。可以通过若干评估者主观判断确认。

④政策文件内容的稳定性。政策文件内容的稳定性是指政策文件内容抵御非必要因素造成改动的可能性的强弱程度。可以通过组织若干评估者进行主观判断的方式进行测度。

⑤政策文件内容的可操作性。主要是政策取向、政策措施、政策实施要求等具体内容的可直接操作程度。可以通过组织若干评估者进行主观

判断的方式进行测度。

(2)文体结构格式的完整性、规范性

可分别通过政策文件文体规范符合性、结构规范符合性、规范格式符合性指标测度。

①文体规范符合性。政策文件文体特征与国家文件文体规定的一致程度。可以通过组织若干评估者依据相关规范进行主观判断的方式进行评价。

②结构规范符合性。政策文件整体结构、正文结构特征与国家规范性文件结构规定的一致程度。可以通过组织若干评估者依据相关规范进行主观判断的方式进行评价。

③格式规范符合性。政策文件格式特征与国家标准公文格式规定的一致程度。可以通过组织若干评估者依据相关规范进行主观判断的方式进行评价。

(3)语言表达的准确性、规范性、简明性

可分别通过表达准确度、表达规范程度、表达简明程度指标进行测度。

①表达准确度。表达准确度指表达的实际效果与表达意愿相一致的程度。表达的意思与欲表达的意思一致程度越高,表明政策文件表达质量越好。可以通过组织若干评估者依据相关规范进行主观判断的方式进行评价。

②表达规范程度。构成政策文件的字、词、语句等语言单位的使用及所实现的表达效果与国家有关语言表达规范相符合的程度。可以通过组织若干评估者依据相关规范进行主观判断的方式进行评价。

③表达简明程度。构成政策文件的各级语言单位(字、词、句、段、篇)和各级内容表达单位(篇、章、节、条、款、项、目)及其实现的表达效果简要而明确的程度。可以通过组织若干评估者依据相关规范进行主观判断的方式进行评价。

(4)生成程序的合法性、科学性

政策文件生成过程中所履行程序的合法性、科学性是政策文件产生受法律保护的特定效用的必要条件。政策文件生成程序的合法性、科学性可以通过程序合法性、程序合理程度指标测度。

①程序合法性。程序合法性指政策文件生成过程与国家相关法律规范一致的程度。可以通过组织若干评估者依据相关法律法规制度进行主观检查判断的方式进行评价。

②程序合理程度。程序合理程度指政策文件在确保合法性的前提下，合乎常规、合乎信息资源产业政策生效特殊规律性的程度。可以通过组织若干评估者依据相关法律法规制度和信息资源产业实际进行主观检查判断的方式进行评价。

5.2.4 信息资源产业政策过程评估常用指标

如前所述,信息资源产业政策过程评估,也就是产业政策执行过程评估标准,是从三个重点方面提出要求的,具体评估指标当然也就需要从这三个方面设定。

1. 产业政策执行的合理性要求

所谓产业政策执行合理性要求,主要考察政策执行机构设置的科学性和合理性,以及人员配备的合理性和人员履职态度积极性等。这需要通过设定评价机构设置合理程度、人员配备合理程度、机构成员履职态度方面的指标来进行评价测度。

(1)机构设置合理程度

具体指标包括:

①设置依据符合性,即执行机构的设置(或者制定)是否有确定的合法有效的制度依据。

②机构规模,即政策执行机构规模合适的程度。

③职能明确度,即执行机构在产业政策执行中具体管理职能是否明了确定。

(2)人员配备合理程度

人员配备合理程度指产业政策执行机构工作人员数量规模、基本构成的适合程度。具体指标包括：

①数量规模合适度，指政策执行机构工作人员的数量规模与政策执行活动的适配程度。

②基本结构适配度，指政策执行机构工作人员基本专业结构、年龄结构、能力结构等与所承担政策执行任务的适合程度。

（3）履职态度

机构成员履职态度，指政策执行机构工作人员履行职责的精神面貌，主要考察政策执行机构工作人员是否认真、积极地执行政策。具体指标包括：

①领导重视程度，指政策执行机构领导层对产业政策执行的关注和倾注资源力量的程度。

②认真负责程度，指政策执行机构各级各类工作人员对产业政策执行的工作态度的积极程度。

2. 信息资源产业政策运行过程规范化要求

政策运行过程规范性要求，主要包括信息资源产业政策有无实施计划，其周密性怎样，执行是否按期执行，执行指令是否明确，政策执行程度是否充分，组织协调与社会沟通是否充分等。这需要通过设定评价政策实施计划、执行指令、执行力度、组织协调性方面的指标来进行评价测度。

（1）计划性程度

即政策执行过程中实现计划管理的水平，主要测度是否有周密计划，计划是否得到实施。进行测度的主要指标有：

①计划正式程度，即有无明确确定的产业政策执行计划，计划涉及面的全面性，计划的可执行性等。

②计划落实程度，即产业政策执行计划实际被执行的程度和效果。

（2）指令有效程度

即在产业政策执行过程中，责任方是否向相关方面下达明确的指令，指令得到实际执行的情况。进行测度时应用的时常用的指标有：

①明确程度，即执行指令明了确定的程度。

②执行程度，即执行指令被真正实际执行的程度。

③监督有效程度，即对执行过程实施监督控制的有效性。

（3）组织协调性

即产业政策执行过程中，相关责任方处置各方面关系，协调解决执行中的矛盾和问题的能力水平。进行测度时常用的指标有：

①及时性，即政策执行过程中，采取各种协调措施的快捷程度。

②有效性，即各种调节措施对处置各种矛盾关系和问题的有效程度。

3. 政策执行力要求

政策执行力是指相关政策贯彻执行的能力，这项能力的高低直接决定政策执行的状态和效果。

（1）政策执行主体方面的能力

主要考察政策执行机构及各相关方面在执行政策过程中资源投入、精力时间投入、执行措施落实的力量强度水平。主要指标包括：

①资源投入力度，即为了确保政策执行有效而投入保障性资源的力量强度。

②精力时间投入力度，即政策执行机构和其他相关方，在政策执行中投入精力和时间的力量强度。

③措施落实力度，指为使政策得到执行，而在克服执行中困难以及其他保障性措施安排方面投入力量的强度。

（2）政策执行效率保障

产业政策执行效率的保障主要包括政策在实际运行过程中的权威性，公众和社会对政策措施了解、服从状况等。通常可以应用的评估指标包括：

①相关群体对政策认同度，指与产业政策执行直接或者间接相关的社会群体对产业政策明确了解和认可支持的程度。

②相关机构对政策支持度,指与产业政策执行相关的各种公共组织对政策认可和提供实际支持的程度。

③利益相关者的参与程度,指与产业政策有各种直接或者间接利益关系的法人和自然人参与政策制定和执行的程度。

(3)政策执行监督有效性

主要用于测度衡量产业政策执行过程中,监督控制机制的完备有效程度。有效的监督控制对政策执行过程的有效性具有非常重要的影响。测度政策执行监督有效性的指标主要有:

①监督控制责任明确程度,即对产业政策执行过程监督主体及其职责规定的明了确定程度。

②反馈信息的及时性,指政策执行信息即时得到反馈处理的水平。

③调节措施的灵活性,指政策执行过程中,及时有效采取有针对性调节措施的有效程度。

④问题处置力度,指对政策执行过程中出现的各种问题的处置强度和及时性。

5.2.5 信息资源产业政策效果评估常用指标

1. 政策效用方面的要求

信息资源产业政策效用是指政策内容对产业发展基本状况的影响,政策效用是衡量政策效果的重要方面。产业政策效用方面的指标主要围绕产业环境、产业竞争力两个主要方面设定。

(1)产业环境方面

产业政策的核心功能就是优化产业环境,为了测度产业政策对产业环境产生的实际影响,进而对产业政策效果做出评价,可以设定如下指标。

①产业发展资源配置水平,具体可以用资源配置方式合理程度、资源配置优化程度两个指标程度。

资源配置方式合理程度,主要测度产业发展所需要的各种资源以何种方式进行配置,这种配置方式与产业发展需要相适合的程度。

资源配置优化程度,主要测度产业发展所需要的各种资源得到满足的实际程度水平。

②市场环境条件水平,可以从市场要素齐备程度、市场竞争健康程度、市场集中度、市场规则完备程度等进行测度。

市场要素齐备程度,指信息资源市场商品、供给方、需求方诸要素齐备有效的程度水平。

市场竞争健康程度,指信息资源市场竞争环境有助于产业发展的程度。

市场集中度,指信息资源市场结构集中程度,包括企业数目与企业相对规模的差异程度。

市场规则完备程度,指信息资源市场法律法规和制度的完善程度。可以用法规覆盖度,也就是法律、法规对市场规则各主要方面的覆盖程度衡量,还可以用法规有效性对主要的市场规则的正确、合理程度进行评价。

③产业结构状况,可以从信息资源产业内部构成和该产业在国民经济中的地位两个方面衡量。

产业在国民经济中比重,指信息资源产业总产值在国家国民总产值中所占比重。

产业比较劳动生产率,指信息资源产业的产值比重同在此产业就业的劳动力比重的比率,它反映该产业1%的劳动力所生产的产值在整个国民总产值中的比重。

产业经济规模,指信息资源产业的经济规模,即总产值。

产业利润规模,指信息资源产业总的利润数量。

产业法人规模,指信息资源产业内部的企业数量。

产业结构合理程度,指信息资源产业内部细分行业的构成及比例关系的适合程度。

产业资源结构,指信息资源产业内部原材料、能源、信息三大资源所占的比例关系。

产业链完备程度,指信息资源产业产业链完善有效的程度。

基础设施建设水平,指信息资源产业发展所需要的相关基础设施的建设水平,可以用诸如网民总数、主干通信网带宽数等指标衡量。

④产业技术水平,可以从信息资源产业技术研发和应用水平、创新能力两个方面衡量。

产业技术研发经费占比,指信息资源产业用于技术研发应用的经费数量在总产值中所占比重。

专利申请数量,指信息资源产业内部各企业和其他社会组织有效申请技术专利的数量规模。

(2)产业竞争力方面

增强产业竞争力是信息资源产业政策的重点目标之一。信息资源产业竞争力方面的政策评估指标,需要从产业的市场竞争力、产品竞争力、资本竞争力、技术竞争力和国际竞争力几个方面提出。

①产业的市场竞争力,可以通过市场占有率、产业盈利能力等指标进行测度。

市场占有率,即信息资源产业产品的市场份额。

产业盈利能力,即产业平均资产利润率水平。

②产品竞争力,即产品符合市场要求的程度,可以用优质商品率、产品的资源含量指标进行测度。

优质商品率,指真正满足社会需求的优质商品化产品在整个产业产品中所占比重。

产品的资源含量,指信息资源产业产品中,真正可以为整个经济社会发展提供资源供给的产品在全部产品中所占比重。

③资本竞争力,可以用产业总资本和企业平均资产规模进行衡量。

产业总资本,指信息资源产业总资本量。

企业平均资产规模,指信息资源产业内部企业平均资产量。

④技术竞争力,可以用研发经费支出强度和劳动生产率指标进行衡量。

研发经费支出强度,指信息资源产业内部企业研发经费支出在其全部经费支出中所占比重。

劳动生产率,指信息资源产业内部整体的劳动生产率水平。

⑤国际竞争力,可以用国际市场份额、利润率差异度指标进行衡量。

国际市场份额,指本国信息资源产业产品在整个国际市场中的份额。

利润率差异度,指本国产业平均利润率水平与国际平均水平间的差额。

2.　政策效益方面的要求

信息资源产业政策效益,可以从经济和社会两个方面设定评估指标。

(1)经济效益方面

经济效益可以从政策实施带来的经济方面的收益变化来测度,主要指标包括:

①经济增长度,即产业政策实施后,经济数量规模增长程度。可以用政策实施前后一个时间段产业经济规模的变化情况进行测度,可以用产业经济规模、利润规模、法人规模指标的变化情况作为比较的重点对象。

②经济质量提升度,即即产业政策实施后,产业经济质量提升程度。可以用政策实施前后一个时间段产业经济质量的变化情况进行测度,可以用产业结构、产业链完备度、产业竞争力等指标变化作为比较的重点对象。

(2)广义社会效益方面

广义社会效益,包括经济效益以外的其他方面的效益。广义社会效益可以用产业就业数量规模增长度、社会资源结构变化度等指标测度衡量。

①就业数量规模增长度,即产业政策实施前后一个时间段,信息资源产业实际就业人数增长的比率。

②社会资源结构变化度,即信息资源产业政策实施前后一个时间段内,经济社会发展资源结构变化中对信息资源依赖程度的增长比率。中国人民大学信息资源管理学院提出的全国信息资源开发利用指数报告❶,可以成为具体取值的依据。

3.　政策效应方面的要求

政策效应测度的指标,主要从产业政策实施后对社会生产力发展、社

---

❶ 2015中国信息资源开发利用指数报告[R]. 北京:中国人民大学,2015.

会公平公正和社会公众响应三个方面进行设定。

(1)社会生产力发展方面

主要从信息资源产业政策对生产力发展的影响方面提出测度指标。

产业规模发展程度,包括产业政策实施前后一个时间段,从信息资源产业产值规模、从业人口规模、法人单位规模、上市公司规模等几个指标的变化中去度量。

产业贡献度,包括产业政策实施带来的产业发展给国家或者地区就业率增长带来的贡献比率,给国家或者地区经济总量增长带来的贡献比率等方面的变化。

(2)实现社会公正方面

产业政策评估标准要求是从产业政策成本及收益在不同群体或阶层中间分配应达到的公平程度的角度提出要求的,主要的测度指标是公平公正指数。这个指数,就是产业政策实施前后一个时间段内,信息资源产业资源配置方式合理程度、资源配置优化程度变化的比率。

(3)公众回应方面

公众对信息资源产业政策回应性变化,主要用产业政策实施前后一段时间内,社会公众对产业政策满意度的对比度进行衡量。

5.3 中国信息资源产业政策评估指标体系的构建模式

5.3.1 信息资源产业政策评估指标体系及其价值

信息资源产业政策评估指标体系是指在特定的信息资源产业政策评估活动中,由一组有密切关联的评估指标构成的指标集合。对于这个概念我们需要重点从如下两点予以理解。

第一,信息资源产业政策评估指标体系是一个有机整体。它不是评估指标的简单堆砌,而是一个评估指标之间相互关联、相互配合的集合体,它需要全面无遗漏地反映特定信息资源产业政策价值目标和结果。这个特点,要求在构建信息资源产业政策评估指标体系时,充分维护评估指标集合体的完整性、层次性,也就是要始终坚持全局意识、整体观念,使指标体系务必综合反映评价对象各组成部分、各要素及其相互作用的方式、强度和方向等各方面的内容。对指标体系构建过程中的各种取舍、先后、优劣、轻重、缓急的判定,都要服从和服务于整体目标,避免局部优化。注意各具体评价指标之间的相互影响,不断调整变化着的关系,评价指标间要衔接配套,避免相互矛盾、相互抵触、交叉重复,避免脱节现象。信息资源产业政策评估是全过程的评估,评估指标也要涵盖整体评估的各个对象和过程,反映评估对象的系统性特征。同时,信息资源产业政策评估指标按照固有原则合理分层,各层指标构成一个指标群,反映政策目标的某一层面的内容,各层指标群再综合成一个完整的评估指标体系,用来评估信息资源产业政策的整体价值。另外,信息资源产业政策评估指标体系要指明同一评估标准下评估指标之间的权重,以实现评估指标对于评估标准的测度。

第二,信息资源产业政策评估指标体系是具体的。世间不存在一个放之四海而皆准的、万应灵验的、统一的和一成不变的信息资源产业政策评估指标体系。每一个评估指标体系都是特定信息资源产业政策评估活动的产物,它们只在这个特定的评估活动中具有适用性,具有实际的应用价值。这个评估指标体系的构成,要服务和服从于信息资源产业政策评估的总体标准和分项具体标准,服务和服从于产业政策评估的具体目标和功能要求,要充分考虑具体评估环境条件提供的实际可能。

5.3.2 信息资源产业政策评估指标体系构建模式和基本程序

1. 信息资源产业政策评估指标体系构建模式

构建我国信息资源产业政策评估指标体系,实质是将评价标准转换为可操作的一系列具体评价基准和尺度。构建信息资源产业政策评估指标体系,并非凭空进行,需要一定的概念模式(Conceptual model)作为指导。唯有如此,方能明确指标体系之间、各级各类指标之间的关系,并对所评价的信息资源产业政策进行精确的描述、解释和预测。

根据初步的研究结论和产业政策评估实践经验,笔者认为信息资源产业政策评估指标体系的构建模式主要有系统模式、演绎模式和归纳模式三种。系统模式(System-oriented approach)主要从系统的角度来分析政策活动,将其分为输入、过程和输出等环节,对其进行综合考虑,以全面分析政策的现状、原因等。演绎模式(Deductive approach)是指以一个或一系列先验性概念作为评估指标的核心概念,并以此为基础,通过层级分析,逐步将这些概念细化、操作化,最终发展出一套指标体系的模式。归纳模式(Inductive approach)与演绎模式的思路正好相反。它以现有的理论研究和实践经验为基础,将有关方面的指标归纳成一个接近理论模式的体系。❶

2. 信息资源产业政策评估指标体系构建的基本程序

现实应用中的信息资源产业政策评估指标体系都是特定的和充分个性化的,是服务和服从于特定产业政策评估活动具体目标和具体要求的。因此,在产业政策评估实践中,需要一个构建具体评估指标体系的活动过程,在这个过程中,完成相关的任务都需要掌握相应的具体方法,了解和理解这个过程。掌握相关方法的原理和应用要点是确保产业政策评估指标体系功能完备有效的重要条件。

第一阶段:概要设计

构建一个信息资源产业政策评估指标体系,首先需要在做充分准备的基础上,完成对政策评估指标体系的结构设计工作,其主要内容包括:明确产业政策评估的目的;明确政策评估活动的条件;确定产业政策评估的类型;充分理解产业政策评估总体标准和具体标准;将评估标准转化为评估指标;决定评估指标的层级;确定指标标准值;确定指标权重;确定观测方

---

❶ 宣小红,林清华,谭旭,等. 大学排行评价指标体系的比较研究[J]. 教育研究,2007(12):48.

法要点;形成评估指标体系结构设计方案等。

（1）明确产业政策评估的目的

构建评估指标体系,首先要明确的是政策评估的目的。因为政策评估是具有高度目的性的行为,评估目的对指标体系具体功能、体系结构都有规定性的影响,明确政策评估目的就是要明确为什么要评估、评估要达到的目标、评估后取得什么样的结果。只有弄清楚了评估目的,评估指标设计才不会走偏,才能有优化的基础。

产业政策评估的目的更多时候不是单一的,而是有层次性的。常见的评估目的包括测评政策有效性、发现和纠正政策问题、政策优化等,一次评估可以综合上述所有的评估目的,因此需要综合分析、理清轻重。同时还要清晰地意识到评估目的也要经常受到政策运行的阶段、政策环境、评估报告的受众等因素的影响。例如,有的评估目的只是为了按照制度规定完成上级的检查。

（2）明确政策评估活动的条件

明确政策评估活动的条件就是要弄清楚这次评估活动的资源投入,特别是经费、时间等,另外还包括评估活动的约束性条件,比如法律法规要求、取得事实数据的可能性等。

具体产业政策评估活动必须依据一定条件展开,如果评估先决条件不允许或不具备,评估活动就无法进行或受到条件限制。因此评估指标的取舍也会受到相关条件的约束,必须提前了解这些限制,实事求是地了解、预防、处理各种问题,提高评估的可行性和科学性。

（3）确定产业政策评估的类型

政策评估类型对政策评估指标的选取和体系的构建也有着重要的影响。例如,外评估的评估者由于对政策的运行过程没有内评估的评估者了解全面,评估信息掌握得也不充分,只能选取公开、容易获取的评估指标并构建以这些评估指标为基础的评估体系。根据评估类型构建评估指标体系是尊重客观规律的表现,界定清楚类型才能搞清楚怎样选择评估指标、怎样去构建评估体系结构。

政策评估虽然有多种类型,但从目前的政策评估实践情况看,比较常见的是产业政策整体评估和产业政策具体评估,具体评估中包括三种:产业政策方案评估、产业政策执行过程评估、产业政策效果评估。通常根据需要和可能的条件,结合应用整体评估和具体评估,具体评估中往往也根据需要和可能的条件结合采用三种评估,也可以其中一种或者两种为主。

(4)理解产业政策评估总体标准和具体标准

信息资源产业政策整体价值进行评价度量的"总体标准"和用于对某项(或类)信息资源产业政策进行分项评价测量的"具体标准"都是政策评估价值的表达,是设定评估指标的依据,指标就是对标准的具体化、可操作化。因此,弄清楚总体标准和具体标准的关系,是完成标准到指标的转化的基础。

(5)将评估标准转化为评估指标

将评估标准转化为评估指标是构建评估指标体系的关键步骤,本章前两节提出的评估指标质量要求和信息资源产业政策评估常用指标就是为了解决和完成这一关键的步骤。

(6)明确指标体系的具体功能

在确定评估指标之后,第二个关键一步就是要把评估指标根据其相关性构建一个系统,发挥评估指标体系的功能。评估指标体系功能决定着评估指标体系的结构。如果不清楚评估指标功能,评估指标体系的结构设计就无法完成。

(7)决定指标体系结构

信息资源产业政策评估指标体系是指由表征信息资源产业政策评价对象各方面特性及其相互联系的多个指标所构成的具有内在结构的有机整体。它以信息资源产业政策评估标准为基础,不仅体现信息资源产业政策评估指标之间的关系,更重要的是体现了信息资源产业政策评估标准的评估结构。因此,在确定评估指标之后,要有一个筛选和组合的过程。评估指标不是越多越好,也不是越少越好,关键是要明确指标之间的差异与联系,确定评估指标体系的结构。

(8)决定评估指标的层级

指标等级,是指标的层次等级。每一个实际可以观测的指标都有特定的类别归属,每一类别又都归属于特定的层级。指标分级主要由实现评价目的需要决定。指标分类时,上位类名称的内涵一定要涵盖下位类所有内容,不能遗漏,也不能超越;分类标准要统一,每一次具体划分不能同时使用一个以上的标准,但不同层次不同类别之间所用的标准可以不同;类与类之间界线要清晰,不能相互交叉包含;类别名称的含义要明确,要保证有清楚可见的客观对应物。

确定评估指标的层级就是在确定评估指标体系结构的基础上更进一步构建评估指标体系,根据需要和可能获取事实数据的条件,对指标进行分类,决定指标的层级,其中最后一级是可以观察、可以取值的。

(9)确定指标权重

所谓指标权重,是指每个或每类指标最高值占评估指标总数值的比重。指标权重可以反映特定指标所代表的评价内容在整体评价内容中的相对重要程度。指标权重实际反映的就是评价对象在每个指标方面的表现与评价整体结果之间的关系。任何评价指标体系都需要对权重做出安排。权重常用百分比表示,在多数情况下,只计算指标大类在指标体系中各自的百分比。权重在指标体系中是"政策性""导向性"非常强的因素,对评价的最终结论影响很大且很直接。因此,指标权重的规定要慎重,要科学合理。

指标权重的设定需要掌握一定的方法。目前在信息资源产业政策评估实践中,主要采用层次分析法(Analytic Hierachy Process,简称AHP)与专家问卷调查法。其中AHP方法主要用于确定一级指标、二级指标的权重,由于三级、四级指标的数量较大,不适宜使用AHP法,而是常运用专家问卷综合判断的方法来获得权重数据❶。运用AHP方法确定指标权重的主要步骤如下:

①设计"指标权重专家意见表"。

---

❶ 王莲芬. 层次分析法引论[M]. 北京:中国人民大学出版社,1990.

②选择专家。专家须具有代表性、权威性,数量要足够,质量要保证。

③专家意见统计处理。

④在已经建立的层次结果中同一层次的各项构造判断矩阵,顺序为从最高层至最低层依次展开。

⑤确定权重。根据判断矩阵计算各项评价指标重要性的权值,可归结为计算判断矩阵的最大特征根及其对应的特征向量问题。

⑥一致性检验。

⑦层次总排序和一致性检验。

具体流程如图5-1所示。

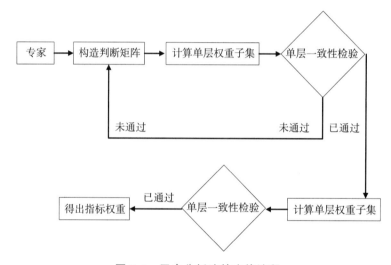

图5-1 层次分析法的实施流程

(10)确定标准值

一个指标的标准值就是其所处的"标准状态"。由于多数情况下,需要用分数段表示,也就是给评价对象赋予一定的分数,根据其所处的分数段作出评价结论。其中,"标准状态"可能是阈限状态,理想或"满分"状态,也可能是"一般"状态。实际上指标标准值所反映的就是产业政策的实际状态,标准值既包括质性的,也包括量化的。

（11）确定观测方法要点

观测方法要点是指获取指标信息的方式方法和操作性要求，通常包括观测点的设置、观测方式等具体要求。具体观测方式，比如访谈、观测并记录、查阅文件、调查统计等在前文已有描述。在信息资源产业政策评估的实际应用中用得较多的是调查统计，即组织一部分相关或者不相关的人进行主观判断，经过统计分析，得出结论等。

（12）形成政策评估指标体系结构设计方案

政策评估指标体系结构设计方案就是将上述指标层次关系形成书面的评估指标体系结构，通常是需要制定一个信息资源产业政策评估指标体系结构表（见表5-1），为第二阶段形成信息资源产业政策评估指标体系表打好基础。

表5-1　信息资源产业政策评估指标体系结构表

评估目标	标准要求	指　标		
目标规定	具体要求	一级指标	二级指标	三级指标
				三级指标
			二级指标	三级指标
				三级指标
		一级指标	二级指标	三级指标
				三级指标
			二级指标	三级指标
				三级指标

第二阶段：详细设计

详细设计就是在概要设计基础上，不断细化和完善信息资源产业政策评估体系方案。该阶段主要内容包括如下方面。

（1）规范评估指标

即对产业政策评估指标体系中的所有指标的含义、作用、权重、标准值、观测方法具体操作要求（观察点、观察方式、观察方法、计算公式、统计方法等），以及指标选定依据等进行细致的书面描述和说明，形成产业政策评估指标说明书。

（2）形成指标体系表

即在信息资源产业政策评估指标体系结构表的基础上，形成书面的信息资源产业政策评估指标体系表，作为政策评估过程中各种评估图表工具的设计制作依据（见表5-2）。其中"观测具体方法和操作要求"的内容是有关这个指标的取值、计算、统计、认定等。

表5-2　信息资源产业政策评估指标体系表

序号	指标			权重	标准值	观测具体方法和操作要求
1	一级指标	二级指标	三级指标	%		
			三级指标	%		
		二级指标	三级指标	%		
			三级指标	%		
2	一级指标	二级指标	三级指标	%		
			三级指标	%		
		二级指标	三级指标	%		
			三级指标	%		

第三阶段：实验验证

实验论证就是对已经形成的信息资源产业政策评估指标体系方案的科学性、可行性进行实际检测验证，该阶段主要内容包括如下方面。

（1）按照评估指标体系方案试评估

将已经设计完成的信息资源产业政策评估指标表投入试评估，在反复追求意见基础上，不断对方案进行修改和进一步的尝试。

（2）总结试评估经验教训

总结试评估的经验教训，形成指标体系表修正方案。

（3）提出新的指标体系表

提出新的经过初步实践检验的信息资源产业政策评估指标体系表。

第四阶段：正式完成

正式完成就是经过履行相应的审批手续，完成产业政策评估指标体系方案，按照规定的程序和方法，将产业政策评估指标体系投入正式使用过程。该阶段主要内容包括如下方面。

（1）完成审批

履行规定的程序，完成产业政策评估指标体系表的审定工作。

（2）正式使用

将产业政策评估指标体系表正式投入使用。

第6章 信息资源产业政策评估指标体系应用案例研究

本章是对信息资源产业政策评估进行实证性研究的初步结果。本章以知识产权服务业——我国信息资源产业的典型细分行业为例,尝试应用上两章所分析概括和提出的信息资源产业政策评估标准与方法,特别是产业政策评估标准设定和指标体系构建方法,针对有代表性的知识产权服务业集聚区发展政策进行评估,主要目的是验证信息资源产业政策评估的标准和评估指标体系,特别是产业政策评估指标体系构建程序的可行性和有效性,探索解决我国信息资源产业政策评估中的若干具体问题。

6.1 案例研究设计

6.1.1 案例选择及其依据

本书选取了我国信息资源产业中的典型细分行业——知识产权服务业中的集聚区发展政策作为案例研究对象,尝试应用本书提出的产业政策评估标准和方法,以及产业政策评估标准设定和指标体系构建模式和基本程序对这项具体产业政策进行评估。

1. 评估对象和政策文件的来源

案例中评估的具体产业政策为2014年4月24日中关村科技园区管理委员会、北京市质量技术监督局、北京市知识产权局、海淀区人民政府联合

发布的《关于支持知识产权和标准化服务业在中关村示范区集聚创新发展
的办法》（中科园发〔2014〕16号）[1]。政策发布范围主要是中关村科技园区
的管理机构、企业、高校科研院所和知识产权服务机构等，政策文件原文见
附录一。

2. 案例选择的依据

（1）知识产权服务业是典型的信息资源产业

在《2014中国信息资源产业发展报告》[2]中对信息资源产业中各个细分
行业的归属提出了"信息资源依赖度"的概念，其中知识产权服务行业的信
息资源依赖度为"1"，即该行业完全以信息资源为生产要素，其产品（如专
利数据库）和服务（如专利代理）都有显著的信息资源及产业特征，具有信
息资源产业的代表性，属于典型的信息资源产业细分行业。

选取有代表性的信息资源产业细分行业的产业政策作为案例分析的
对象，所获得的认识将有利于更准确地反映信息资源产业政策评估的特殊
规律性。

（2）知识产权服务业政策相对完备，产业政策体系成熟

我国知识产权服务业政策形式多样，涉及各类问题和政策工具，产业
政策体系相对规范和成熟。本书收集了2012—2015年与知识产权服务业
政策相关的法律以及中央各部委发布的重要相关法规、部门规章等共33
条（见附录二）。经过综合分析，这些知识产权服务业相关政策的文本质
量、政策过程优化程度、政策成效水平相对较高。这些情况有利于案例的
梳理和研究，有利于获得对我国信息资源产业政策优化发展有一定参考应
用价值的认识。

（3）所选的政策在知识产权服务业政策中具有代表性，而且同时适用
三种评估方式

国家知识产权局办公室于2014年9月29日发布的《国家知识产权服
务业集聚发展区工作实施办法》，是在《服务业发展"十二五"规划》和《国务

---

[1] 中关村国家自主创新示范区［EB/OL］.（2014-04-24）. http://www.zgc.gov.cn/zcfg10/sfq/94446.htm.

[2] 冯惠玲，等. 2014中国信息资源产业发展报告［R］. 北京：中国人民大学，2014.

院办公厅关于加快发展高技术服务业的指导意见》（国办发〔2011〕58号）政策的基础上形成的,其政策目标是通过建设知识产权服务业集聚区,引导和培育知识产权服务业发展,产业政策属性明显,是我国知识产权服务业政策中的典型政策。

《关于支持知识产权和标准化服务业在中关村示范区集聚创新发展的办法》是国家知识产权局2012年10月30日在中关村科技园区设立国家知识产权服务业集聚发展试验区(以下简称"集聚区")后,中关村科技园区管理委会员指导知识产权服务业集聚发展试验区建设的重要政策文件,政策方案和政策文本清晰、完备。经过3年集聚区建设工作,政策效果已初现,对于评估政策的执行过程和政策效果,其时机也比较合适。因此,该政策分别适用于本书中所提出的政策方案评估、政策过程评估、政策效果评估。集中在一个政策做为案例研究,便于将研究精力集中放到政策评估上,能既快又好地取得案例研究成果。

(4)数据源丰富、采集操作性强

国家知识产权局发布的大量官方公开数据可以用于该项政策评估,包括每年的专利工作年报,每周公开出版的专利公告等,数据种类丰富,数据来源可靠有权威性;国家知识产权局与国家统计局从2012年开始试行知识产权服务业统计制度,政策效果统计口径明确;同时,从国家知识产权局专利数据库很容易查询收集到有关专利申请量、专利代理机构、专利代理人数量等数据资料,因此相关的评估政策所需要的数据采集操作性较强。

(5)笔者从事相关领域的工作,了解行业基本情况,在案例分析研究上有一定的便利

笔者长期供职于国家知识产权局,熟悉知识产权服务行业及产业政策;曾参与若干产业政策制定和评估,有一定的实际工作经验;熟悉国家知识产权局数据公开的情况;笔者曾在中关村科技园区管理委员会挂职,对获取集聚区的相关数据材料有便利条件。

6.1.2 案例研究的目的

本案例研究的具体目的是:在充分了解我国知识产权服务业及其产业政策发展现状的基础上,辨别所选取的具体政策的政策问题,分析和发现政策评估的作用机理,在上一章提出的信息资源产业政策评估指标体系构建程序的基础上,探索建立知识产权服务业集聚区发展政策的评估指标体系,通过组织实施政策方案评估、政策过程评估、政策效果评估三种方式的评估,验证信息资源产业政策评估指标体系及其构建程序的可行性和有效性,进一步探索对信息资源产业政策进行有效评估的基本方法体系。

本案例研究试图实现的结果是:获得对信息资源产业政策评估活动规律性的认识,为我国信息资源产业政策的优化发展做出有价值的贡献。

6.1.3 案例研究的准备与步骤

1. 案例资料的准备

本书所需要的案例资料包括政策文件、研究报告、政府公报、统计报告、访谈记录、评估活动记录等。

(1)文献资料

通过互联网、国家知识产权局等途径检索获取与知识产权服务业相关的政策,了解国家发展知识产权服务业的政策背景、目标等;了解知识产权服务业政策的作用机理。

通过互联网、国家知识产权局等途径获取国家知识产权局专利年报;从中关村科技园区管理委员会网站获取企业名录数据(http://www.zgc.gov.cn/tjxx/qyml/);从国家知识产权局专利数据库(专利检索与分析平台http://www.pss-system.gov.cn/)获取集聚区相关企业的专利申请数据;从国家知识产权局《专利统计简报》❶和国家统计局《国民经济和社会发展统计公报》❷

---

❶《专利统计简报》由国家知识产权局规划发展司不定期发布,下载地址:http://www.sipo.gov.cn/tjxx/zltjjb/index.html.

❷ 下载地址:http://www.stats.gov.cn/tjsj/.

获取集聚区的知识产权服务业相关经济数据。从中关村科技园区管理委员会获取《中关村国家知识产权服务业集聚发展试验区建设验收报告》等一手材料。

（2）专家访谈

通过专家访谈了解政策背景及具体政策在集聚区的实施情况和政策效果。具体专家包括：国家知识产权局、中关村科技园区管理委员会相关领导和工作人员；集聚区知识产权服务机构负责人；集聚区知识产权领军企业及示范企业知识产权负责人等。

（3）问卷调查

知识产权服务业集聚区发展政策涉及多个利益相关方，对政策的评估需要多方主体的参与。先将调查的对象分为政策制定方、政策实施方、政策对象（细分为服务机构和服务对象，服务机构包括专利代理、知识产权运营企业、专利信息服务企业等知识产权服务机构，服务对象包括企业、高校、科研院所等不同的类型，本次调查仅限集聚区内企业）、专家（公共政策和知识产权服务领域）等类型，再围绕知识产权服务业集聚区发展政策评估的指标（尤其是定性指标）和政策过程的各个环节，针对不同的调查对象分别设计问卷。对政策主体（制定方和实施方）相关人员进行调查的目的主要是了解政策的制定和实施情况，存在哪些问题和困难；对政策对象进行调查的目的是了解知识产权服务对象对政策内容、政策实施、政策效果等各方面的意见，以及对政策的总体满意程度；对专家进行调查的目的是了解专家站在中立立场对政策方案和文本质量以及政策评估指标体系构建方面的评价和意见。

2. 案例研究的步骤

参照第3章关于我国信息资源产业政策评估程序的要求设计本案例研究的步骤。

①分析评估对象，了解《关于支持知识产权和标准化服务业在中关村示范区集聚创新发展的办法》的政策背景，分析和发现其政策的作用机理，

特别是要明确政策目标和利益相关者。

②选取适当的评估指标,在信息资源产业政策评估指标体系结构的基础上,构建知识产权服务业集聚区发展政策评估指标体系,并确定评估指标体系各项评估指标的权重;根据政策方案评估、政策过程评估、政策效果评估三种具体评估标准开展评估。

③通过专家评价、问卷调查、文献或实地数据收集等方式获取评估指标所需的数据,按照知识产权服务业集聚区发展政策评估指标体系分析统计结果。

④对评估结果进行解读分析。

⑤对案例研究进行总结,改进修正信息资源产业政策评估指标体系构建程序,进一步探索对信息资源产业政策进行有效评估的基本方法。

6.2 中关村知识产权服务业集聚区发展政策评估指标体系构建

6.2.1 中关村知识产权服务业集聚区发展政策概述

1. 我国知识产权服务业集聚区发展政策的历史沿革和现状

随着我国公民知识产权意识的提高,知识产权服务业日益受到重视。2008年发布的《国家知识产权战略纲要》提出"大力发展知识产权中介服务"。党的十八大报告中提出要发展壮大现代服务业,而知识产权服务业是现代服务业的重要分支。2011年,在国务院办公厅发布的加快发展高技术服务业的指导意见中,将知识产权服务业定为高技术服务业重点领域。2012年12月,"十二五"规划出台了服务业总体规划,知识产权服务体系成为其中四个支撑体系之一。同年,国家知识产权局、发展改革委、科技部等9部委联合发布了《关于加快培育和发展知识产权服务业的指导意见》,是我国指引知识产权服务业发展的首个专项政策。

为推动知识产权服务业发展,国家知识产权局于2012年发布了《国家知识产权服务业集聚发展试验区工作实施办法(试行)》,随后在苏州、上海、北京、郑州、深圳五个科技园区开展知识产权服务业集聚发展试验区建设。截至2016年6月底,全国已建设了10个知识产权服务业集聚发展试验区。国家知识产权服务业集聚发展试验区政策得到了地方政府在政策、资金等方面的大力支持,如中关村科技园区发布的《关于支持知识产权和标准化服务业在中关村示范区集聚创新发展的办法》等。

2. 中关村知识产权服务业集聚区发展政策的目标和利益相关者

《关于支持知识产权和标准化服务业在中关村示范区集聚创新发展的办法》第一段文字明确指出该政策的目标:一是加快知识产权服务业集聚发展试验区的建设;二是提升中关村集聚区企业的知识产权整体水平;三是促进知识产权现代服务业高端化、集聚化发展,加快形成知识产权服务业集聚区。从政策目标可见该政策的利益相关方主要是中关村科技园区政府、集聚区企业以及集聚区知识产权服务机构。

3. 中关村知识产权服务业集聚区发展政策的作用机理

有关服务业集聚发展的效应原理,已有一些成熟的研究成果。如吉昱华等研究显示第二、三产业加总则存在显著的集聚效益[1]。Jed Kolko则认为服务业更能够承受城市高昂的土地租金,于是在地理位置上更倾向于选择城市[2]。知识产权服务业作为典型的服务业,具备这种服务业集聚发展的效应。

知识产权服务业集聚区建设是一项从国家到地方层面的探索性工作。在具体实践过程中,各个地区由于经济发展水平各异,优势产业领域不同,知识产权服务业基础迥异,因此,知识产权服务业集聚区建设的具体方法也存在较大差异,形成了各具特色的发展模式。

---

[1] 吉昱华,蔡跃洲,杨克泉. 中国城市集聚效益实证分析[J]. 管理世界,2004(3):67-74.

[2] Jed Kolko. Can I Get Some Service Here? Information Technology, Service Industries, and the Future of Cities[M]. SSRN Working Paper, 1999(11).

从集聚区建设工作的方式讲,政府通过机构集聚、人才集聚、功能集聚三种集聚途径,以知识产权服务业作为知识产权与经济建设融合的黏合剂,创建知识产权服务业集聚发展的"生态圈"。政府在集聚区"生态圈"的构建和培育时主要包括三个层面的工作。

在微观层面,政府从政策支持和资源整合两个维度发展集聚区内服务业机构。在政策支持方面,政府主要通过制定有利于知识产权服务业发展的土地、房屋、租金等方面优惠政策,吸引优质服务机构,刺激市场需求。在资源整合方面,政府制定合理的空间布局规划,采取本土培育和高端引进相结合的方式,在集聚区内构建完整的知识产权服务链条。

在中观层面,政府从供求对接和服务推广两个维度促进集聚区内的服务业机构与产业相结合。在供求对接方面,政府致力于挖掘集聚区内特色产业、重点骨干企业对知识产权服务的需求,并组织供求对接,激活服务市场。在服务推广方面,政府在为知识产权服务机构与创新主体牵线搭桥的过程中,总结具有推广性的服务模式或学习借鉴国外先进的商业模式。

在宏观层面,政府从自我定位和对外宣传两个维度加强集聚区对周边地区的辐射能力。在自我定位方面,政府结合集聚区知识产权服务业发展的现状,确定发展目标及辐射范围。在对外宣传方面,政府借助新闻报道、主办或参加论坛及研讨活动、设置知识产权服务业展厅等方式,打造集聚区整体的品牌力,提高集聚区对周边地区经济发展的影响力。

6.2.2　中关村知识产权服务业集聚区发展政策评估指标的选取

上一章详细介绍了信息资源产业政策评估指标的质量要求和常用指标。中关村知识产权服务业集聚区发展政策评估指标是信息资源产业政策评估指标的子集,在评估指标的选取上,应该在其基础上根据中关村知识产权服务业集聚区发展政策的特点对评估指标进行再设计,并找到合理、便捷、准确的指标数据采集方法。本节主要阐述我国知识产权服务业集聚区发展政策评估指标如何选取。

1. 中关村知识产权相关政策评估指标的选择

知识产权从种类上主要可分为专利、商标和版权。由于专利相比商标和版权在服务技术难度、服务类型、服务人员素质要求上要更高,因此专利服务水平代表了一个国家和地区的知识产权服务水平。虽然三种知识产权保护的载体和范围都不完全相同,但在体现创新能力、保护力度方面,专利明显优于其他两种类别。

另外,专利数据的质量和公开程度、数据获取的便利程度都要比商标数据和版权数据高。因此,在知识产权相关政策的评估实践中,知识产权类型评估指标主要选取与专利相关的数据。例如,要获取集聚区知识产权服务机构拥有执业资格的人数就可以以拥有专利代理人资格证的人数作为参与。

2. 中关村知识产权服务业集聚区发展政策政策方案评估指标的选取

由于政策方案及文本评估内容在不同政策评估实践中的区别最小,因此在政策方案评估指标的选择上均参照上一章列出的常用指标类别。由于集聚区发展政策是在国家知识产权服务业集聚发展的目标规划下推出的,因此忽略了政策取向相关指标,并简化了必要性指标的要求。

由于此类评估指标大部分涉及公共政策的内容,因此采集大多采用专家打分的方法获取,只有"政策制定必要性""集聚区企业、服务机构的认可度"两个指标分别采用了文献调查和问卷调查方法。

3. 中关村知识产权服务业集聚区发展政策政策过程评估指标的选取

政策过程评估在不同政策评估实践中区别不大,因此在政策过程评估指标的选择上均参照上一章列出的常用指标类别。由于集聚区发展政策过程重点关注政策保障和监督,执行计划性不高,因此忽略了政策执行计划性相关的指标,并根据案例研究的目标相应简化了一些重要性不强的指标,如"问题处置力度"指标。

由于政策过程主要涉及政策制定方和执行方,在指标数据采集方法上,除了与相关工作人员的访谈外,使用更多的是调阅记录的方法,提高评估的准确性和客观性。

4. 中关村知识产权服务业集聚区发展政策政策效果评估指标的选取

政策效果指标的选取必须结合具体政策的目标和特点。

相对于上一章列出的常用指标,政策效用指标的选择方面不仅在"市场环境""产业促进"方面有指标落地,而且扩展了特色指标。笔者通过访谈和文献调研,了解了知识产权服务业集聚区发展政策的效用主要体现在"集聚效用"上,并通过"机构集聚""人才集聚"和"功能集聚"三种方式实现。因此,在政策效用指标的选择上,分别选择最能体现三种集聚方式的指标,如"集聚区专利代理机构的数量年增长率""集聚区知识产权服务机构拥有专利代理人资格证的人数年增长率"等,而且在采集这些指标数据的方式上都可以通过公共途径获取,增加了指标的客观性和准确性。

在政策效益指标的选择上,基本参照上一章列出的常用指标类别,在具体指标落地上,选择了如"服务机构的营业收入年增长率""知识产权服务业实际就业人数年增长率"等定量指标,并且都可以通过调查数据和查阅统计报告获取。

在政策效应指标的选择上,在上一章列出的常用指标类别的基础上,强调了社会公平和公众响应两个方面。由于政策效应主要是政策利益相关者的感性认识,因此均采用问卷调查的方式获取评估指标数据。

6.2.3　中关村知识产权服务业集聚区发展政策评估指标体系

按照第5章的信息资源产业政策评估指标体系结构和前面选择的政

策评估指标,可以初步确定中关村知识产权服务业集聚区发展政策评估的指标体系。根据具体政策的特点和评估信息的可获取性,还需要对指标进行适当的简化和调整。

在指标权重的设计上,主要采用AHP法与专家问卷调查法相结合的方法获得。在指标标准值的设计上,主要采用专家问卷调查法的方法获得。最终确定的中关村知识产权服务业集聚区发展政策评估指标体系共4级指标,48个指标项。评估指标体系见表6-1。

表6-1 中关村知识产权服务业集聚区发展政策评估指标体系表

序号	指标			指标解释	权重	标准值(满分100分)	采集方法
1	政策方案	政策方案质量	政策依据 政策制定必要性	政策制定必要性	3	强(100分);较强(80分);一般(60分);较弱(30分);弱(0分)	文献调查
2			政策目标 政策目标公平性	政策目标公平性	2	强(100分);较强(80分);一般(60分);较弱(30分);弱(0分)	专家打分
3			政策目标明确性	政策目标明确性	1	强(100分);较强(80分);一般(60分);较弱(30分);弱(0分)	专家打分
4			政策措施 政策措施完备性	政策措施完备性	1	强(100分);较强(80分);一般(60分);较弱(30分);弱(0分)	专家打分
5			政策措施有效性	政策措施有效性	1	强(100分);较强(80分);一般(60分);较弱(30分);弱(0分)	专家打分
6			政策措施针对性	政策措施针对性	1	强(100分);较强(80分);一般(60分);较弱(30分);弱(0分)	专家打分

序号	指标			指标解释	权重	标准值(满分100分)	采集方法
7	政策方案质量	政策措施	政策措施操作性	政策措施操作性	1	强(100分);较强(80分);一般(60分);较弱(30分);弱(0分)	专家打分
8		利益群体认可度	利益群体对政策方案认可度	集聚区企业、服务机构政策方案认可度	3	选择ABCD项中的四项(100分),三项(80分),两项(60分); 选择ABCD项中的一项或E项(30分),F项(0分)	问卷调查
9	政策方案	政策文本质量	政策程序	合法性	政策制定过程合法	1	强(100分);较强(80分);一般(60分);较弱(30分);弱(0分)	专家打分
10			一致性	政策文本前后一致	1	强(100分);较强(80分);一般(60分);较弱(30分);弱(0分)	专家打分
11			稳定性	政策发布后的修改	1	强(100分);较强(80分);一般(60分);较弱(30分);弱(0分)	调阅记录
12			文体规范	文体规范符合性	政策文本用语规范	1	强(100分);较强(80分);一般(60分);较弱(30分);弱(0分)	专家打分
13				格式规范符合性	政策文本格式规范	1	强(100分);较强(80分);一般(60分);较弱(30分);弱(0分)	专家打分
14			语言表达	表达准确度	政策文本用语清楚	1	强(100分);较强(80分);一般(60分);较弱(30分);弱(0分)	专家打分

序号	指标			指标解释	权重	标准值(满分100分)	采集方法
15	政策方案	政策文本质量	语言表达 表达简明度	政策文本用语简明	1	强(100分);较强(80分);一般(60分);较弱(30分);弱(0分)	专家打分
16	政策过程	政策执行保障	机构设置 设置专门机构、专门人员	是否配备了专门机构、专门人员	3	有专门机构和专门人员(100分);有专门机构或专门人员(70分);无专门机构和专门人员(0分)	现场考察
17			资金使用 配套资金投入	政策中承诺配套资金的投入情况	3	充分(100分);比较充分(80分);一般(60分);很少(30分);无(0分)	调阅记录
18			资金使用情况	政策中承诺资金的支付情况	2	全额支付百分比(100分)	调阅记录
19		政策执行成效	政策执行监督 监督控制责任明确程度	监督专门人员履职负责程度	2	非常负责(100分);负责(80分);基本负责(60分);不负责(0分)	调阅记录
20			反馈信息的及时性	监督反馈是否及时	2	及时(100分);有时延误(60分);经常延误(0分)	调阅记录
21			政策执行效果 政策内容知晓度	是否了解政策内容	4	很了解(100分);基本了解(80分);只知道有政策,不清楚具体内容(60分);只听说(30分);不了解(0分)	问卷调查

序号	指标				指标解释	权重	标准值（满分100分）	采集方法
22	政策过程	政策执行成效	政策执行效果	政策工具效果	政策工具促进服务业集聚发展的总体效果	4	效果明显（100分）；效果较明显（80分）；效果一般（60分）；没有明显效果（30分）；没有效果（0分）	问卷调查
23				服务机构数量的变化	集聚区专利代理机构的数量年增长率	2	21%以上（100分）；15%~20%（80分）；10%~14%（60分）；5%~9%（30分）；4%以下（0分）	文献调查
24	政策效果	政策效用	机构集聚	知名机构在当地开展工作或设立分支机构的增长量	知名服务机构在集聚区设立分支机构的数量变化	2	10家以上（100分）；5~9家（80分）；2~4家（60分）；1~2家（30分）；没有增加（0分）	文献调查
25				知识产权服务联盟	集聚区是否形成知识产权服务联盟	2	有（100分）；无（0分）	文献调查
26				知识产权代理率的变化	集聚区专利申请代理率的年增长率	2	20%以上（100分）；15%~20%（80分）；10%~15%（60分）；5%~10%（30分）；5%以下（0分）	调阅记录

序号	指标			指标解释	权重	标准值(满分100分)	采集方法
27	政策效果	政策效用	机构集聚 / 机构集聚的效果	机构集聚对服务业集聚发展的效果	2	效果明显(100分);效果较明显(80分);效果一般(60分);没有明显效果(30分);没有效果(0分)	问卷调查
28			人才集聚 / 硕士学位以上人员比率的变化	集聚区知识产权服务机构拥有研究生及以上学历人员占知识产权服务业从业人员数量的比例	2	90%以上(100分);70%~90%(80分);50%~70%(60分);20%~50%(30分);20%以下(0分)	查阅统计资料
29			具有执业资质人数的变化	集聚区知识产权服务机构拥有专利代理人资格证的人数年增长率	1	20%以上(100分);15%~20%(80分);10%~15%(60分);5%~10%(30分);5%以下(0分)	查阅统计资料
30			具有海外经历的服务人员的比率的变化	海外经历(含海归)的服务人员与从业人员比例年增长率	2	20%以上(100分);15%~20%(80分);10%~15%(60分);5%~10%(30分);5%以下(0分)	问卷调查

续表

序号	指标			指标解释	权重	标准值(满分100分)	采集方法
31	政策效果	政策效用	人才集聚	人才集聚的效果	人才集聚对服务业集聚发展的效果	2	效果明显(100分);效果较明显(80分);效果一般(60分);没有明显效果(30分);没有效果(0分)	问卷调查
32			功能集聚	公共服务平台	知识产权信息传播利用、展示交易、维权援助等公共服务平台的满意度	6	很满意(100分);较满意(80分);一般(60分);较不满意(30分);不满意(0分)	问卷调查
33			产业带动	企业R&D经费投入占企业总投入的比率	集聚区内企业R&D经费投入额度与企业整体投入的比例	3	5.0%以上(100分);5.0%~4.5%(80分);4.5%~4.0%(60分);4.0%~3.0%(30分);3.0%以下(0分)	调阅记录
34			市场环境建设	市场公平竞争	市场公平竞争环境满意度	2	很满意(100分);较满意(80分);一般(60分);较不满意(30分);不满意(0分)	问卷调查
35				市场需求满足度	企业对知识产权服务需求满足度	2	需求完全满足(100分);需求大部分满足(80分);需求基本满足(60分);需求小部分满足(30分);需求无法满足(0分)	问卷调查

175

序号	指标			指标解释	权重	标准值(满分100分)	采集方法
36	政策效果	政策效用	服务水平提升	服务机构服务效果	企业对知识产权服务效果满意度	2	很满意(100分);较满意(80分);一般(60分);较不满意(30分);不满意(0分)	问卷调查
37				服务机构服务能力	对知识产权服务机构能力提高	2	效果明显(100分);效果较明显(80分);效果一般(60分);没有明显效果(30分);没有效果(0分)	问卷调查
38				服务机构服务范围	服务机构可提供的知识产权服务种类数量	1	5类服务都有(100分);4类服务(80分);3类服务(60分);2类服务(30分);1类服务(0分)	问卷调查
39		政策效益	经济效益	服务机构平均营业额的变化	服务机构的营业收入年增长率	2	20%以上(100分);15%~20%(80分);10%~15%(60分);5%~10%(30分);5%以下(0分)	查阅统计资料
40			经济效益	服务业职工收入增幅	职工薪酬年增长率	2	20%以上(100分);15%~20%(80分);10%~15%(60分);5%~10%(30分);5%以下(0分)	查阅统计资料
41				企业经济增长度	企业产值规模增长程度	2	10%以上(100分);8%~10%(80分);6%~8%(60分);4%~6%(30分);4%以下(0分)	调查数据

续表

序号	指标			指标解释	权重	标准值（满分100分）	采集方法
42	政策效果	政策效益	社会效益	就业数量规模增长度	知识产权服务业实际就业人数年增长率	2	20%以上（100分）；15%~20%（80分）；10%~15%（60分）；5%~10%（30分）；5%以下（0分）	调查数据
43				每万人发明专利拥有量	年末发明专利拥有量/年末总人口	4	21件以上（100分）；15~20件（80分）；10~14件（60分）；5~9件（30分）；4件以下（0分）	调查数据
44				PCT国际专利拥有量	PCT专利申请数据年增长率	3	20%以上（100分）；15%~20%（80分）；10%~15%（60分）；5%~10%（30分）；5%以下（0分）	查阅统计资料
45		政策效应	公平性	政策公平性	企业对政策公平性满意度	2	很满意（100分）；较满意（80分）；一般（60分）；较不满意（30分）；不满意（0分）	问卷调查
46					服务机构对政策公平性满意度	3	很满意（100分）；较满意（80分）；一般（60分，）较不满意（30分）；不满意（0分）	问卷调查
47			满意度	政策效果满意度	企业对政策效果满意度	2	很满意（100分）；较满意（80分）；一般（60分）；较不满意（30分）；不满意（0分）	问卷调查
48					服务机构对政策效果满意度	3	很满意（100分）；较满意（80分）；一般（60分）；较不满意（30分）；不满意（0分）	问卷调查

注：标准值数值范围设定，注明"%以上"的范围含本数，如"20%以上"范围包含20%；注明"%以下"的范围不含本数，如"5%以下"范围不包含5%；注明"A%~B%"的范围，包含A%本数，不包含B%本数，如"15%~20%"，范围包含15%，不包含20%。

6.2.4 中关村知识产权服务业集聚区发展政策评估问卷调查

在案例研究的准备阶段已广泛收集了文献资源,也与专家进行了访谈,下面重点介绍问卷调查的情况。

1. 调查问卷设计

问卷包括前言和正文两大部分,前言主要说明调查的主题、调查的目的和意义、对调查者的感谢,并了解调查对象的基本信息。正文围绕知识产权服务业集聚区发展政策的制定、实施、效果等方面,设计了若干问题要求被调查者问答。提问的方式既包括封闭式提问,也包括开放式提问,但以封闭式提问为主。同时在完成指标数据的采集基础上,还通过设置一些开放式的问题,了解调查对象某项评价的具体原因,特别是对于一些负面的评价。

初步的调查问卷设计好后进行问卷试测与修正。请2位公共政策和知识产权服务领域的专家、2位知识产权服务机构负责人、2位申请过专利的企业负责人对问卷试答,根据他们的反馈意见对部分问题进行修正,最终生成正式的调查问卷(详见附录三)。另外,设计了专家访谈提纲(详见附录四)。

2. 问卷调查的实施

通过邮寄、当场发放、电子邮件等方式发放问卷一共30份,共回收29份。有效问卷的作答对象包括集聚区企业知识产权管理部门负责人9名(其中8名为中关村知识产权领军企业或示范企业管理部门负责人),集聚区知识产权服务机构负责人10名,公共政策专家5名,知识产权专家5名。另外访谈问卷调查对象为集聚区管理机构领导及工作人员5名。

其中企业调查对象的选取方式是从中关村21557家高新技术企业名单(2016年8月版本)❶中随机选取,服务机构调查对象的选取方式是从中

---

❶ 下载地址:http://www.zgc.gov.cn/tjxx/qyml/.

关村知识产权服务业联盟❶73家会员服务机构中随机选取,其他调查对象选取方式采取定向邀请的方式。

问卷回收后,对企业、知识产权服务机构、政策制定和执行人员、专家等不同对象的问卷分别进行录入与统计分析,进行信度与检验,剔除异常问卷。被调查者均能诚实、有效地回答问题。

6.3　中关村知识产权服务业集聚区发展政策评估的实施

通过文献收集、问卷调查、访谈等方法获取评估信息后,依据中关村知识产权服务业集聚区发展政策评估的指标体系和评分方法,对政策信息进行整理和分析,可以得到中关村知识产权服务业集聚区发展政策评估的基本结果。每个四级指标评分经过逐层加权汇总,得出中关村知识产权服务业集聚区发展政策评估的最终得分是82.46分,其中一级指标和二级指标的得分情况如表6-2所示。

表6-2　中关村知识产权服务业集聚区发展政策评估得分

一级指标(权重)	评分	二级指标(权重)	评分
政策方案(20)	16.87	政策方案质量(13)	10.99
		政策文本质量(7)	5.88
政策过程(20)	17.21	政策执行保障(8)	8.00
		政策执行成效(12)	9.21
政策效果(60)	48.38	政策效用(35)	26.41
		政策效益(15)	15.00
		政策效应(10)	6.97

❶ 中关村知识产权服务业联盟于2013年7月30日在北京中关村示范区成立,53家知识产权服务机构成为中关村知识产权服务业联盟首批成员单位。

6.3.1 政策方案评估结果

1. 对政策方案质量的评价

（1）政策制定必要性

根据文献调查，国家知识产权局办公室于2014年9月29日发布的《国家知识产权服务业集聚发展区工作实施办法》（国知办发规字〔2014〕40号）明确要求已设立的集聚区由省级知识产权主管部门会同试验区所在地人民政府制定《国家知识产权服务业集聚发展试验区建设方案》，并由省级知识产权主管部门报国家知识产权局。本案例政策对象《关于支持知识产权和标准化服务业在中关村示范区集聚创新发展的办法》是《国家知识产权服务业集聚发展试验区建设方案》的延续，也为集聚区设立三年后的验收工作奠定了基础，因此该政策的发布非常必要。

同时，中关村园区创新型企业居多，高新技术企业2015年年底达到1.9万多家，知识产权需求旺盛，而中关村园区地处北京，全国30%的知识产权服务机构地处北京❶，而且服务能力较高，为知识产权服务业集聚发展提供了非常好的基础条件。

（2）政策目标

《关于支持知识产权和标准化服务业在中关村示范区集聚创新发展的办法》第一段文字中明确指出该政策的目标：一是加快知识产权服务业集聚发展试验区的建设；二是提升中关村示范区企业知识产权整体水平；三是促进知识产权现代服务业高端化、集聚化发展，加快形成知识产权服务业集聚区。公共政策专家对政策目标明确性评估指标的打分为0.96分（满分1分），认为该政策目标清晰明确；但对政策目标公平性的打分为1.44分（满分2分），未获满分的原因是有专家认为政策措施对象主要是高端服务机构，扶持对象门槛过高，对中小型服务机构存在不公平。

---

❶ 中关村国家知识产权服务业集聚发展试验区建设验收报告［R］. 北京:中关村科技园区管委会,2015.

（3）政策措施

专家对"政策措施完备性""政策措施有效性""政策措施针对性""政策措施操作性"打分分别为0.8分、0.78分、0.78分、0.70分（满分均为1分）。从专家打分的结果看，《关于支持知识产权和标准化服务业在中关村示范区集聚创新发展的办法》的具体补贴、奖励等政策措施要素完备、不遗漏，而且经过多年的积累和铺垫，有较强的可行性，政策的实施有助于知识产权服务业的集聚发展，但该政策由于与标准化服务业集聚发展政策一并发布，对知识产权服务业集聚区发展政策措施的针对性不够集中。

2. 对政策文本质量的评价

《关于支持知识产权和标准化服务业在中关村示范区集聚创新发展的办法》由中关村科技园区管理委员会、北京市质量技术监督局、北京市知识产权局、海淀区人民政府共同发布，通过调阅政策文件记录材料得知政策发布后的稳定性好，后期未做进一步修改。

该政策形式是地方行政规章，行文符合公文行文格式规范，政策规范性较强。绝大部分专家对于"政策文本用语"给出的评价意见是语言表达清楚、简明。"政策文本质量"经加权后最终得分为5.88分（满分7分）。

3. 利益群体认可度

知识产权服务业集聚区建设工作本身是一项自上而下的政策，其终极目标是促进服务机构发展，提升知识产权的整体水平。调查结果表明，近90%的受访服务机构和企业肯定了集聚区建设政策的作用，认为政策将促进集聚区的形成和发展；只有不到70%的受访服务机构和企业认为知识产权服务业集聚区建设政策有助于知识产权服务业的高端化集聚发展；另外70%的受访服务机构认为集聚区建设有助于提升企业知识产权水平，但受访企业对于这个数据的认可程度达到90%，说明受访企业对于该政策的期望值更高，如图6-1所示。"利益群体认可度"经加权后最终得分为2.53分（满分3分）。

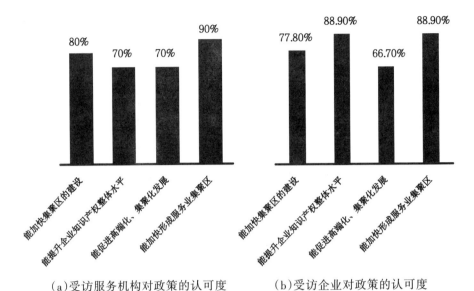

（a）受访服务机构对政策的认可度　　　（b）受访企业对政策的认可度

图6-1　受访者对集聚区建设工作的认可度

6.3.2　政策过程评估结果

中关村知识产权服务业集聚区发展政策过程评估的最终评分为17.21分（满分20分）。该指标下设"政策执行保障"和"政策执行成效"两项二级指标。

1．对政策执行保障的评价

通过与中关村科技园区管理委员会相关领导和工作人员的访谈、现场考察以及调阅《中关村国家知识产权服务业集聚发展试验区建设验收报告》，得知中关村知识产权服务业集聚区的具体管理由中关村知识产权促进局❶承担，它配备了专门的服务人员，保障了集聚区发展具体政策措施的实施。有关资金使用方面，设立中关村知识产权服务机构绩效考核、集聚区房租补贴等专项资金，每年配套资金共计1100多万元，资金使用规范，并全额支付相关政策资金，政策资金利用率为100%。❷"政策执行保障"经

---

❶ 中关村知识产权促进局行政性质上属于北京市知识产权局的政府性事业机构，为中关村科技园区提供全方位的知识产权管理和服务。

❷ 数据来自访谈记录及中关村国家知识产权服务业集聚发展试验区建设验收报告。

加权后最终得分为8分(满分8分)。

2. 对政策执行成效的评价

(1)政策执行监督

通过调阅工作记录以及与相关工作人员访谈,中关村科技园区管理委员会对政策补贴资助资金有完善的监管机制,监督控制责任明确,工作人员履职负责,反馈信息及时。例如,在《中关村国家自主创新示范区技术创新能力建设专项资金管理办法》中明确指出中关村管委会会对补贴资助资金监督、检查和审计,受资助企业需要报送资金使用效益分析报告。

中关村国家知识产权服务业集聚发展试验区由北京市知识产权局、中关村管委会共同负责建设,中关村知识产权促进局负责具体政策的落地,但由于中关村知识产权促进局与中关村管委会没有行政上下级关系,没有行政约束性,因此中关村管委员会在资金管理以外的政策执行监督上显得信息滞后。

(2)政策执行效果

①政策内容知晓率。

测度服务机构和企业对集聚区建设工作的知晓率,可以考察政策宣传工作的成效。调查结果显示,90%的服务机构和企业听说过或了解集聚区建设工作。具体到不同群体而言,在服务机构中,基本了解的为80%;在企业中,知晓率为55.6%,如图6-2所示。

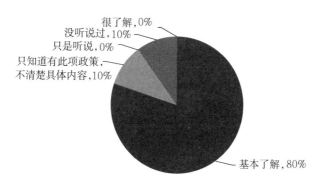

(a)受访服务机构知晓集聚区建设政策情况

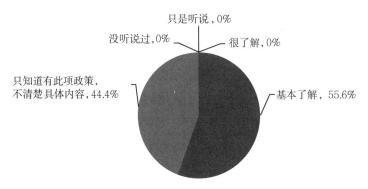

（b）受访企业知晓集聚区建设政策情况

图6-2 受访者知晓集聚区建设工作的情况

另外，在政策的众多传播方式中，受访服务机构和企业主要通过园区内会议了解政策，但受访企业更倾向于通过新闻报道了解集聚区的建设情况。园区内培训次之，选择比例分别为40%和33.3%，这在一定程度上表明，知识产权行业内日常工作的交流是较为有效的宣传方式。

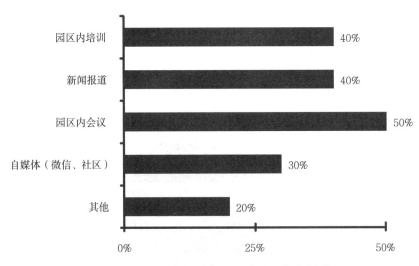

（a）受访服务机构知晓集聚区建设工作的渠道

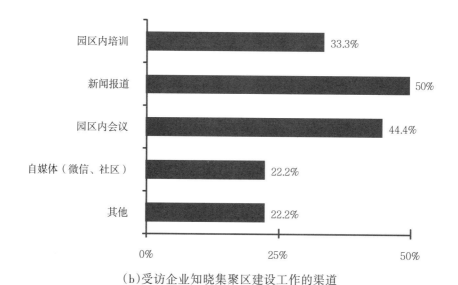

（b）受访企业知晓集聚区建设工作的渠道

图6-3　受访者知晓集聚区建设工作的渠道

②政策工具效果。

要营造良好的知识产权服务业发展氛围,吸引知名机构进驻,需要实施多项政策工具,这也是一个产业长远良性发展的重要保障。政府在营造服务业发展氛围方面的政策工具是多样的,查阅政策文本可见具体政策工具包括高端服务机构房租或房价补贴、高端服务机构入驻奖励、举办高端知识产权国际会议资金支持等,从而满足知识产权服务业发展在不同阶段的需求,从初期的机构生存到成长期的市场激活再到成熟期的行业规范秩序等。

对享受过这些政策的受访服务机构的调查结果表明,给予房租或房价补贴的资助对机构的执行效果较好,效果明显的比例为100%;企业服务费用补贴、优秀服务机构支持等政策效果次之;但举办高端国际会议、公共服务平台项目支持等政策效果不够明显,如图6-4所示。

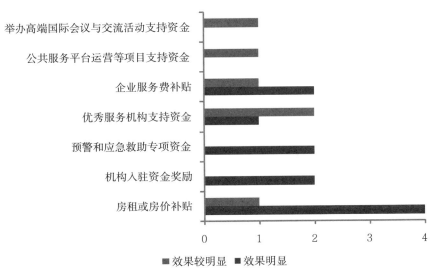

图6-4　受访者对政策工具效果的评价

③政策执行效果认可度。

调查结果显示,约80%的受访者认为政策执行效果明显或效果较明显,受访服务机构和企业均肯定了集聚区政策执行的效果,如图6-5所示。"政策执行成效"经加权后最终得分为9.21分(满分12分)。

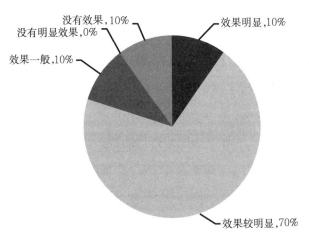

(a)受访服务机构对政策执行效果的认可度

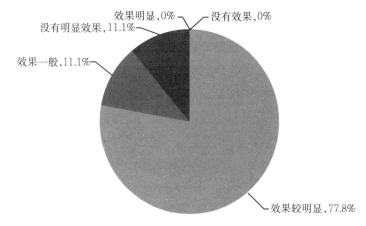

（b）受访企业对政策执行效果的认可度

图6-5　受访者对集聚区政策执行效果的认可度

6.3.3　政策效果评估结果

中关村知识产权服务业集聚区发展政策效果评估的最终评分为48.38分（满分60分）。该指标下设"政策效用""政策效益"和"政策效应"三项二级指标。

1.　对政策效用的评价

知识产权服务业集聚直观上是服务机构数量增多，且集中在一定的物理范围内。这样企业寻找服务机构的成本降低，选择到性价比合适的机构的可能性增加。知识产权服务业的自身发展是集聚区建设工作最直接的效果。目前机构集聚、人才集聚、功能集聚等各方面的表现是对现阶段结果的呈现，为与其他集聚区的横向比较提供了可能。调查显示，集聚区机构集聚表现为8.84分（满分10分）；人才集聚表现为4.62分（满分7分）；功能集聚表现为4.62分（满分6分）。

（1）机构集聚

中关村集聚区服务机构集聚优势明显。2012—2015年IPRdaily、快智慧等一批新型知识产权服务机构在园区内设立。以代理机构为例，截至2015年底，中关村集聚区共有专利代理机构223家，同比增长14.4%，初步形成相对较完整的知识产权产业服务链。2013年7月，中关村率先成立了全国首个知识产权服务业联盟,共聚集了贸促会、康信等73家涵盖代理、法律、信息、商用化、咨询和培训六大类的优秀知识产权服务机构。❶

通过问卷调查,70%的受访服务机构认为机构集聚可以促进知识产权服务业发展高端服务,60%的服务机构认为机构集聚可以引入更多的知名服务机构;77.8%的受访企业认为机构集聚可以增加服务机构的选择性,66.7%的受访企业认为机构集聚可以扩展服务机构的业务范围,如图6-6所示。结合问卷调查结果,最终"机构集聚"经加权后得分为8.84分(满分10分)。

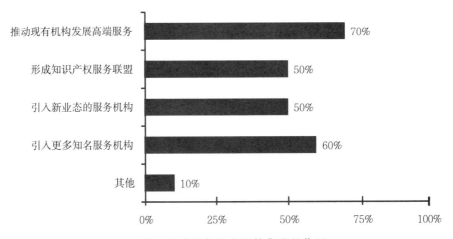

(a)受访服务机构认为机构集聚的作用

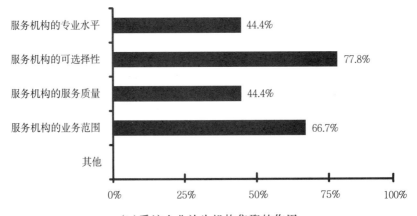

(b)受访企业认为机构集聚的作用

图6-6　受访者认为机构集聚的作用

❶ 数据来自访谈记录及中关村国家知识产权服务业集聚发展试验区建设验收报告。

（2）人才集聚

通过文献调查和调阅记录，可获得硕士学位以上人员比率的变化、具有执业资质人数的变化、具有海外经历的服务人员的比率的变化。

截至2014年，中关村集聚区专利代理执业人员共有3166人，占北京市执业专利代理人数量的62.9%，占全国执业专利代理人数量的25.1%。

据国家知识产权局的统计，知识产权服务业从业人员中拥有研究生及以上学历和大学本科学历的比例分别是22.9%和47.9%，属于智力密集型产业范畴。但是，目前大多数高素质人才仅从事的是传统代理服务，对于提供专利预警、专利评估和专利运营等高端服务的能力和经验不足，涉外知识产权申请、纠纷应对和国际知识产权事务参与能力较差，这些都制约了知识产权服务业的发展。

通过问卷调查发现，近80%的受访企业认为人才集聚的效果明显或较明显，但只有60%的受访服务机构认为人才集聚的效果明显或较明显，如图6-7所示。结合问卷调查结果，最终"人才集聚"经加权后得分为4.62分（满分7分）。

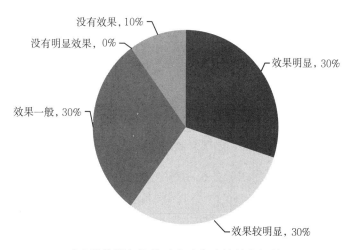

（a）受访服务机构对人才集聚效果的评价

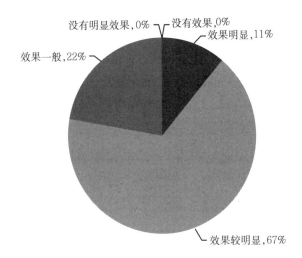

（b）受访企业对人才集聚效果的评价

图6-7　受访者对人才集聚效果的评价

（3）功能集聚

知识产权公共服务平台是在一个网络组织基础上，依靠电子和媒体网络，实现区域知识产权服务资源集聚。集聚区建设是一项政策性工作，其发展离不开政府一系列政策扶持。这里以中关村知识产权公共服务平台（包括知识产权信息传播利用、展示交易、维权援助等公共服务平台）为例进行评价。集聚区于2014年8月建成"中关村核心区技术转移与知识产权服务平台"，承载了集聚区大部分知识产权公共服务的功能。

所有受访企业均对公共服务平台满意，但只有不到60%的受访服务机构对公共服务平台提供的服务表示满意，说明当前公共服务平台的服务对企业支持力度较大，服务机构难以通过公共服务平台获取帮助，如图6-8所示。

据问卷调查结果，受访服务机构和企业使用公共服务平台功能最多的均是了解政策进展及查询知识产权信息。相比服务机构，企业使用公共服务平台的功能场景较多，包括知识产权运营和维权等方面。现有公共服务平台更多的是发挥服务机构、服务对象与政府单向的交流，降低了信息沟通成本，提升了行政效率。最终"功能集聚"经加权后得分为4.62分（满分6分）。

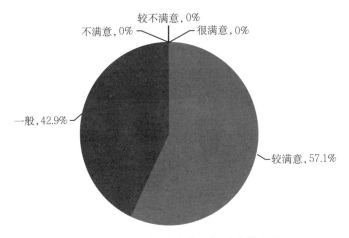

(a)受访服务机构对公共服务平台的评价

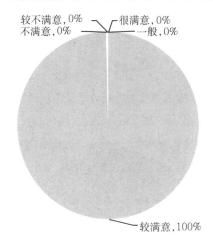

(b)受访企业对公共服务平台的评价

图6-8　受访者对公共服务平台的评价

（4）产业带动

通过文献调查和调阅记录,中关村企业R&D经费投入额度与企业整体投入的比例平均值为4.3%。最终"产业带动"经加权后得分为1.8分(满分3分)。

（5）市场环境建设

①市场公平竞争环境。55.6%的受访企业对市场公平竞争环境表示较

满意,而受访的服务机构这个比率只有30%,说明仍存在不少不公平竞争的情况。受访服务机构相比企业对知识产权服务市场竞争环境有更高的期待,如图6-9所示。

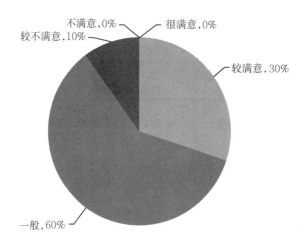

(a)受访服务机构对市场公平竞争环境的评价

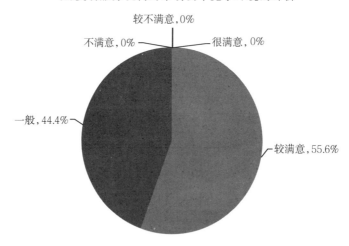

(b)受访企业对市场公平竞争环境的评价

图6-9 受访者对市场公平竞争环境的评价

②市场需求满足度。根据问卷调查结果,受访企业对知识产权服务需求满足度为55.6%,认为他们的需求可大部分得到满足,其他受访企业也

认为需求能得到基本满足,如图6-10所示。77.8%的受访企业认为商业化服务(知识产权运营等)最为缺乏。所有的受访企业对知识产权代理服务满意度最高,其次是知识产权信息服务。调查说明当前知识产权服务的主要内容还是代理服务,如图6-11所示。最终"市场环境建设"经加权后得分为2.76分(满分4分)。

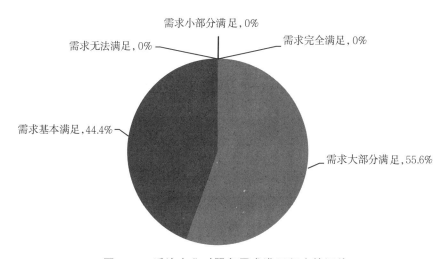

图6-10　受访企业对服务需求满足程度的评价

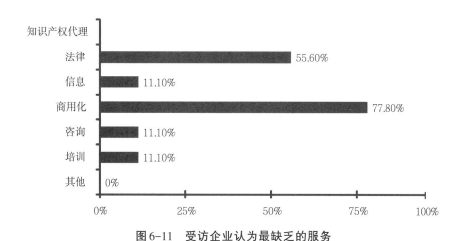

图6-11　受访企业认为最缺乏的服务

（6）服务水平提升——提高服务机构专业水平，增加服务对象的选择性

①服务机构的服务效果。企业对集聚区知识产权服务效果满意度较高，较满意的达到88.9%，如图6-12所示。

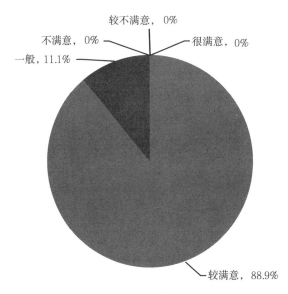

图6-12　受访企业对知识产权服务效果的评价

②服务能力提升。集聚区政策对知识产权服务机构能力提高的认识，从受访者对服务机构的服务能力评价来看，企业对集聚区实际工作持肯定态度，比如约80%的受访企业认为政策对提高知识产权服务机构的服务能力效果明显或比较明显，但对于受访服务机构这个比率只有40%，说明服务机构对于集聚区发展政策有更高的期待，如6-13所示。

③服务机构服务范围。通过调查显示，服务机构可提供的知识产权服务种类中6类都有的占60%。

其中80%以上的服务机构在一年内都扩展了服务范围，如图6-14所示。最终"服务水平提升"经加权后得分为3.76分（满分5分）。

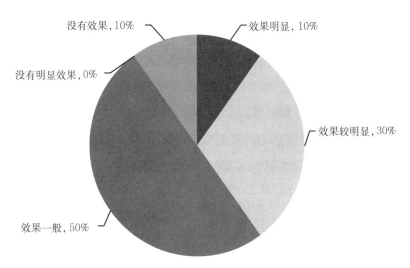

（a）受访服务机构对提高服务能力的效果评价

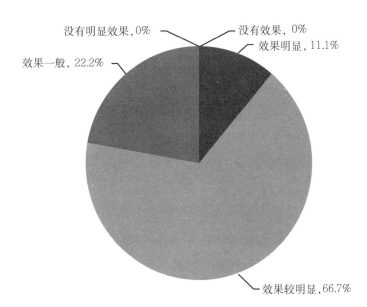

（b）受访企业对提高服务能力的效果评价

图6-13 受访者对提高服务能力的效果评价

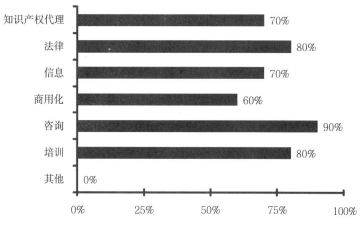

图6-14 受访服务机构对外提供服务的类型

2. 政策效益评估

（1）经济效益

根据中关村科技园区管理委员会2015年相关工作统计报告获知，2015年中关村集聚区知识产权服务机构平均营业额的变化同比增长25.45%、服务业职工收入同比增长22.30%、园区高新技术企业经济收入同比增长幅度为12.80%。依据指标相应标准值换算，最终"经济效益"经加权后得分为6分（满分6分）。

（2）社会效益

根据中关村科技园区文献资料，知识产权服务业实际就业人数2.3万人，2015年增长率21%；，截至2015年底，北京市每万人发明专利拥有量达到61.3件，而2012年底时只有26.78件（据统计，2014年我国每万人发明专利拥有量达4.9件）；中关村集聚区2015年度PCT国际专利申请共3357件，PCT申请量增速同比超过40%。●依据指标相应标准值换算，最终"社会效益"经加权后得分为9分（满分9分）。

---

❶ 中关村专利代理年报［R］. 北京：中关村科技园区管理委员会，北京专利代理人协会. 2015.

3. 政策效应评估

(1)政策效果公平性

根据问卷调查结果,服务机构对政策公平性的满意度略低于企业对政策公平性的满意度,前者很满意及较满意的比率只有40%,而后者为77.8%,如图6-15所示。最终"政策效果公平性"经加权后得分为3.89分(满分5分)。

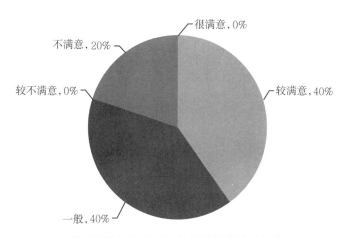

(a)受访服务机构对政策公平性满意度评价

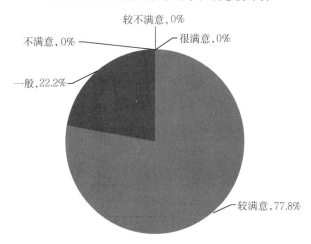

(b)受访企业对政策公平性满意度评价

图6-15 受访者对政策公平性满意度评价

（2）政策效果满意度

根据问卷调查结果，服务机构对政策效果的满意度略低于企业对政策效果的满意度，前者很满意及较满意的比率只有50%，而后者为77.8%，如图6-16所示。最终"政策效果满意度"经加权后得分为3.59分（满分5分）。

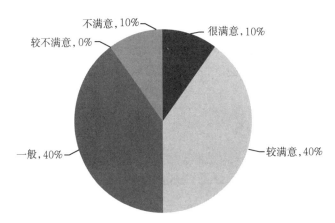

（a）服务机构对政策效果满意度评价

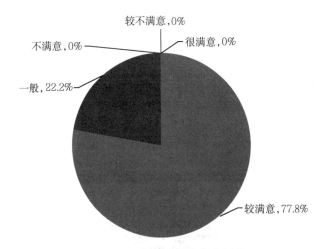

（b）企业对政策效果满意度评价

图6-16 受访者对政策效果满意度评价

6.4　案例研究总结

本章案例研究内容包括：构建了以政策方案、政策过程和政策效果为一级指标的中关村知识产权服务业集聚区发展政策评估指标体系；选取了合适的评估指标，设定了评估指标的权重和标准值；通过专家访谈和调研优化评估指标体系；通过专家打分、现场考察、调阅记录、问卷调查等方式获取指标数据；最后通过统计分析得出政策评估结果。以下是对案例研究成效的初步总结。

6.4.1　关于政策评估指标体系构建程序的验证

1. 评估指标体系构建程序的验证

在上一章提出了四个阶段的信息资源产业政策评估指标体系构建基本程序，本案例基本沿用了该指标体系的构建程序和方法，完成了对中关村知识产权服务业集聚区发展政策评估指标体系的设计工作。在本案例中，先是明确了中关村知识产权服务业集聚区发展政策的政策目标，了解了我国知识产权服务业政策相关背景；然后通过专家访谈等方式充分了解了相关政策评估的政策方案、政策过程和政策效果等具体标准，接着将评估标准转化为评估指标、确定评估指标的层级、标准值、指标权重、观测方法要点等，形成中关村知识产权服务业集聚区发展政策评估指标体系表；最后对评估指标体系还进行了验证和优化。通过对中关村知识产权服务业集聚区发展政策评估指标体系的构建，验证了上述评估指标体系构建程序和方法是切实可行的，既体现了信息资源产业政策的特点和基本特征，又兼顾了具体政策的实际情况，可以快速、准确地确定评估标准和评估指标，整个评估指标体系构建程序和方法操作性强。后续研究可进一步明确过程细节，制定相关过程标准，以便迅速推广应用到其他相关信息资源产业政策的评估实践。

实际操作中发现的主要问题体现在评估指标体系构建程序的四个阶

段的衔接上。有些过程如标准值的确定需要反复修正,在第二阶段碰到的问题还需要回到第一阶段来解决,并不能完全分明地区分不同阶段的工作内容。同时阶段分段标志的描述上还有进一步细化和优化的余地。

2. 评估指标体系表的验证

按照上一章有关信息资源产业政策评估指标体系构建程序和方法的描述,在评估指标体系构建过程中会形成信息资源产业政策评估指标体系表,这个评估指标体系表在本案例研究中也得到了验证。评估指标体系表的内容包括评估指标、权重、标准值和观测方法要求,这与案例最终形成的表6-1中关村知识产权服务业集聚区发展政策评估指标体系表相一致,该体系表能清楚地表明各层评估指标的相关关系、各个评估指标的标准值设置和权重以及具体的指标获取方法,在具体操作过程中,给评估的问卷调查表的设计、指标数据统计工作带来很大的方便。

但是,通过案例研究也发现了评估指标体系表存在的一些问题:例如对于观测方法要求的描述还需要进一步完善,有些指标数据的获取途径不止一种,在该体系表中难以全面表示;又例如目前指标层级限制均确定为四级指标,但有些评估指标层级只有三级或评估指标层级有五级以上,在表现形式上存在障碍。以本案例为例,在二级指标"政策效应"中,应该有4个三级指标,即"企业对政策公平性满意度""服务机构对政策公平性满意度""企业对政策效果满意度""服务机构对政策效果满意度"等,但为了"凑"齐四级指标,在其间新增加了"公平性"和"满意度"三级指标,这在后期的数据统计中显得累赘,降低了评估效率。

6.4.2 关于政策评估指标结构框架有效性的验证

中关村知识产权服务业集聚区发展政策评估指标体系中,第一级指标分类是政策方案、政策过程和政策效果。通过本案例验证,信息资源产业政策评估指标体系的这种分类结构是科学、合理、有效的。第4章提出了我国信息资源产业政策评估具体标准内容框架,然后根据这个框架提出了政策方案评估具体标准、政策过程评估具体标准和政策效果评估具体标准,这是信息资源产业政策评估指标体系分类结构有类似框架设定的根本原因。

中关村知识产权服务业集聚区发展政策的具体政策文本是《关于支持知识产权和标准化服务业在中关村示范区集聚创新发展的办法》,案例中对其政策方案进行了评估,评价了《关于支持知识产权和标准化服务业在中关村示范区集聚创新发展的办法》及其方案的基本功能、有效性、形式要素等。通过《关于支持知识产权和标准化服务业在中关村示范区集聚创新发展的办法》的评估,基本上就能把中关村知识产权服务业集聚区发展政策的基本性质和状态都测度了,得出的结论全面不遗漏,简单高效,是信息资源产业政策评估值得推广的基础内容。但是,在具体案例评估中发现单独评估某个政策文本在一定程度上可能存在操作上的困难。例如,《关于支持知识产权和标准化服务业在中关村示范区集聚创新发展的办法》中涉及《中关村国家自主创新示范区国际化发展专项资金管理办法(试行)》《中关村开放实验室实施办法》《中关村国家自主创新示范区技术创新能力建设专项资金管理办法》《中关村国家自主创新示范区产业技术联盟专项资金管理办法》等相关办法,由于这些相关办法是对主政策文件的补充说明,因此对这些政策文本的评估并未包含在本案例中。政策附件是主政策不可分割的一部分,如果不评估这些政策,会降低政策评估的客观性和准确性,但是如果评估内容包括这些政策文本,却又偏离了政策评估的内容目标。因此,针对在政策方案评估时有可能需要同时评估关联政策文本的问题,后续需要进一步提出具体的操作办法。

中关村知识产权服务业集聚区发展政策过程评估主要关注政策执行保障和政策执行成效两个方面。但是,案例政策评估是事后评估,政策过程评估指标的观测方法主要是调阅资料和与政策主体的访谈,缺乏客观的量化指标。因此在实际政策过程评估时,应该选准评估的时机,多渠道获取更加客观的量化指标。特别值得指出的是,笔者认为政策评估工作应该在政策制定和政策执行的过程中就要提前充分考虑,包括提前设定监控指标、考虑数据采集方法和工具等,这将为后期政策评估工具提供极大的方便并大大提升政策评估的质量。

中关村知识产权服务业集聚区发展政策效果评估通过"机构集聚""人才集聚""功能集聚"三个主要指标评估其政策效用,实践证明是可行的、有效的。信息资源产业政策效果评估的成功关键在充分理解相关政策的效果和影响的表现形式,并转化为相应的可测量的评估指标,否则只能采用定性的问卷调查,降低了政策评估的客观性和准确性。但是,实际案例的研究也证实了政策的效果评估确实离不开定性的问卷调查或专家打分,在实际政策评估中要做到既不迷信量化指标,又不要轻视定性指标的作用。

6.4.3 关于政策评估指标的选取

在构建中关村知识产权服务业集聚区发展政策评估指标体系的过程中,评估指标的选取是其中最重要的一环,在上一章信息资源产业政策整体评估常用指标库的基础上,对政策方案、政策过程和政策效果分别根据中关村知识产权服务业集聚区发展政策的特点,选取、修改、完善了相应的评估指标,证明了这种"指标库"式的评估指标选取有着引导、规范政策评估的作用和意义。

但是,上一章信息资源产业政策整体评估常用指标库个别指标细分度不够,在具体指标的"套用"上还存在困难,对个别指标还需要进一步细化和完善。例如对于"资源配置合理程度"指标,在中关村知识产权服务业集聚区发展政策的场景下,就很难直接转化为相应的评估指标。起初笔者认为其资源配置合理程度主要体现在企业的知识产权服务需求与知识产权服务企业的匹配程度,即市场资源的合理配置(对应"市场需求满足度"指标),但经过研究发现知识产权服务业发展所需要的资源还包括数据资源、人才资源、金融资源等,因此为了体现原指标的功能含义,后来增加了"公共服务平台""人才集聚"等其他评估指标。

另外,实践中一般政策评估人员都偏向选择定量指标,因为定量数据获取相对方便,后期指标数据统计也相对容易。在本案例研究中开始同样存在这种倾向,但后来发现为了寻求定量指标,很容易丢失了原来评估指标的价值取向。例如评估"服务能力水平",前期选取的评估指标包括:

①专利授权率,指区域内专利申请与专利授权的比值;

②发明专利授权率,指区域内发明专利申请与发明专利授权的比值;

③发明专利比例,指区域内发明专利申请量占所有专利申请量的比值;

④有效专利数量,指区域内当前专利权有效的数量;

⑤PCT专利申请量,指区域内PCT专利申请数量;

⑥专利实施率,指专利实施许可备案数量占有效专利数据的比值。

⑦而最终选取的评估指标包括:

⑧服务机构服务效果,指企业对知识产权服务效果满意度;

⑨服务机构服务能力,指对知识产权服务机构能力提高;

⑩服务机构服务范围,指服务机构可提供的知识产权服务种类数量。

⑪做出这种调整的原因:一是虽然前面的数据在国家层面上可以很容易获取,但在中关村集聚区范围内统计这些数据要花费很多时间成本,不能从国家数据中直接筛选提取,如果通过其他方式收集,数据准确性又不能保证;二是服务能力的评估难以做到完全科学和客观,例如用专利授权率来评价一个专利代理机构的服务能力,未免过于主观和片面,因为专利是否授权不仅与专利代理人的撰写水平相关,同时也与所申请的技术方案属性相关。因此最后全面采用问卷调查的方式获取指标数据,用企业对专利代理机构的感受评价服务机构的服务水平。虽然评价意见是主观的,但评估效果却更加科学和客观。

6.4.4　关于政策评估指标权重和标准值的设定

在构建中关村知识产权服务业集聚区发展政策评估指标体系的过程中,评估指标权重和标准值的设定也是至关重要的一环。这里主要总结案例研究中对评估指标权重和标准值设定的存在问题并提出优化建议。

1. 有关指标权重设定

在本案例中评估指标权重的设定存在的问题主要是缺乏不同指标之间权重影响性的设定。当前权重的设定是每个指标都应设置权重,每个指标都能对最终评估结果产生影响,但事实上通常还存在不同指标之间权重相互影响的情形。例如,需要设定3个三级指标的权重,其上级二级指标权重为9%。虽然可能的权重设置方案是每个三级指标的权重都设置为3%,但是现在可能存在一种情况,这3个三级指标都可以"直接"影响上级二级指标,如任何1个三级指标的权重都可以设置为9%,即只要3个三级指标中任何1个指标达到100分,则其上级二级指标的评分也为100分。于是3个三级指标的权重无法固定分配给某一个指标,每一个指标的权重都可能传导到上级指标,这将给权重设定工作带来困惑。当前的评估指标体系设计中,还没有考虑这种情况,后续还需要进一步研究和完善。

2. 有关指标标准值设定

在本案例中评估指标标准值的设定存在的问题主要是定性指标数量化的问题。例如,设置"市场公平竞争"指标的标准值是"很满意(100分);较满意(80分);一般(60分);较不满意(30分);不满意(0分)"。虽然这种做法可以达到定性指标数量化的效果,但其分值并不能完全说明定性评价的程度。如可能存在75分的情况,即受访者的感受处在较满意和一般之间。因此要提高评估指标标准值的设定的客观性还需要进一步完善评估指标标准设定的规则。

另外,需要指出的是:政策评估的目的是评价政策的对错、好坏、利弊,以本案例为例,对政策评估结果打80分是没有意义的,只有使用同样的评估指标对不同的集聚区发展政策评估结果作对比时,评估结果的分值才有其意义。后续还需要进一步完善评估结果使用的规则。

第7章 研究结论与展望

本章对照第1章绪论中提出的研究目的,梳理总结了在信息资源产业政策评估程序的设计、评估方法的选择、评估标准的设定、评估指标体系的构建等方面取得的基本研究结论或判断。接着提出完善我国信息资源产业政策评估的几点建议,最后分析了当前研究中存在的问题与不足,并对后续信息资源产业政策评估的研究提出了几点设想。

7.1 主要研究结论

本书所进行的相关理论原理探索和信息资源产业政策评估实践经验总结,重点形成或者更全面支持如下几个方面的判断或结论。

7.1.1 关于信息资源产业政策评估程序核心价值的判定

本书在对信息资源产业政策评估方法的梳理阐释中,对产业政策评估程序问题进行了重点讨论,其中关于信息资源产业政策评估程序核心价值判定方面的分析结论有一定的独立思考。

信息资源产业政策评估程序在确保政策效率、质量或者实现公平正义方面都表现出特定的多重功用。而在这些价值及其表现中,居于核心位置,最反映这个程序本质特征的价值应该是产业政策效能,即产业政策目标的有效达成程度,是产业政策是否在评估程序的保障之下,在评估程序自身对科学、合理、民主、秩序的有效维护下,更加有效地促进和保障信息资源产业的健康发展。

信息资源产业政策评估程序以产业政策效能,也就是以产业政策目标达成程度为核心价值的特点,要求我们在产业政策评估程序设计和实施过程中,始终将产业政策目标达成程度,也就是最大限度地促进和保障信息资源产业的发展,放在首要位置。在与产业政策评估程序过程相关的一切价值判断、一切资源配置、一切取舍判定、一切措施安排中,都要服务和服从于实现信息资源产业政策目标的需要和要求。

7.1.2　关于信息资源产业政策评估程序设计要点的概括

本书的研究结果支持这样的判断:信息资源产业政策是公共政策的重要组成部分,信息资源产业政策的评估需要遵行公共政策评估的一般规律,需要履行公共政策评估的一般程序;信息资源产业政策又是公共政策中具有特殊性的政策,它还需要遵行一些特殊的规律性,包括特殊的程序规则。

这些特殊规律性和特殊的程序规则主要表现在信息资源产业政策评估具体程序的设计规划过程中,应当特别关注和充分体现如下要点:政策评估程序的设计必须遵循信息资源产业政策形成和产生作用的特殊规律,符合信息资源产业政策发展的实际需要和要求,确保评估过程和结果客观公正;必须注意各种复杂环境因素的影响,特别是要充分顾及政治、法律、经济、文化等约束条件的限制,使设计结果保持对客观环境及其变化的高度适应;必须有利于实现评估结果在核心价值目标方面的和谐统一,兼顾政策效能和公平公正;必须注重实效,克服烦琐哲学,尽可能节约政策资源,注意使评估活动尽可能简化便利。

7.1.3　关于信息资源产业政策评估标准的核心地位

在本书形成过程中所做的理论探讨和实证分析还印证了这样一个判断性结论:在信息资源产业政策评估要素中,评估主体、评估客体、评估标准、评估指标、评估程序和评估方法都有特定的功能,而在这其中,最具核心地位的则是信息资源产业政策评估标准。

信息资源产业政策评估标准,是指在产业政策评估中做出评价判断所依据的价值尺度和界限。产业政策评估说到底就是测量评价政策目标的达成程度,因而产业政策评估在本质上就是一个价值判断评定过程,最终需要回答产业政策的对错、好坏和利弊。政策评估标准实际上就是界定产业政策对错、好坏和利弊及其程度的尺度。产业政策评估实际上就是一个探寻、证明和确定政策价值的过程,而且是以一个确定的价值尺度,不断与公共政策方案、公共政策过程、公共政策效果的实际状态进行比较对照的过程。因此,没有评估标准实际上就失去政策评估的基本依据、基本条件,甚至会使政策评估沦为空谈,失去任何意义和价值。从这样的意义上,评估标准就是评估活动的灵魂,没有评估标准就没有政策评估;没有正确的评估标准就难以进行有意义的政策评估;没有准确反映公共政策目标、准确体现公共政策价值取向的评估标准,就没有可靠、有效的公共政策评估。

在信息资源产业政策评估要素中,评估标准最能够代表评估的目标,它对其他要素的存在和发展具有规定性的影响。评估主体的选择、评估客体的具体确定、评估程序和方法的设计和选用,都要受评估标准的约束,而评估指标则正是对评估标准的具体化和系统化。

信息资源产业政策评估的重要作用重点表现在:评估标准是政策评估活动具备有效性的基础;是政策评估活动具备可操作性的保证;是产业政策优化发展的必要条件。正是由于信息资源产业政策评估标准在评估要素中居于最核心地位,因此,在产业政策评估实践中,以及在相关理论原理的研究中,有必要对其给予高度的关注。

7.1.4 关于信息资源产业政策评估总体标准的概括

针对我国信息资源产业政策评估客观上非常需要有高度确定性总体

评估标准,但却一直没有被明确提出的实际情况,本书根据笔者所理解的国家意志和政策目标,尝试着对信息资源产业政策评估总体标准进行了概括。

本书提出的总体标准为:以遵循社会主义基本政治制度和社会主义市场经济基本发展规律为准则;以满足经济社会发展的资源结构根本性调整的社会需求、促进和保障信息资源产业健康发展为基本价值取向;坚持经济发展标准和社会发展标准的统一;注重产业政策的社会效益效果和经济效益效果相结合、长远效益效果和近期效益效果相结合、国民经济整体效益效果和产业内部效益效果相结合。

这个总体标准强调体现的基本精神可以体现为16个字,即核心价值、价值表现、双重影响、效益效果。

核心价值,即是产业政策必须对社会主义政治制度的完善、社会主义市场经济的发展,对经济社会的发展具备正面的有用性。

价值表现,这里所提出的衡量产业政策对错、好坏、利弊基本程度的核心标准,就是产业政策是否有利于满足经济社会发展提出的资源结构根本性调整的社会需求,就是是否有利于促进和保障信息资源产业的健康发展。

双重影响,这里所提出的测度产业政策影响力的标准,既要看其对经济发展的影响,同时也要看其对社会发展的影响,两者同等重要,不可偏废。

效益效果,这里所提出的评价产业政策价值实现程度的标准,就是政策效益和政策效果,而且是社会效益效果和经济效益效果、长远效益效果和近期效益效果、国民经济整体效益效果和产业内部效益效果紧密结合的全面的效益效果。

这里所提出的测量评价信息资源产业政策对错、好坏、利弊及其程度的具体标尺,一是产业政策的客观必要性;二是产业政策的实际有效性。这个总体标准提出的基本依据主要是:对我国国情实际的了解和理解,对我国经济社会发展战略问题的基本认识,对信息资源产业发展对我国经济社会发展的特殊战略性作用的基本认识,以及我国信息资源产业发展对信息资源产业政策的特殊依赖性的分析。

7.1.5　关于信息资源产业政策评估具体标准功用的阐释

本书从政策方案、政策过程、政策效果三个主要方面,提出了信息资源产业政策评估的具体标准。这些具体评估标准的实际功能效用,实际上就是在通过应用评估总体标准得出定性结论和粗略程度测度的基础上,用更加细致、具体的价值评定尺度,进一步精准测评产业政策对错、好坏、利弊的程度,得出明确具体的评估结论。

本研究支持这样的判断:信息资源产业政策评估具体标准的指向性非常强,使用频率比较高的政策方案评估标准、政策过程评估标准、政策效果评估标准三种具体评估标准,各自在它们所适用的政策方案评估、政策过程评估和政策效果评估产生实际的功能和效用。

具体评估标准通常由分层次的一组具体规范要求组成,这些具体要求明确而精准地反映了某一特定产业政策的方案、过程和效果在性质、状态方面应当达到的质量水平和程度,用这些要求与产业政策客观实际的达标状况相比对,就可以得出明确的评估结论;在客观实际生活中,根据实际需要和可能条件,人们既可以分别进行政策方案评估、政策过程评估和政策效果评估,以所得到的评估结论为产业政策定性并对政策对错、好坏、利弊的程度做出精确测度评判;也可以综合应用其中的两种或者三种评估方式,以三个具体评估结论全面综合地对产业政策进行评价测度。为此,三种具体评估标准都有实际应用价值;信息资源产业政策评估具体标准是由一组评估要求构成的,现实应用中并不是在每一次评估中都全数采用这些要求,而是需要根据需要和现实条件在评估要求中实事求是地作出取舍,选择真正需要和可以应用的要求。

7.1.6 关于信息资源产业政策评估指标体系的构建模式和基本程序

本书对信息资源产业政策评估指标体系的构建模式进行了梳理总结，形成有一定客观针对性的认识。

构建信息资源产业政策评估指标体系，需要一定的概念模式（Conceptual model）作为指导。这个模式可以明确指标体系之间各级、各类指标之间的关系，并对所评价的信息资源产业政策进行精确的描述、解释和预测。具体包括系统模式、演绎模式和归纳模式。

本书提出了一个包括四个阶段总计19个具体步骤的信息资源产业政策评估指标体系构建基本程序。这个程序是对这项特殊产业政策评估指标体系建设过程的概括和总结。在这个过程中，完成相关的任务都需要掌握相应的具体方法。了解和理解这个过程，掌握相关方法的原理和应用要点是确保产业政策评估指标体系功能完备有效的重要条件。

这四个阶段包括概要设计、详细设计、实验验证、正式完成，其中最重要的是概要设计阶段，其中包括明确产业政策评估的目的、明确政策评估活动的条件、确定产业政策评估的类型、理解产业政策评估总体标准和具体标准、将评估标准转化为评估指标、明确指标体系的具体功能、决定指标体系结构、决定评估指标的层级、确定指标权重、确定标准值、确定观测方法要点、形成政策评估指标体系结构设计方案12个具体步骤，在所有19个步骤中占了绝大多数。

7.2 关于完善我国信息资源产业政策评估的建议

在进行本书所指向的相关理论研究和实践探索过程中，发现了目前我国信息资源产业政策评估活动中存在的一些发展中的问题，同时也有针对性地进行了一些对策性的改进研究，形成了若干对策建议，主要包括如下三个部分。

7.2.1　构建科学的信息资源产业政策评估理论与方法体系

无论从研究文献还是从案例研究,都说明我国信息资源产业政策的评估活动还缺乏成熟的评估理论、方法和技术的指导。从案例研究过程来看,政策评估工作主要还是凭借经验判断而非专业知识来判断和评价。这一方面可能与评估人员的素质有关,但最重要的一方面还是缺乏理论的指导。本书提出的我国信息资源产业政策指标体系框架就是在填补缺乏方法和技术指导方面提供的有益尝试,但在理论指标和评估方法创新方面还需要做大量的工作。一是深入研究和构建用于信息资源产业政策评估的理论体系;二是深入研究能结合信息资源产业及其政策特征的评估方法体系。

7.2.2　推进信息资源产业政策评估的制度化建设

当前信息资源产业政策评估活动最多的是政策制定方邀请第三方做出政策评估报告。但这种情况的政策评估存在几个问题:一是由于第三方的评估人员与政策制定方有利益关系,很难避免评估报告存在"只说好话,坏话不说"的情况。二是实践中信息资源产业政策评估在政策评估活动的组织、专家的选择、评估指标的设置、评估报告的使用等方面仍缺乏应有的规范,评估报告的质量缺乏监管。三是实施政策评估的时机没有制度上的规定。在错误的时机做的评估报告通常都是错误的,没有制度上规范的政策评估,反而会对政策评估活动效果产生反作用。建立信息资源产业政策评估制度,就是要规范政策评估的程序,提高政策评估的主体责任意识;将评估工作制度化,提高信息资源产业政策评估在政策全过程工作中的重要性,全面提升信息资源产业政策在制定、执行等过程中的科学性和政策质量,避免有意或无意人为因素的干扰。

7.2.3　建立信息资源产业政策全过程评估工作机制

我国政策评估通常都将政策评估的启动安排在政策执行完之后,这时政策预评估和执行评估就无法发挥应有的对政策过程的监控和协调的作用。同时由于没有在政策制定时就考虑政策评估的信息采集工作,造成后期评估数据无法采集或数据不真实的情况,影响了政策评估的效果。建立信息资源产业政策全过程评估工作机制,就是要发挥政策评估在政策制定、执行过程中的作用,在政策过程前期就做好后期政策评估的计划,并为获取客观、全面的评估数据提前做好人员、技术上的准备。

7.3　不足与展望

7.3.1　本研究的主要不足

本书及其所展开的相关研究都存在很多问题和不足,其中最主要的方面包括以下几点。

1. 具体评估方法研究不够深入

信息资源产业政策评估的具体评估方法研究需要结合信息资源产业运行和相关政策特点,不仅需要有产业经济学、统计学等学科的深厚基础,又要有较多的信息资源产业政策研究经验积累。本书侧重于对信息资源产业政策评估方法的理论研究,未对具体评估方法深入探讨,例如虽然介绍了用于产业政策评估的数据包络分析法(DEA法),但没有进一步地在具体应用和实践层面上进行深入研究。

2. 政策评估制度的研究不够全面

本书研究上规避了政策评估制度参数的影响,即假设以理性人为评估主体,假设信息资源产业政策评估时不存在政策环境制度上的差异。例如,信息资源产业政策评估的主体可以是政府、第三方机构、公众等多个类别,而本书虽然介绍了按评估主体对政策评估类型的分类,但是没有进一步深入探讨不同评估主体对评估工作带来的差异。又例如,本次案例研究取得显著的效果有一重要原因是笔者长期在国家知识产权局任职,又恰好在中关村管委会挂职,在获取指标数据等方面有很多便利条件。如果换作系统外的评估人员,则难以了解政策的背景并知晓获取评估数据的渠道。因此,对于不同的评估主体,涉及不同的利益,不同的知识背景,必然会影响政策评估结果的科学性和客观性,需要全面地深入研究。

3. 政策评估实证研究有待拓展

本书案例研究的主要目的是验证信息资源产业政策评估指标体系构建程序的可行性和有效性,因此选取了中关村知识产权服务业集聚区发展政策作为评估对象。知识产权服务业集聚区发展政策只占知识产权服务业政策的一小部分,而且知识产权服务业政策在我国信息资源产业政策只具有一定的代表性,还不能够全面体现我国信息资源产业政策的特点。在政策评估实证研究方面还需要继续扩展到如地理信息资源业、文化产业等各具特色的细分行业中,在不同的领域中继续验证相关评估理论和方法的有效性。

7.3.2　未来的研究展望

目前已经取得的研究进展和成果表明,本书及其所进行的中国信息资源产业政策评估研究,确实仅仅是属于万里长征中的第一步。未来应当引入更多的力量进行这方面的研究,研究工作重点亟待在如下几个方面展开。

1. 进一步优化信息资源产业政策评估指标体系

本书对信息资源产业政策评估指标体系的完善还有不少值得深入研究的地方,特别是在指标选取和指标标准值的设置上,本次案例研究在这些方面更多地依赖专家的意见。规范的信息资源产业政策评估指标体系构建应该尽量减少人为等不确定因素,尽可能地提高指标体系构建的科学性和效率。

2. 进一步研究公众参与信息资源产业政策评估的可行性

信息资源产业政策评估的利益相关方主要是信息资源相关企业,但在信息资源产业政策评估中,它们的响应还缺乏反馈渠道和应有的重视。随着网络和大数据技术的发展,关注政策利益相关方的响应式评估是未来政策评估的重要发展趋势,特别是公众参与信息资源产业政策评估的可行性,值得进一步深入研究。

3. 进一步研究具体的评估方法和程序规范

本书案例研究的目标是验证信息资源产业政策评估指标体系构建程序的可行性和有效性。信息资源产业政策评估指标体系的构建涉及信息资源产业政策评估的标准选择和设定、方法选择、程序设计等各个方面,但是更侧重于指标的选取和测量,在如何结合我国信息资源产业政策特点完善具体评估方法和程序规范上,还有进一步深入研究的必要。

附录一　被评估产业政策原文

关于支持知识产权和标准化服务业在
中关村示范区集聚创新发展的办法
中科园发〔2014〕16号

各有关单位：

为促进知识产权和标准化现代服务业高端化、集聚化发展，加快形成中关村知识产权和标准化服务业集聚区，中关村管委会、市质量技术监督局、市知识产权局和海淀区政府联合制定了《关于支持知识产权和标准化服务业在中关村示范区集聚创新发展的办法》。现予以印发，请遵照执行。

中关村科技园区管理委员会
北京市质量技术监督局
北京市知识产权局
海淀区人民政府
2014年4月24日

关于支持知识产权和标准化服务业在
中关村示范区集聚创新发展的办法

　　为在中关村国家自主创新示范区(以下简称中关村示范区)加快国家知识产权服务业集聚发展试验区、国家技术标准创新基地(中关村)以及全国软件与信息产业知名品牌创建示范区建设,提升中关村示范区企业知识产权和标准化整体水平,促进知识产权和标准化现代服务业高端化、集聚化发展,加快形成知识产权和标准化服务业集聚区(以下简称集聚区),打造"北京服务""北京创造"品牌,制定本办法。

　　第一条　本办法集聚区是指,以西土城路—学院路为纵轴,南起北京邮电大学,经国家知识产权局向北延伸至北京科技大学;以知春路—海淀南路为横轴,东起中国标准化研究院,经国际技术转移中心向西延伸至中关村知识产权大厦。在上述纵横两条轴线的两侧区域内,打造集聚区。

　　第二条　本办法的支持对象为,在集聚区内注册或设有办事机构,主要为中关村示范区企业开展知识产权代理、法律、信息、商用化、咨询、培训等服务的知识产权高端服务机构和开展标准、检测、认证、品牌等服务的标准化高端服务机构(以下简称高端服务机构),以及促成高端服务机构在集聚区集聚的相关机构。

　　第三条　支持高端服务机构入驻集聚区,对在集聚区内完成工商和税务登记的高端服务机构给予房租或房价补贴。租赁办公用房的,每家高端服务机构按照补贴单价最高6元/平方米·天、补贴面积最高500平方米的标准,连续三年逐年给予当年租金50%、30%、20%的房租补贴。新购办公用房的,每家高端服务机构给予最高500万元的房价补贴。对符合条件的国际高端服务机构,补贴标准可上浮20%。

　　第四条　支持知识产权和标准化专业性国际组织在集聚区设立总部或分支机构,根据《中关村国家自主创新示范区国际化发展专项资金管理办法(试行)》(中科园发〔2012〕53号)(以下简称《国际化专项资金管理办法》)对吸引该类组织入驻的相关机构优先给予支持。对于业主单位引入国际高端服务机构在集聚区内完成工商和税务登记的,按照《海淀区关于促进楼宇经济发展支持办法(试行)》,优先给予业主单位业态调整支持。

第五条　支持集聚区内的检测认证高端服务机构加入中关村开放实验室工程,根据《中关村开放实验室实施办法》(中科园发〔2011〕46号),优先给予支持。

第六条　支持集聚区内的知识产权高端服务机构为中关村示范区企业提供海外知识产权预警服务。根据《北京市企业海外知识产权预警和应急救助专项资金管理办法(暂行)》(京财文〔2010〕2417号),对集聚区内高端服务机构优先给予支持。

第七条　鼓励集聚区内的知识产权和标准化高端服务机构为中关村示范区企业提供服务,提升服务质量。根据《中关村国家自主创新示范区技术创新能力建设专项资金管理办法》(中科园发〔2013〕43号)(以下简称《创新专项资金管理办法》),对集聚区内的优秀知识产权高端服务机构分别按照50万元、30万元和20万元的标准优先给予支持;对与集聚区内标准化高端服务机构合作的标准创新试点企业主导制定的技术标准,优先给予支持。

第八条　鼓励集聚区内高端服务机构向中关村知识产权领军企业、重点示范企业提供知识产权高端服务。根据《创新专项资金管理办法》,对与集聚区内高端服务机构合作的领军企业和重点示范企业,按照相应标准优先给予支持。

第九条　发挥政府资金引导放大作用,设立集聚区知识产权和标准化服务业创新发展基金,对由集聚区内高端服务机构组织开展的公共服务平台及知识产权运营等项目给予资金支持,促进知识产权和标准化服务业的模式创新和业态升级。

第十条　鼓励集聚区内高端服务机构的高级管理与专业人才参加北京市"海聚工程"和中关村"高聚工程"评选,并享受中关村人才特区相关政策。支持在集聚区开展面向高端服务机构高层管理人员和中关村示范区企业知识产权和标准化管理人员的专业培训。

第十一条 支持集聚区内的行业性知识产权及标准化服务业联盟发展,将其纳入中关村产业联盟支持范围,按照《中关村国家自主创新示范区产业技术联盟专项资金管理办法》(中科园发〔2012〕60号)优先给予支持。

第十二条 鼓励知识产权保护机构在集聚区发展。支持海淀区人民法院中关村人民法庭建设,加强北京市知识产权专利审理厅建设,加强中关村知识产权纠纷多元调解机制建设。在集聚区探索建立跨区域知识产权维权协调机制,搭建知识产权维权服务平台。

第十三条 支持集聚区高端服务机构在集聚区举办高端知识产权和标准化国际会议与交流活动,根据《国际化专项资金管理办法》优先给予支持。

第十四条 本办法由中关村科技园区管理委员会、北京市知识产权局、北京市质量技术监督局、海淀区人民政府负责解释。

第十五条 本办法自发布之日起实施。

附录二 我国知识产权服务业产业政策要览(2012—2015 年)

序	政策名称	文号	发布日期
1	国务院办公厅关于加快发展高技术服务业的指导意见	国办发〔2011〕58 号	2011 年 12 月 12 日
2	落实《国务院办公厅关于加快发展高技术服务业的指导意见》的工作分工	发改办高技〔2012〕1619 号	2012 年 6 月 15 日
3	知识产权局、发展改革委、科技部、农业部、商务部、工商总局、质检总局、版权局、林业局关于印发《关于加快培育和发展知识产权服务业的指导意见》的通知	国知发规字〔2012〕110 号	2012 年 11 月 13 日
4	国务院关于印发服务业发展"十二五"规划的通知	国发〔2012〕62 号	2012 年 12 月 1 日
5	国家知识产权局关于鼓励和引导民间投资促进知识产权服务业发展的指导意见	国知发规字〔2012〕125 号	2012 年 12 月 13 日
6	国务院办公厅关于印发贯彻落实服务业发展"十二五"规划重点工作部门分工方案的通知	国办函〔2013〕82 号	2013 年 7 月 16 日
7	国家统计局关于批准试行知识产权服务业统计制度的函	国统制〔2012〕85 号 国统制〔2013〕87 号	2013 年 8 月 22 日

序	政策名称	文号	发布日期
8	国家标准委、发展改革委、工信部、文化部、质检总局、新闻出版广电总局、知识产权局、测绘地理信息局、认证认可监督管理委员会关于印发《高技术服务业标准制修订工作指导意见》的通知	国标委服务联〔2013〕81号	2013年9月30日
9	国家知识产权局印发《关于促进专利代理行业发展的若干意见》的通知	国知发法字〔2014〕12号	2014年2月28日
10	国家知识产权局、教育部、工业和信息化部、国资委、工商总局、版权局、中科院关于印发《关于深入实施国家知识产权战略加强和改进知识产权管理的若干意见》的通知	国知发协字〔2014〕41号	2014年7月15日
11	国务院关于加快发展生产性服务业促进产业结构调整升级的指导意见	国发〔2014〕26号	2014年7月28日
12	国务院关于依托黄金水道推动长江经济带发展的指导意见	国发〔2014〕39号	2014年9月12日
13	国务院关于印发《中国制造2025》的通知	国发〔2015〕39号	2014年9月12日
14	财政部、科技部、国家知识产权局关于开展深化中央级事业单位科技成果使用、处置和收益管理改革试点的通知	财教〔2014〕233号	2014年9月26日
15	国家知识产权局办公室关于印发《国家知识产权服务业集聚发展区工作实施办法》的通知	国知办发规字〔2014〕40号	2014年9月29日
16	关于知识产权支持小微企业发展的若干意见	国知发管字〔2014〕57号	2014年10月8日
17	国务院关于加快科技服务业发展的若干意见	国发〔2014〕49号	2014年10月9日

序	政策名称	文号	发布日期
18	国务院办公厅关于转发知识产权局等单位深入实施国家知识产权战略行动计划（2014—2020 年）的通知	国办发〔2014〕64 号	2014 年 12 月 10 日
19	国家知识产权局、国家标准委、工商总局、版权局印发《关于知识产权服务标准体系建设的指导意见》的通知	国知发规字〔2014〕74 号	2014 年 12 月 31 日
20	国务院关于加快发展服务贸易的若干意见	国发〔2015〕8 号	2015 年 1 月 28 日
21	推动共建丝绸之路经济带和 21 世纪海上丝绸之路的愿景与行动	国务院授权发布	2015 年 3 月 1 日
22	国务院办公厅关于发展众创空间推进大众创新创业的指导意见	国办发〔2015〕9 号	2015 年 3 月 2 日
23	中共中央国务院关于深化体制机制改革加快实施创新驱动发展战略的若干意见	中发〔2015〕8 号	2015 年 3 月 13 日
24	关于进一步推动知识产权金融服务工作的意见	国知发管函字〔2015〕38 号	2015 年 3 月 30 日
25	国务院关于大力推进人众创业万众创新若干政策措施的意见	国发〔2015〕32 号	2015 年 6 月 11 日
26	国务院办公厅关于运用大数据加强对市场主体服务和监督的若干意见	国办发〔2015〕51 号	2015 年 6 月 24 日
27	国务院关于积极推进"互联网+"行动的指导意见	国发〔2015〕40 号	2015 年 7 月 1 日
28	中华人民共和国促进科技成果转化法	——	2015 年 8 月 29 日
29	中共中央办公厅国务院办公厅关于在部分区域系统推进全面创新改革试验的总体方案	——	2015 年 9 月 7 日

序	政策名称	文号	发布日期
30	国家知识产权局、财政部、人力资源社会保障部、中华全国总工会、共青团中央印发《关于进一步加强知识产权运用和保护助力创新创业的意见》的通知	国知发管字〔2015〕56号	2015年9月7日
31	中共中央关于制定国民经济和社会发展第十三个五年规划的建议	——	2015年10月29日
32	国务院办公厅关于加快发展生活性服务业促进消费结构升级的指导意见	国办发〔2015〕85号	2015年11月19日
33	国务院关于新形势下加快知识产权强国建设的若干意见	国发〔2015〕71号	2015年12月18日

附录三 调查问卷样卷

中关村知识产权服务业集聚区发展政策调查问卷一
（针对公共政策专家）

　　2012年10月30日，国家知识产权局正式批复同意在北京中关村科技园区设立国家知识产权服务业集聚发展试验区（以下简称为"集聚区"）。2014年4月24日中关村科技园区管理委员会、北京市质量技术监督局、北京市知识产权局、海淀区人民政府发布了《关于支持知识产权和标准化服务业在中关村示范区集聚创新发展的办法》（中科园发〔2014〕16号，见附件）。为了更深入地了解该政策制定和执行的情况，特以此问卷开展调查。

　　问卷调查力求真实，无所谓正确或错误，我们郑重承诺：<u>我们将对您的回答严格保密，对任何人不透露您的意见，只公布所有调查对象的汇总结果，请您不要有所顾虑</u>。

　　被调查者个人资料：

　　姓　　名_____　　所在单位_____
　　职　　务_____　　联系电话_____
　　电子邮箱_____

　　填表日期_____年_____月_____日

一、请您对"中关村知识产权服务业集聚区发展政策评估指标体系"中的政策方案、文本质量、执行保障和执行成效等评估指标部分(见表1)的评估指标的选择和标准值(每项指标标准值满分为100分)的设置提出建议。

如有某项指标选择或标准值设置有不同意见,请在表1相应最右边框中标注"√",并在下面说明该项修改的意见:

指标序号	意见类型	具体修改意见
	□指标选择　□标准值	
	□指标选择　□标准值	
	□指标选择　□标准值	
	□指标选择　□标准值	
	□指标选择　□标准值	

二、请您对《关于支持知识产权和标准化服务业在中关村示范区集聚创新发展的办法》在表2中打分(在结果栏中打"√",单选项)。

三、请您在表3"中关村知识产权服务业集聚区发展政策评估指标体系"中填写指标权重设置建议。其中指标权重单位为%,所有指标权重的总和为100%。建议可先对一级指标分别设置权重,再分别对二级指标设置权重,以此类推到四级指标。

表1　政策方案和文本质量评估指标体系(无权重项)

序	指标			标准值(满分100分)	指标说明	标注
1	政策方案质量	政策目标	公平性	强(100分);较强(80分);一般(60分);较弱(30分);弱(0分)	政策目标是否兼顾各方利益	

续表

序	指标			标准值（满分100分）	指标说明	标注
2	政策方案质量	政策目标	目标明确性	强（100分）；较强（80分）；一般（60分）；较弱（30分）；弱（0分）	政策目标是否清晰明了	
3		政策措施	措施完备性	强（100分）；较强（80分）；一般（60分）；较弱（30分）；弱（0分）	政策各项要素完备不遗漏	
4			措施有效性	强（100分）；较强（80分）；一般（60分）；较弱（30分）；弱（0分）	是否有助于知识产权服务业发展	
5			措施针对性	强（100分）；较强（80分）；一般（60分）；较弱（30分）；弱（0分）	是否针对知识产权服务业	
6			措施操作性	强（100分）；较强（80分）；一般（60分）；较弱（30分）；弱（0分）	是否可行，执行时是否便利	
7	政策文本质量	政策程序	合法性	强（100分）；较强（80分）；一般（60分）；较弱（30分）；弱（0分）	政策制定程序过程是否合法	
8			一致性	强（100分）；较强（80分）；一般（60分）；较弱（30分）；弱（0分）	与相关政策前后内容是否一致	
9		文体规范	文体符合规范	强（100分）；较强（80分）；一般（60分）；较弱（30分）；弱（0分）	政策文体是否符合政策管理规范	

序	指标		标准值(满分100分)	指标说明	标注
10	文体规范	格式符合规范	强(100分);较强(80分);一般(60分);较弱(30分);弱(0分)	政策文本格式和用语是否规范	
11	政策文本质量	语言表达	表达准确度	强(100分);较强(80分);一般(60分);较弱(30分);弱(0分)	政策文本用语是否清晰无歧义	
12			表达简明度	强(100分);较强(80分);一般(60分);较弱(30分);弱(0分)	政策文本用语是否简单明了	
13	政策执行保障	机构设置	设置专门机构、专门人员	有专门机构和专门人员(100分);有专门机构或专门人员(70分);无专门机构和专门人员(0分)	是否配备了专门机构、专门人员	
14		资金使用	配套资金投入	充分(100分);比较充分(80分);一般(60分);很少(30分);无(0分)	政策中承诺配套资金的投入情况	
15			资金使用情况	全额支付百分比(100分)	政策中承诺资金的支付情况	
16	政策执行成效	政策执行监督	监督控制责任明确程度	非常负责(100分);负责(80分);基本负责(60分);不负责(0分)	监督专门人员履职负责程度	
17			反馈信息的及时性	及时(100分);有时延误(60分);经常延误(0分)	监督反馈是否及时	

序	指标			标准值(满分100分)	指标说明	标注
18	政策执行成效	政策执行效果	政策内容知晓度	很了解(100分);基本了解(80分);只知道有政策,不清楚具体内容(60分);只听说(30分);不了解(0分)	是否了解政策内容	
19			政策工具效果	效果明显(100分);效果较明显(80分);效果一般(60分);没有明显效果(30分);没有效果(0分)	政策工具促进服务业集聚发展的总体效果	

表2　政策方案和文本质量评估打分表

序	指标			指标说明	强	较强	一般	较弱	弱
1	政策方案质量	政策目标	公平性	政策目标是否兼顾各方利益					
2			目标明确性	政策目标是否清晰明了					
3		政策措施	措施完备性	政策各项要素完备不遗漏					
4			措施有效性	是否有助于知识产权服务业发展					
5			措施针对性	是否针对知识产权服务业					
6			措施操作性	是否可行,执行时是否便利					
7	政策文本质量	政策程序	合法性	政策制定程序过程是否合法					
8			一致性	与相关政策前后内容是否一致					

续表

序	指标			指标说明	强	较强	一般	较弱	弱
9	政策文本质量	文体规范	文体符合规范	政策文体是否符合政策管理规范					
10			格式符合规范	政策文本格式和用语是否规范					
11		语言表达	表达准确度	政策文本用语是否清晰无歧义					
12			表达简明度	政策文本用语是否简单明了					

表3　中关村知识产权服务业集聚区发展政策评估的指标体系

序	指标			指标解释	权重建议
1	政策方案	政策方案质量	政策依据 政策制定必要性	政策制定必要性	
2			政策目标 政策目标公平性	政策目标公平性	
3			政策目标明确性	政策目标明确性	
4			政策措施 政策措施完备性	政策措施完备性	
5			政策措施有效性	政策措施有效性	
6			政策措施针对性	政策措施针对性	
7			政策措施操作性	政策措施操作性	
8			利益群体认可度 利益群体认对政策方案认可度	集聚区企业、服务机构对政策方案认可度	

序	指标			指标解释	权重建议
9	政策文本质量	政策程序	合法性	政策制定过程合法	
10			一致性	政策文本前后一致	
11			稳定性	政策发布后的修改	
12		文体规范	文体规范符合性	政策文本用语规范	
13			格式规范符合性	政策文本格式规范	
14		语言表达	表达准确度	政策文本用语清楚	
15			表达简明度	政策文本用语简明	
16	政策过程	政策执行保障	机构设置	设置专门机构、专门人员	是否配备了专门机构、专门人员
17			资金使用	配套资金投入	政策中承诺配套资金的投入情况
18				资金使用情况	政策中承诺资金的支付情况
19		政策执行成效	政策执行监督	监督控制责任明确程度	监督专门人员履职负责程度
20				反馈信息的及时性	监督反馈是否及时
21			政策执行效果	政策内容知晓度	是否了解政策内容
22				政策工具效果	政策工具促进服务业集聚发展的总体效果
23	政策效果	政策效用	机构集聚	服务机构数量的变化	集聚区专利代理机构的数量年增长率
24				知名机构在当地开展工作或设立分支机构的增长量	知名服务机构在集聚区设立分支机构的数量变化
25				知识产权服务联盟	集聚区是否形成知识产权服务联盟
26				知识产权代理率的变化	集聚区专利申请代理率的年增长率

序	指标				指标解释	权重建议
27	政策效果	政策效用		机构集聚的效果	机构集聚对服务业集聚发展的效果	
28			人才集聚	硕士学位以上人员比率的变化	集聚区知识产权服务机构拥有研究生及以上学历人员占知识产权服务业从业人员数量的比例	
29				具有执业资质人数的变化	集聚区知识产权服务机构拥有专利代理人资格证的人数年增长率	
30				具有海外经历的服务人员的比率的变化	海外经历(含海归)的服务人员与从业人员比例年增长率	
31				人才集聚的效果	人才集聚对服务业集聚发展的效果	
32			功能集聚	公共服务平台	知识产权信息传播利用、展示交易、维权援助等公共服务平台的满意度	
33			产业带动	企业R&D经费投入占企业总投入的比率	集聚区内企业R&D经费投入额度与企业整体投入的比例	
34			市场环境建设	市场公平竞争	市场公平竞争环境满意度	
35				市场需求满足度	企业对知识产权服务需求满足度	

续表

序	指标				指标解释	权重建议
36	政策效用	服务水平提升		服务机构服务效果	企业对知识产权服务效果满意度	
37				服务机构服务能力	对知识产权服务机构能力提高	
38				服务机构服务范围	服务机构可提供的知识产权服务种类数量	
39	政策效益	经济效益		服务机构平均营业额的变化	服务机构的营业收入年增长率	
40				服务业职工收入增幅	职工薪酬年增长率	
41				企业经济增长度	企业产值规模增长程度	
42		社会效益		就业数量规模增长度	知识产权服务业实际就业人数年增长率	
43				每万人发明专利拥有量	年末发明专利拥有量/年末总人口	
44				PCT国际专利拥有量	PCT专利申请数据年增长率	
45	政策效应	公平性	政策公平性		企业对政策公平性满意度	
46					服务机构对政策公平性满意度	
47		满意度	政策效果满意度		服务机构对政策效果满意度	
48					企业对政策效果满意度	

感谢您的大力支持!

中关村知识产权服务业集聚区发展政策调查问卷二
（针对知识产权服务专家）

　　2012 年 10 月 30 日，国家知识产权局正式批复同意在北京中关村科技园区设立国家知识产权服务业集聚发展试验区（以下简称为"集聚区"）。2014 年 4 月 24 日中关村科技园区管理委员会、北京市质量技术监督局、北京市知识产权局、海淀区人民政府发布了《关于支持知识产权和标准化服务业在中关村示范区集聚创新发展的办法》（中科园发〔2014〕16 号，见附件）。为了更深入地了解该政策执行效果，特以此问卷开展调查。

　　问卷调查力求真实，无所谓正确或错误，我们郑重承诺：我们将对您的回答严格保密，对任何人不透露您的意见，只公布所有调查对象的汇总结果，请您不要有所顾虑。

　　被调查者个人资料：

　　姓　　名_____　　所在单位_____

　　职　　务_____　　联系电话_____

　　电子邮箱_____

　　填表日期_____年_____月_____日

　　一、请您对"中关村知识产权服务业集聚区发展政策评估指标体系"中的政策效果部分（见表 1）的评估指标的选择和标准值（每项指标标准值满分为 100 分）的设置提出建议。

　　如有某项指标选择或标准值设置有不同意见，请在表 1 相应最右边框中标注"√"，并在下面说明该项修改的意见：

指标序号	意见类型	具体修改意见
	□指标选择 □标准值	
	□指标选择 □标准值	
	□指标选择 □标准值	
	□指标选择 □标准值	
	□指标选择 □标准值	
	□指标选择 □标准值	
	□指标选择 □标准值	
	□指标选择 □标准值	
	□指标选择 □标准值	
	□指标选择 □标准值	
	□指标选择 □标准值	
	□指标选择 □标准值	

二、请您在表3"中关村知识产权服务业集聚区发展政策评估指标体系"中填写指标权重设置建议。其中指标权重单位为%,所有指标权重的总和为100%。建议可先对一级指标分别设置权重,再分别对二级指标设置权重,以此类推到四级指标。

233

表1　政策效评估指标体系（无权重项）

序号	指标			标准值 （满分100分）	指标说明	标注
23	政策效果	政策效用	机构集聚	20%以上（100分）； 15%~20%（80分）； 10%~15%（60分）； 5%~10%（30分）； 5%以下（0分）	集聚区专利代理机构的数量年增长率	
				服务机构数量的变化		
24				知名机构在当地开展工作或设立分支机构的增长量	10家以上（100分）；5~9家（80分）；2~4家（60分）；1~2家（30分）；没有增加（0分）	知名服务机构在集聚区设立分支机构的数量变化
25				知识产权服务联盟	有（100分）；无（0分）	集聚区是否形成知识产权服务联盟
26				知识产权代理率的变化	20%以上（100分）； 15%~20%（80分）； 10%~15%（60分）； 5%~10%（30分）； 5%以下（0分）	集聚区专利申请代理率的年增长率
27				机构集聚的效果	效果明显（100分）；效果较明显（80分）；效果一般（60分）；没有明显效果（30分）；没有效果（0分）	机构集聚对服务业集聚发展的效果

续表

序号	指标			标准值 （满分100分）	指标说明	标注
28	政策效果	政策效用	人才集聚	硕士学位以上人员比率的变化	90%以上（100分）；70%~90%（80分）；50%~70%（60分）；20%~50%（30分）；20%以下（0分）	集聚区知识产权服务机构拥有研究生及以上学历人员占知识产权服务业从业人员数量的比例	
29				具有执业资质人数的变化	20%以上（100分）；15%~20%（80分）；10%~15%（60分）；5%~10%（30分）；5%以下（0分）	集聚区知识产权服务机构拥有专利代理人资格证的人数年增长率	
30				具有海外经历的服务人员的比率的变化	20%以上（100分）；15%~20%（80分）；10%~15%（60分）；5%~10%（30分）；5%以下（0分）	海外经历（含海归）的服务人员与从业人员比例年增长率	
31				人才集聚的效果	效果明显（100分）；效果较明显（80分）；效果一般（60分）；没有明显效果（30分）；没有效果（0分）	人才集聚对服务业集聚发展的效果	
32			功能集聚	公共服务平台	很满意（100分）；较满意（80分）；一般（60分）；较不满意（30分）；不满意（0分）	知识产权信息传播利用、展示交易、维权援助等公共服务平台的满意度	

序号	指标			标准值 （满分100分）	指标说明	标注
33	政策效果	政策效用	产业带动	企业R&D经费投入占企业总投入的比率	20%以上（100分）；15%~20%（80分）；10%~15%（60分）；5%~10%（30分）；5%以下（0分）	集聚区内企业R&D经费投入额度与企业整体投入的比例
34			市场环境建设	市场公平竞争	很满意（100分）；较满意（80分）；一般（60分）；较不满意（30分）；不满意（0分）	市场公平竞争环境满意度
35				市场需求满足度	需求完全满足（100分）；需求大部分满足（80分）；需求基本满足（60分）；需求小部分满足（30分）；需求无法满足（0分）	企业对知识产权服务需求满足度
36			服务水平提升	服务机构服务效果	很满意（100分）；较满意（80分）；一般（60分）；较不满意（30分）；不满意（0分）	企业对知识产权服务效果满意度
37				服务机构服务能力	效果明显（100分）；效果较明显（80分）；效果一般（60分）；没有明显效果（30分）；没有效果（0分）	对知识产权服务机构能力提高

序号	指标			标准值（满分100分）	指标说明	标注
38	政策效果	政策效用	服务水平提升	服务机构服务范围	5类服务都有（100分）；4类服务（80分）；3类服务（60分）；2类服务（30分）；1类服务（0分）	服务机构可提供的知识产权服务种类数量	
39		政策效益	经济效益	服务机构平均营业额的变化	20%以上（100分）；15%~20%（80分）；10%~15%（60分）；5%~10%（30分）；5%以下（0分）	服务机构的营业收入年增长率	
40				服务业职工收入增幅	20%以上（100分）；15%~20%（80分）；10%~15%（60分）；5%~10%（30分）；5%以下（0分）	职工薪酬年增长率	
41				企业经济增长度	10%以上（100分）；8%~10%（80分）；6%~8%（60分）；4%~6%（30分）；4%以下（0分）	企业产值规模增长程度	
42			社会效益	就业数量规模增长度	20%以上（100分）；15%~20%（80分）；10%~15%（60分）；5%~10%（30分）；5%以下（0分）	知识产权服务业实际就业人数年增长率	

序号	指标			标准值（满分100分）	指标说明	标注
43	政策效果	政策效益	社会效益	每万人发明专利拥有量	21件以上（100分）；15~20件（80分）；10~14件（60分）；5~9件（30分）；4件以下（0分）	年末发明专利拥有量/年末总人口
44				PCT国际专利拥有量	21%以上（100分）；15%~20%（80分）；10%~14%（60分）；5%~9%（30分）；4%以下（0分）	PCT专利申请数据年增长率
45			公平性	政策公平性	很满意（100分）；较满意（80分）；一般（60分）；较不满意（30分）；不满意（0分）	企业对政策公平性满意度
46					很满意（100分）；较满意（80分）；一般（60分）；较不满意（30分）；不满意（0分）	服务机构对政策公平性满意度
47			满意度	政策效果满意度	很满意（100分）；较满意（80分）；一般（60分）；较不满意（30分）；不满意（0分）	服务机构对政策效果满意度

续表

序号	指标			标准值 （满分100分）	指标说明	标注
48	政策效果	政策效应	满意度	政策效果满意度	很满意（100分）； 较满意（80分）；一般（60分）；较不满意（30分）；不满意（0分）	企业对政策效果满意度	

表2　中关村知识产权服务业集聚区发展政策评估的指标体系

序	指标				指标解释	权重建议
1	政策方案	政策方案质量	政策依据	政策制定必要性	政策制定必要性	
2			政策目标	政策目标公平性	政策目标公平性	
3				政策目标明确性	政策目标明确性	
4			政策措施	政策措施完备性	政策措施完备性	
5				政策措施有效性	政策措施有效性	
6				政策措施针对性	政策措施针对性	
7				政策措施操作性	政策措施操作性	
8			利益群体认可度	利益群体认对政策方案认可度	集聚区企业、服务机构对政策方案认可度	
9		政策文本质量	政策程序	合法性	政策制定过程合法	
10				一致性	政策文本前后一致	
11				稳定性	政策发布后的修改	
12			文体规范	文体规范符合性	政策文本用语规范	
13				格式规范符合性	政策文本格式规范	
14			语言表达	表达准确度	政策文本用语清楚	
15				表达简明度	政策文本用语简明	

序	指标			指标解释	权重建议
16	政策执行保障	机构设置	设置专门机构、专门人员	是否配备了专门机构、专门人员	
17		资金使用	配套资金投入	政策中承诺配套资金的投入情况	
18			资金使用情况	政策中承诺资金的支付情况	
19	政策执行成效	政策执行监督	监督控制责任明确程度	监督专门人员履职负责程度	
20			反馈信息的及时性	监督反馈是否及时	
21		政策执行效果	政策内容知晓度	是否了解政策内容	
22			政策工具效果	政策工具促进服务业集聚发展的总体效果	
23	政策效果	政策效用	机构集聚	服务机构数量的变化	集聚区专利代理机构的数量年增长率	
24				知名机构在当地开展工作或设立分支机构的增长量	知名服务机构在集聚区设立分支机构的数量变化	
25				知识产权服务联盟	集聚区是否形成知识产权服务联盟	
26				知识产权代理率的变化	集聚区专利申请代理率的年增长率	
27				机构集聚的效果	机构集聚对服务业集聚发展的效果	

（左侧大列合并单元格：政策过程 对应16–22；政策效果 对应23–27）

序	指标				指标解释	权重建议
28	政策效果	政策效用	人才集聚	硕士学位以上人员比率的变化	集聚区知识产权服务机构拥有研究生及以上学历人员占知识产权服务业从业人员数量的比例	
29				具有执业资质人数的变化	集聚区知识产权服务机构拥有专利代理人资格证的人数年增长率	
30				具有海外经历的服务人员的比率的变化	海外经历(含海归)的服务人员与从业人员比例年增长率	
31				人才集聚的效果	人才集聚对服务业集聚发展的效果	
32			功能集聚	公共服务平台	知识产权信息传播利用、展示交易、维权援助等公共服务平台的满意度	
33			产业带动	企业 R&D 经费投入占企业总投入的比率	集聚区内企业 R&D 经费投入额度与企业整体投入的比例	
34			市场环境建设	市场公平竞争	市场公平竞争环境满意度	
35				市场需求满足度	企业对知识产权服务需求满足度	
36			服务水平提升	服务机构服务效果	企业对知识产权服务效果满意度	

续表

序	指标			指标解释	权重建议
37	政策效用	服务水平提升	服务机构服务能力	对知识产权服务机构能力提高	
38			服务机构服务范围	服务机构可提供的知识产权服务种类数量	
39	政策效果	政策效益	经济效益	服务机构平均营业额的变化	服务机构的营业收入年增长率	
40				服务业职工收入增幅	职工薪酬年增长率	
41				企业经济增长度	企业产值规模增长程度	
42			社会效益	就业数量规模增长度	知识产权服务业实际就业人数年增长率	
43				每万人发明专利拥有量	年末发明专利拥有量/年末总人口	
44				PCT 国际专利拥有量	PCT 专利申请数据年增长率	
45		政策效应	公平性	政策公平性	企业对政策公平性满意度	
46					服务机构对政策公平性满意度	
47			满意度	政策效果满意度	服务机构对政策效果满意度	
48					企业对政策效果满意度	

感谢您的大力支持！

中关村知识产权服务业集聚区发展政策调查问卷三
（针对企业或知识产权服务机构）

　　2012年10月30日，国家知识产权局正式批复同意在北京中关村科技园区设立国家知识产权服务业集聚发展试验区（以下简称为"集聚区"）。2014年4月24日中关村科技园区管理委员会、北京市质量技术监督局、北京市知识产权局、海淀区人民政府发布了《关于支持知识产权和标准化服务业在中关村示范区集聚创新发展的办法》（中科园发〔2014〕16号，见附件）。为了更深入地了解该政策制定、实施的情况及政策效果，特以此问卷开展调查。

　　问卷调查力求真实，无所谓正确或错误，我们郑重承诺：<u>我们将对您的回答严格保密，对任何人不透露您的意见，只公布所有调查对象的汇总结果，请您不要有所顾虑。</u>

　　被调查者个人资料：

　　姓　　名_____　　所在单位_____
　　职　　务_____　　联系电话_____
　　电子邮箱_____
　　填表日期_____年_____月_____日

　　注意：题目未明示的为单选题，且是企业及知识产权服务机构均要回答的题目。

　　1．您认为该政策对中关村集聚区发展发挥的作用是：（多选题）

　　A．能加快知识产权服务业集聚发展试验区的建设；

243

B. 能提升中关村示范区企业知识产权整体水平；

C. 能促进知识产权现代服务业高端化、集聚化发展

D. 能加快形成知识产权服务业集聚区

E. 作用有限(若选这项为单选)

F. 不会有什么作用(若选这项为单选)

如果认为作用有限或没有作用,您的理由是：＿＿＿＿＿＿＿＿＿＿＿

2. 您对《关于支持知识产权和标准化服务业在中关村示范区集聚创新发展的办法》知晓情况是：

A. 很了解

B. 基本了解

C. 只知道有政策,不清楚具体内容

D. 只是听说

E. 没听说过

3. 您了解中关村集聚区发展政策及集聚区情况的途径是：(多选)

A. 园区内培训

B. 新闻报道

C. 园区内会议

D. 自媒体(微信、社区)

E. 其他

4. (享受过下列政策措施的服务机构回答)您对下列政策措施执行的效果感受：

	效果明显	效果较明显	效果一般	没有明显效果	没有效果
高端服务机构房租或房价补贴					
高端服务机构入驻资金奖励					
企业海外知识产权预警和应急救助专项资金					

	效果明显	效果较明显	效果一般	没有明显效果	没有效果
优秀知识产权高端服务机构支持资金					
企业知识产权高端服务费用补贴					
公共服务平台及知识产权运营等项目支持资金					
集聚区高端服务机构在集聚区举办高端知识产权国际会议与交流活动支持资金					

如果感觉效果不明显或没有效果,您认为原因是:_____

5. 您认为机构集聚对促进知识产权服务业发展的影响效果:

A. 效果明显

B. 效果较明显

C. 效果一般

D. 没有明显效果

E. 没有效果

如果感觉效果不明显或没有效果,您认为原因是:_____

6.(服务机构回答)您认为机构集聚的作用是:(多选)

A. 推动现有机构发展高端服务

B. 形成知识产权服务联盟

C. 引入新业态的服务机构

D. 引入更多知名服务机构

E. 其他_____

7.(企业回答)您认为集聚区在机构集聚方面有明显改善的内容是:
(多选)

A. 服务机构的专业水平

B. 服务机构的可选择性

C. 服务机构的服务质量

D. 服务机构的业务范围

E. 其他_____

8. 您认为人才集聚对知识产权服务业发展的影响效果：

A. 效果明显

B. 效果较明显

C. 效果一般

D. 没有明显效果

E. 没有效果

如果感觉效果不明显或没有效果,您认为原因是:_____

9. 您认为中关村集聚区知识产权服务行业人才集聚的现状是：

A. 集聚明显

B. 集聚较明显

C. 一般

D. 比较松散

E. 松散

10.(服务机构回答)您的机构里具有海外经历的服务人员相比上一步的变化：

A. 20%以上

B. 15%~20%

C. 10%~15%

D. 5%~10%

E. 5%以下

11. 您曾使用公共服务平台用来:(多选题)

A. 了解、申请政府知识产权资助等政策

B. 查询知识产权信息

C. 知识产权交易运营

D. 知识产权维权保护

E. 线上知识产权培训

F. 从未使用过(如选 F 请跳过题 12)

12. 您对公共服务平台的综合评价是:

A. 很满意

B. 较满意

C. 一般

D. 较不满意

E. 不满意

如果感觉较不满意或不满意,您的理由是:＿＿＿＿＿＿＿＿＿＿

13.(企业回答)您的企业上一年度 R&D 经费投入额度与企业整体投入的比例是:

A. 20% 以上

B. 15%~20%

C. 10%~15%

D. 5%~10%

E. 5% 以下

14. 您对集聚区知识产权服务市场公平竞争环境的感受是:

A. 很满意

B. 较满意

C. 一般

D. 较不满意

E. 不满意

如果感觉较不满意或不满意,您的理由是:＿＿＿＿＿＿＿＿＿＿

15.(企业回答)您认为中关村集聚区的知识产权服务种类、能力和水平是否满足你的服务需求?

A. 需求完全满足

B. 需求大部分满足

C. 需求基本满足

D. 需求小部分满足

E. 需求无法满足

如果需求得不到满足,您认为原因是:_____

16.(企业回答)您认为中关村集聚区最缺乏的知识产权服务种类是:

(多选题)

A. 知识产权代理

B. 法律

C. 信息

D. 商用化

E. 咨询

F. 培训

G. 其他

17.(企业回答)您认为中关村集聚区服务满意度最高的知识产权服务

种类是:

A. 知识产权代理

B. 法律

C. 信息

D. 商用化

E. 咨询

F. 培训

G. 其他

具体原因是:_____

18.(企业回答)您对集聚区内的知识产权服务机构的服务效果认为:

A. 很满意

B. 较满意

C. 一般

D. 较不满意

E. 不满意

如果感觉较不满意或不满意,原因是:＿＿＿＿＿＿＿＿＿＿＿

19. 政策对中关村集聚区内的服务机构服务能力提高的效果:

A. 效果明显

B. 效果较明显

C. 效果一般

D. 没有明显效果

E. 没有效果

如果感觉没有明显效果或没有效果,您认为原因是:＿＿＿＿＿＿＿＿

20.(服务机构回答)您的服务机构可以提供的服务种类包括:(多选)

A. 知识产权代理

B. 法律

C. 信息

D. 商用化

E. 咨询

F. 培训

G. 其他

21.(服务机构回答)在近一年内,您的服务机构服务种类是否有所增加?

A. 有

B. 没有

22. 您对集聚区发展政策的公平性总体满意度是:

A. 很满意

B. 较满意

C. 一般

D. 较不满意

E. 不满意

如果感觉较不满意或不满意,原因是:＿＿＿＿＿＿＿＿＿＿＿

23. 您对集聚区发展政策总体效果满意度是:

A. 很满意

B. 较满意

C. 一般

D. 较不满意

E. 不满意

如果感觉较不满意或不满意,原因是:_____

感谢您的大力支持!

附录四　访谈提纲
（针对政策制订及实施人员）

1. 中关村管委会于2014年4月24日联合北京市质量技术监督局、北京市知识产权局、海淀区人民政府发布了《关于支持知识产权和标准化服务业在中关村示范区集聚创新发展的办法》，其初衷是什么？该政策发展到今天，您认为当时政策想要解决的问题是否依然存在？

2.《关于支持知识产权和标准化服务业在中关村示范区集聚创新发展的办法》发布后是否修订过，一般会通过哪些渠道予以发布和宣传？

3. 为确保该政策的实施，采取了哪些配套措施？

4. 政策实施中碰到哪些困难？存在哪些突出问题？主要原因是什么？

5. 政策措施中的支持资金如何保障？政策实施具体落在哪个部门？工作人员是否充足？工作效率如何？

6. 政策措施中的支持资金只针对高端服务机构及高端知识产权服务类型，怎么定义"高端"？

7. 有部分接受访谈的专家质疑设置这个"高端"门槛的必要性和公平性，您认为是否会给中小服务机构带来某些不公平？

8. 您对其他知识产权服务业集聚试验区发展政策有何了解？您认为有哪些做法值得中关村管委会借鉴？

9. 您认为集聚区知识产权服务业发展的效果如何？集聚效应对于知识产权服务业的发展影响有多大？

10. 您认为该政策总体绩效如何？除了促进知识产权服务业发展之外，还带来了什么影响(积极的或消极的)？

11. 还有没有其他您想交流的问题？

参考文献

[1]陈瑾玫. 中国产业政策效应研究[M]. 北京:北京师范大学出版社, 2011.

[2]陈江岚,李农,丁波涛,等. 上海城市信息化发展战略研究[M]. 上海: 上海交通大学出版社,2011.

[3]陈树裕. 新编政策学概论[M]. 北京:中共中央党校出版社,2005.

[4]陈禹. 信息经济学教程[M]. 北京:中国经济出版社,1999.

[5]陈振明. 公共政策学——政策分析的理论、方法和技术[M]. 北京:中国人民大学出版社,2004.

[6]陈振明. 政策科学[M]. 北京:中国人民大学出版社,1998.

[7]邓小昭,等. 网络用户信息行为研究[M]. 北京:科学出版社,2010.

[8]杜佳. 国家信息政策法规体系研究——基于"国家信息政策法规数据库"的实证分析[M]. 北京:北京图书馆出版社,2005.

[9]段忠桥. 当代国外社会思潮[M]. 北京:中国人民大学出版社,2010.

[10]韩建新. 信息经济学[M]. 北京:图书馆出版社,2000.

[11]何洁,王则柯. 信息经济浅说[M]. 北京:中国经济出版社,1999.

[12]贺培育. 制度学:走向文明与理性的必然审视[M]. 长沙:湖南人民出版社,2004.

[13]胡昌平,乔欢. 信息服务与用户[M]. 武汉:武汉大学出版社,2005.

[14]靖继鹏. 信息经济学[M]. 北京:清华大学出版社,2004.

[15]李允杰,丘昌泰. 政策执行与评估[M]. 北京:北京大学出版社,2008.

[16]李祖明. 互联网上的版权限制[M]. 北京:经济日报出版社,2003.

[17]林水波,张世贤. 公共政策[M]. 台湾:五南图书出版社公司,1997.

[18]梁俊兰. 台湾信息政策研究[M]. 北京:北京图书馆出版社,2006.

[19]刘斌,王春福. 政策科学研究[M]. 北京:人民出版社,2000.

[20]卢泰宏. 国家信息政策[M]. 北京:科学技术文献出版社,1993.

[21]罗曼. 信息政策[M]. 北京:科学出版社,2005.

[22]马费成,靖继鹏. 信息经济分析[M]. 北京:科学技术文献出版社,
2005.

[23]马费成,李纲,查先进. 信息资源管理[M]. 武汉:武汉大学出版社,
2001.

[24]马海群,周丽霞,肖秋惠,等. 信息资源管理政策与法规[M]. 北京:
科学出版社,2009.

[25]孟广均,霍国庆,罗曼,等. 信息资源管理导论(第二版)[M]. 北京:
科学出版社,2003.

[26]宁骚. 公共政策学案例精选[M]. 北京:高等教育出版社,2006.

[27]牛维麟,彭翊. 北京市文化创意产业集聚区发展研究报告[M]. 北
京:中国人民大学出版社,2009.

[28]秦海,杨京英. 中国信息化发展指数统计监测年度报告:2011[M].
北京:中国发展出版社,2011.

[29]沈小玲. 我国城镇居民信息消费问题研究[M]. 北京:人民出版社,
2013.

[30]涂子沛. 大数据[M]. 桂林:广西师范大学出版社,2012.

[31]王莲芬. 层次分析法引论[M]. 北京:中国人民大学,1990.

[32]王正平. 信息网络与文化新发展[M]. 上海:三联书店,2009.

[33]谢明. 公共政策概论[M]. 北京:中国人民大学出版社,2010.

[34]肖秋惠. 俄罗斯信息政策和信息法律研究[M]. 武汉:武汉大学出版
社,2008.

[35]乌家培,谢康,王明明. 信息经济学[M]. 北京:高等教育出版社,
2002.

［36］吴晓求，等. 中国资本市场研究报告（2014）［M］. 北京：北京大学出版社，2014.

［37］宣小红. 信息资源市场培育初探［M］. 北京：中国文联出版社，2008.

［38］燕金武. 网络信息政策研究［M］. 北京：国家图书馆出版社，2006.

［39］颜祥林，朱庆华. 网络信息政策法律导论［M］. 南京：南京大学出版社，2009.

［40］杨吉华. 文化产业政策研究［M］. 北京：中共中央党校出版社，2007.

［41］伊志宏. 消费经济学［M］. 北京：中国人民大学出版社，2014.

［42］贠杰，杨诚虎. 公共政策评估：理论与方法［M］. 北京：中国社会科学出版社，2006.

［43］贠杰. 公共政策研究的理论与方法［M］. 郑州：河南人民出版社，2013.

［44］袁仲林. 经济信息网络管理［M］. 北京：中国经济出版社，1998.

［45］曾峻. 公共管理新论——体系、价值与工具［M］. 北京：人民出版社，2006.

［46］郑杭生. 社会学概论新修［M］. 北京：中国人民大学出版社，2013.

［47］张国庆. 现代公共政策导论［M］. 北京：北京大学出版社，1997.

［48］张金马. 政策科学导论［M］. 北京：中国人民大学出版社，1992.

［49］赵嘉辉. 产业政策的理论分析和效应评价［M］. 北京：中国经济出版社，2013.

［50］赵南元. 认知科学与广义进化论［M］. 北京：清华大学出版社，2002.

［51］朱红. 信息消费理论方法及水平测度［M］. 北京：社会科学出版社，2005.

［52］埃贡·G. 古贝，伊冯娜·S. 林肯. 第四代评估［M］. 秦霖，蒋艳玲，等译. 北京：中国人民大学出版社，2008.

［53］大卫·赫斯蒙德夫. 文化产业［M］. 张菲娜，译. 北京：中国人民大学出版社，2007.

［54］丹尼斯·C. 缪勒. 公共选择理论［M］. 杨春学，译. 北京：中国社会

科学出版社,1999.

[55]道格拉斯·C.诺斯.制度、制度变迁与经济绩效[M].杭行,译.上海:三联书店,2008.

[56]E·R·克鲁斯克,B·M·杰克逊.公共政策词典[M].唐理斌,译.上海:上海远东出版社,1992.

[57]海伦·英格兰姆,斯蒂文·R.斯密斯.新公共政策民主制度下的公共政策[M].钟振明,朱涛,译.上海:上海交通大学出版社,2005.

[58]卡尔·帕顿,大卫·萨维奇.政策分析和规划的初步方法(第2版)[M].孙兰芝,胡启生,译.北京:华夏出版社,2002.

[59]梁鹤年.政策规划与评估方法[M].丁进锋,译.北京:中国人民大学出版社,2009.

[60]麦克尔·豪利特,M.拉米什.公共政策研究——政策循环与政策子系统[M].庞诗等,译.北京:生活·读书·新知三联出版社.2006.

[61]彼得·德鲁克.21世纪的管理挑战[M].朱雁斌,译.北京:机械工业出版社,2006.

[62]皮尔斯·沃福德.世界无末日——经济学·环境与可持续发展[M].张世秋,等译.北京:中国财经出版,1996.

[63]斯图亚特·S.那格尔.政策研究百科全书[M].林明,等译.北京:科学技术文献出版社,1990.

[64]托马斯·R.戴伊,自上而下的政策制定[M].吴忧,译.北京:中国人民大学出版社,2002.

[65]托马斯·皮凯蒂.21世纪的资本论[M].巴曙松,译.北京:中信出版社,2014.

[66]欧文·E.休斯.公共管理导论(第二版)[M].彭和平,周明德,金竹青,译.北京:中国人民大学出版社,2001.

[67]威廉·邓恩.公共政策分析导论(第2版)[M].谢明,伏燕,朱雪宁,译.北京:中国人民大学出版社,2002.

[68]休·史卓顿,莱昂内尔·奥查德.公共物品、公共企业和公共选择——

对政府功能的批评与反批评的理论纷争[M]. 费朝晖,等译. 北京：经济科学出版社,2000.

[69]毕小青,王代丽. 基于"钻石模型"的文化产业竞争力评价方法探析[J]. 华北电力大学学报(社会科学版),2009(3).

[70]曹宽增. 简议中美国家信息政策之异同[J]. 图书情报论坛,1998(3).

[71]朝乐门,贾子娟. 信息资源产业发展目标体系及其促进策略[J]. 情报资料工作,2014(3).

[72]陈传夫,黄璇. 欧盟推进信息资源公共获取的模式及其借鉴意义[J]. 图书馆论坛,2006(12).

[73]陈传夫,黄璇. 美国解决信息公共获取问题的模式[J]. 情报科学,2007(1).

[74]陈传夫,盛钊. 我国公益性信息服务的知识产权政策问题[J]. 情报科学,2010(1).

[75]陈东韵,黄如花. 开放存取信息资源的知识产权保护现状[J]. 图书情报工作,2008(12).

[76]陈亮,马费成,汪斌. 简论国家信息政策体系构建[J]. 情报学报,2002(10).

[77]陈世香,王笑含. 中国公共政策评估:回顾与展望[J]. 理论刊,2009(9).

[78]陈阳. 我国云计算产业存在的问题及对策[J]. 经济纵横,2014(7).

[79]狄娟娟. 试论中美国家网络信息政策[J]. 科技情报开发与经济,2009(7).

[80]方丽娴,杨先明. 社会信息化发展中的国家信息政策分析[J]. 中山大学学报论丛,2003(6).

[81]冯惠玲,侯卫真. 信息资源产业的基本特征与要素研究[J]. 图书情报工作,2011(3).

[82]冯惠玲,杨红艳. 信息资源产业内涵及其与相关产业的关系探究[J]. 情报资料工作,2011(3).

[83]付立宏. 论国家网络信息政策[J]. 中国图书馆学报(双)刊,2001(2).

[84]傅利平,宋俊生,邓晶等. 近年来文化产业竞争力及其评价研究综述[J]. 学术论坛,2010(6).

[85]傅威. 信息政策评估的指标体系[J]. 图书情报工作,1997(7).

[86]高兴武. 公共政策评估:体系与过程[J]. 中国行政管理,2008(2).

[87]关萍萍. 我国文化产业政策体系的3P评估[J]. 西南民族大学学报(人文社会科学版),2012(1).

[88]郭海滨. 防治互联网信息污染的知识管理概念模型研究[J]. 情报杂志,2006(10).

[89]韩增锟. 我国网络信息政策研究的进展与深化[J]. 情报探索,2006(11).

[90]何先刚,敖永春. 国外信息产业政策的比较及其对我国的启示[J]. 重庆工商大学学报(社会科学版),2008(3).

[91]和经纬. 中国公共政策评估研究的方法论取向:走向实证主义[J]. 中国行政管理,2008(9).

[92]胡燕菘. 论我国信息政策的建设[J]. 深圳大学学报(人文社会科学版),1998(8).

[93]黄纯元. 信息政策的多义性及其原因——对英美、日本、中国的相关文献的初步调查[J]. 信息资料工作,1998(1).

[94]黄纯元. 信息政策的体系结构[J]. 信息资料工作,1998(5).

[95]黄蓝,罗伟雄. 我国政府信息资源管理政策与建议[J]. 学习月刊,2011(1).

[96]黄如花. 欧美的公共信息管理及对我们的启示[J]. 中国图书馆学报,2004(4).

[97]侯卫真. 信息资源产业特性与政策优化[J]. 信息化建设,2010(2).

[98]洪银兴. 中国经济转型升级往哪转？如何升？[N]. 光明日报,2013-10-21(3).

[99]吉昱,蔡跃洲,杨克泉. 中国城市集聚效益实证分析[J],. 管理世界,

2004(3).

[100]江泽民. 新时期我国信息技术产业的发展[J]. 上海交通大学学报, 2008(10).

[101]江积海,宁红英. 基于互联网的知识市场运行的关键影响因素——"百度知道"案例研究[J]. 情报杂志,2010(6).

[102]匡跃辉. 科技政策评估:标准与方法[J]. 科学管理研究,2005(12).

[103]蓝庆新,郑学党. 中国文化产业国际竞争力评价及策略研究[J]. 财经问题研究,2012(3).

[104]赖茂生,任浩森,夏牧. 我国现行信息资源管理的政策与法律研究[J]. 科技与法律,1997(1).

[105]赖茂生. 闫慧. 龙健,海峡两岸信息资源产业比较研究[J],情报科学,2008(7).

[106]李长文. 公共政策评估:现状、障碍及对策[J]. 兰州大学学报(社会科学版),2009(7).

[107]李丹. 试论我国信息政策建设存在问题及应对策略[J]. 晋图学刊, 2004(2).

[108]李德国,蔡晶晶. 方政策评估:范式演进和指标构建[J]. 科技管理研究,2006(8).

[109]李德国,蔡晶晶. 西方政策评估技术与方法浅析[J]. 科技政策与管理,2006(4).

[110]李晶. 我国动漫产业税收政策研究[J]. 税务研究. 2011,(2).

[111]李静芳. 当前我国地方公共政策评估现状与对策[J]. 江西行政学院学报,2001(4).

[112]李莉,向飞,李静. 论地方政府政策评估中的公民参与[J]. 现代商贸工业,2010(5).

[113]李蓉. 我国信息资源公益性开发利用的公共政策工具分析[J]. 情报科学,2008(6).

[114]李瑛,康德颜,齐二石. 政策评估的利益相关者模式及其应用研究

[J]. 科研管理,2006(3).

[115]林杰,刘春茂,詹越. 网络信息交流的影响与中国网络信息政策建设研究[J]. 理论探讨,2004(1).

[116]廖声立. 论信息政策的概念及研究内容[J]. 情报探索,2000(6).

[117]刘斌. 北京动漫产业政策实施效果与评价[J]. 现代传播,2013(1).

[118]刘博. 我国新能源技术发展问题及对策[J]. 辽宁工业大学学报(社会科学版),2009(2).

[119]刘冬青. 浅谈我国信息网络环境的政策体系[J]. 中国图书馆学报,2002(4).

[120]刘君. 中国信息政策研究论文(1980—1998)[J]. 图书情报工作,2000(2).

[121]刘嘉音,臧忠鸣,潘旭山,等. 中国公共政策评估理论的基本问题研究[J]. 科学与管理,2007(3).

[122]刘进军. 中美信息资源管理体制比较研究[J]. 情报海外,2005(6).

[123]刘青. 信息资源知识产权公共政策研究[J]. 图书与情报,2004(7).

[124]刘尚焱. 日本的国家信息政策浅析[J]. 情报科学,1999(3).

[125]刘文纲. 论我国产业政策的三个基本理论问题[J]. 经济问题,1999(8).

[126]刘霞. 我国信息政策研究(2000—2007)综述[J]. 科技情报开发与经济,2008(5).

[127]刘伟,张辉. 我国经济增长中的产业结构问题[J]. 中国高校社会科学,2013(1).

[128]龙莉,蔡尚伟. 科技政策创新助推文化产业发展——我国文化科技政策的问题与对策研究[J]. 西南民族大学学报,2013(6).

[129]陆明远. 政府绩效评估中的第三方参与问题研究[J]. 生产力研究,2008(15).

[130]罗曼. 国外信息政策研究解析[J]. 情报杂志,2005(9).

[131]马费成,张斌,陈欢. 国家信息政策体系研究——领域划分与结构分

析[J]. 图书馆论坛,2011(6).

[132]马费成,裴雷. 我国信息资源政策与法律的实践与需求[J]. 图书馆论坛,2008(2).

[133]马费成,裴雷. 我国信息资源政策与法律研究进展评析[J]. 图书馆论坛,2007(12).

[134]马费成,张斌,陈欢. 国家信息政策体系研究——领域划分与结构分析[J]. 图书馆论坛,2011(12).

[135]马海群. 网络信息资源建设的政策调控与实施机制研究[J]. 理论与探索,2004(1).

[136]马海群,知识创新视野下的大学信息政策体系构建[J]. 图书馆学情报学,2009(9).

[137]马海群. 国外大学信息政策发展与评析[J]. 大学图书馆学报,2009(5).

[138]马海群. 知识创新视野下的大学信息政策体系构建[J]. 情报科学,2009(9).

[139]马海群,张丹丹. 信息政策系统的运行机制研究[J]. 图书馆论坛,2005(12).

[140]马海群,宗诚. 网络信息资源建设与配置的政策法规实施效率问题及其对策分析[J]. 图书与情报,2006(5).

[141]马杰. 我国产业政策评价方法综述[J]. 东方企业文化·产业经济,2012(2).

[142]欧阳军. 论国家信息政策法律体系结构建设[J]. 情报科学,2003(8).

[143]彭晨曦,尹锋. 国外网络信息资源管理政策法规建设及其启示[J]. 理论与探索,2007(1).

[144]綦良群,于渤. 高新技术产业政策评估指标体系设计[J]. 哈尔滨理工大学学报,2010(1).

[145]祁述裕,孙博,曹伟,纪芬叶. 2000—2014年我国文化产业政策体系

研究[J]. 东岳论丛,2015(1).

[146]钱明辉,李子南,林法纲. 信息资源产业政策研究综述[J]. 情报资料工作,2012(1).

[147]钱明辉,林法纲,李子南. 论信息资源产业政策研究的价值[J]. 科教文汇,2012(9).

[148]钱明辉,杨建梁. 我国信息资源产业发展评价的实证分析[J]. 情报资料工作,2015(4).

[149]邱正文. 知识消费方式转变初探[J]. 湖南商学院学报,2006(10).

[150]任全娥. 人文社会科学研究成果评价指标体系研究[J]. 大学图书馆学报,2009(5).

[151]沙芳. 谈网络信息政策[J]. 大学图书情报学刊,2008(2).

[152]沙勇忠. 网络信息政策的国际发展趋势[J]. 武汉大学学报(社会科学版),2002(3).

[153]宋健峰,袁汝华. 政策评估指标体系的构建[J]. 统计与决策,2006(11).

[154]宋彭,王伟. 西方政府绩效评估的理论、实践及启示[J]. 创新,2007(2).

[155]孙健夫,陈兰杰. 基于知识图谱的国际信息政策研究热点与前沿分析[J]. 情报科学,2010(3).

[156]孙铭蔚,马海群. 基于加权灰靶决策理论的信息政策方案选优[J]. 情报理论与实践,2010(7).

[157]孙铭蔚,马海群. 面向信息政策方案的综合评价模型构建及模拟实验情报[J]. 理论与实践,2010(4).

[158]谭英,戴君琴. 我国信息政策研究评析(1994—2003)[J]. 倩报资料工作,2005(1).

[159]唐云锋,李侠. 论我国科技政策评估体系中存在的问题[J]. 中国科技论坛,2004(4).

[160]万建军,邹凯. 论我国信息资源管理制度的变革[J]. 情报理论与实

践,2006(2).

[161]汪雅静,望俊成. S-CAD方法在信息政策评价中的应用[J]. 情报探索,2011(10).

[162]王保进. 自我评监潮流下反映办学成效之评监项目设计[J]. 评监双月刊,2013(42).

[163]王超,崔旭. 我国信息技术政策发展现状与问题研究[J]. 现代情报,2012(1).

[164]王凡一. 中国文化产业投入产出效率的动态演进[J]. 税务与经济,2015(4).

[165]王宪恩,赵晓霞,陈英姿等. 循环经济催生绿色GDP[J]. 环境科学与技术,2005(3).

[166]王福泉. 信息政策研究定量分析[J]. 情报科学,2009(10).

[167]王建容. 我国公共政策评估存在的问题及其改进[J]. 行政论坛,2006(2).

[168]王瑞祥. 政策评估的理论、模型与方法[J]. 预测,2003(3).

[169]王素芳. 我国信息资源开发利用政策法规初探[J]. 图书馆学刊,2004(4).

[170]王述英,孙艳. 论我国企业信息化建设的目标内容和政策建议[J]. 理论学刊,2003(7).

[171]王雪梅,雷家骕. 政策评估模式的选择标准与现存问题述评[J]. 科学学研究,2008(10).

[172]王晓丽. 政策评估的标准、方法、主体[J]. 福建论坛(人文社会科学版),2008(9).

[173]王株梅,马海群. 效率和公平,网络信息资源建设和配置中信息政策法规的价值[J]. 图书与情报,2006(5).

[174]孙健夫,陈兰杰. 基于知识图谱的国际信息政策研究热点与前沿分析[J]. 情报科学,2010(3).

[175]汪传雷,谢阳群. 美国信息资源管理政策的演变[J]. 情报资料工

作,2001(4).

[176]望旺,安小米.美国政府信息资源管理法律、政策、标准制定体系研究[J].情报理论与实践,2010(10).

[177]伍蓓.技术政策的分类、评估和支撑体系[J].科技进步与对策,2007(11).

[178]吴钢,信息资源开发利用政策实施机制探析[J].情报科学,2009(6).

[179]向小丹.关于建立公共政策评估标准的若干思考[J].湖南社会科学,2009(4).

[180]肖鹏,王志刚,聂秀.社会实验:一种新的公共政策评估方法[J].统计与决策,2009(20).

[181]肖希明,张璇.我国信息资源建设政策体系的构建[J].图书情报工作,2008(12).

[182]相丽玲,杨威.信息资源共享的公共政策分析[J].图书馆,2009(4).

[183]吴钢.信息资源开发利用政策实施机制探析[J].情报科学,2009(6).

[184]相丽玲,杨威.信息资源共享的公共政策分析[J].图书馆,2009(4).

[185]肖希明,李书祥,论我国数字信息资源建设政策体系[J].情报资料工作,2008(6).

[186]肖希明,张璇.我国信息资源建设政策体系的构建[J].图书情报工作,2008(12).

[187]宣小红,林清华,谭旭,伊凡.大学排行评价指标体系的比较研究[J].教育研究,2007(12).

[188]闫慧.我国信息资源公益性开发与利用政策的发展趋势——一项基于内容分析法的研究[J].图书情报工作,2009(7).

[189]杨国梁,刘文斌,郑海军.数据包络分析方法(DEA)综述[J].系统工程学报,2013(6).

[190]杨海平.信息政策与法规执行保障机制研究[J].图书馆论坛,2007(12).

[191]杨红梅. 我国信息资源政策法规的现状分析[J]. 情报理论与实践，2010(10).

[192]杨京钟,吕庆华. 文化产业发展的财政投入效应评价研究[J]. 福建师大福清分校学报,2012(1).

[193]杨全城,杨善林,孙利华. 我国信息内容产业政策现状分析和体系建设思考[J]. 安徽电子信息职业技术学院学报,2011(4).

[194]尹达,杨海平. 我国数字内容产业政策法规体系和运行保障机制研究[J]. 图书情报工作,2010(2).

[195]姚宏霞,傅荣,吴莎. 互联网群体协作的知识网络演化:基于SECI模型的扩展[J]. 情报杂志,2001(1).

[196]贠杰. 论现代社会条件下的政府政策评估[J]. 江苏行政学院学报,2005(4).

[197]查先进. 试论国家信息技术政策需求及其内容框架[J]. 图书情报知识,2003(5).

[198]张斌,赵国俊,张璋. 我国信息资源公益性开发利用和服务的政策研究[J]. 情报资料工作,2009(3).

[199]张丹丹,马海群. 我国国家信息政策的重点领域研究与分析[J]. 情报科学,2004(10).

[200]张立彬. 国内外信息资源建设政策的比较与思考[J]. 图书与情报,2008(6).

[201]张丽艳,颜士鹏. 国外创意产业知识产权保护的法律与政策评析[J]. 黑龙江省政法管理干部学院学报,2010(9).

[202]张新鹤. 国内外信息资源建设政策研究进展[J]. 图书情况工作,2009(1).

[203]张新鹤,肖希明. 我国信息资源政策建设目标和重点研究[J]. 图书情报知识,2009(11).

[204]张新宇,尚萍. 国外信息政策研究述评(1990—2001)[J]. 现代情报,2003(4).

[205]张璋. 信息资源公益性开发利用和服务政策:理论与框架[J]. 档案学通讯,2009(3).

[206]张璋. 论信息资源公益性服务政策工具的设计与选择[J]. 情报资料工作,2009(3).

[207]张璋. 我国信息资源产业政策:现状、分析与前瞻[J]. 图书情报工作,2012(6).

[208]张璋. 信息资源产业特性及其管制决策优化[J]. 甘肃社会科学,2016(3).

[209]郑英隆. 入世以来我国信息消费研究的新进展[J]. 湘潭大学学报,2008(11).

[210]赵大鹏,张锐昕. 我国信息政策制定策略探析[J]. 现代情报,2009(4).

[211]赵国俊. 浅议我国信息资源开发利用战略思想的形成与发展[J]. 档案学通讯,2009(3).

[212]赵海军,基于产权的信息资源分类与信息确权理论建设[J]. 图书与情报,2012(4).

[213]赵京,钮晓红. 我国信息资源产业发展的战略思考[J]. 图书馆学研究,2012(15).

[214]赵子源. 对于我国公共政策评估的回顾与思考[J]. 唐山学院学报,2013(3).

[315]朱雪宁,刘兰华. 中韩两国信息资源产业政策比较[J]. 行政与法,2010(5).

[216]朱仁显. 政策评估与政策优化:政策评估的意义[J]. 理论探讨,1998(2).

[217]朱烨. 我国信息政策研究(1994—2003)综述[J]. 图书馆建设,2005(3).

[218]宗诚,马海群. 我国网络信息政策法规实施状况及效率分析[J]. 图书情报知识,2010(12).

［219］Bakhshi, Hasan, Edwards, John S.,Roper, Stephen Assessing an experimental approach to industrial policy evaluation: Applying RCT plus to the case of Creative Credits[J]. RESEARCH POLICY,2015(10).

［220］Bardach, Eugene Getting Agencies to Work Together: The Practice and Theory of Managerial Craftsmanship[M].Washington D.C.: Brookings Institution Press,1998.

［221］Benjamin J·Keele. Citizens and E-Government: Evaluating Policy and Management[M]. U.S. Information Science Reference,2010.

［222］Bozeman·B. The internet's impact on policy evaluation - Information compression and credibility[J]. Evaluation Review.2004,(28).

［223］Burger, Robert Harold. The Evaluation of Information Policy: A Case Study Using the SATCOM Report.[D]. University of Illinois at Urbana-Champaign,1988.

［224］Charles R·McClure,John Carlo Bertot (Eds.)·Medford. Evaluating Networked Information Services, Techniques, Policy and Issues[M]. NJ, Information Today,2001.

［225］Dixon,Brian E Zafar,Atif Overhage,J·Marc. A Framework for evaluating the costs, effort, and value of nationwide health information exchange[J]. Journal of the American Medical Informatics Association,2010,(17)-3.

［226］Ernest R. House. Evaluating with Validity[M]. Beverly Hill:Sage,1980.

［227］Evert Vedung,. Public Policy and Program Evaluation[M]. Transaction Publishers, 1997.

［228］Garry D.rewer. The Policy Science Emerge:To Nurture and Structure a Discipline[J].Policy Sciences 1974(5).

［229］Gavriilidis, Georgios,;Ostergren. Per-Olof . Evaluating a traditional medicine policy in South Africa: phase 1 development of a policy assessment tool[J]. GLOBAL HEALTH ACTION 2012(5).

［230］Harold C·Relyea. Federal Government Information Policy and Public Policy Analysis: A Brief Overview[J]. Library & Information Science Research.,2008(1).

[231] Harold D.Lasswell. A Pre-view of Policy Sciences[M].New York:Ameerican Elsevier,1971.

[232] Hjorland,Birger. Methods for Evaluating Information Sources: An Annotated Catalogue[J]. Journal of Information Scienc. 2012(3).

[233] Hood. C.A. Public Management For All Season[J].Public Administration, 1969,69(1).

[234] Janet M·Marchibroda. Health Information Exchange Policy and Evaluation[J]. Journal of Biomedical Informatics. 2007(6). Supplement.

[235] Jed Kolko. Can I Get Some Service Here? Information Technology,Service Industries, and the Future of Cities[J]. SSRN Working Paper, 1999(11).

[236] Joseph S. Wholey. Evaluability Assessment In L. Ruman ed: Evaluation Research Methods A Basic Guide[M]. London saga 1977.

[237] LaFond, C; Toomey, TL; Rothstein, C;Policy evaluation research - Measuring the independent variables[J]. EVALUATION REVIEW 2000(24).

[238] Lindsay, J·Michael, Kemper, Adam, Oelschlegel, Sandy. Evaluating Print Collections for a Transition to Digital[J]. Journal of Electronic Resources in Medical Libraries. 2012(1).

[239] M.C. Alkin. Evaluation Theory Developent, in C.H. Weiss(ed.), Evaluation Action Programs[M]. Boston:Allyn and Bacon Inc,1972.

[240] Matthew L·Saxton. 2-1-1 Information Services: Outcomes Assessment, Benefit - cost Analysis, and Policy Issues[J]. Government Information Quarterly. 2007(1).

[241] McClure,CR, Moen,WE, Bertot,JC. Descriptive assessment of information policy initiatives: The government information locator service (GILS) as an example[J]. Journal of the American society for Information Science. 1999(4).

［242］McDermott, Abigail J. Fundamentals of Government Information：Min-
ing, Finding, Evaluating and Using Government Information Resources.
[J]. Library Quarterly.2012(3).

［243］Mueller, M.. Information Policy － A Framework for Evaluation and Policy
Research [M]. R.H.Burger,Ablex,Norwood, NJ. 1993.

［244］N.Lichfield. Evaluation in the Planning Process[M].Oxford:Pergamen
Press, 1975.

［245］Poister T H. Public Program Analysis：Applied Methods[M]. Baltimore:
University Park Press,1978.

［246］Rhodes.R A W. The New Public Managemen[J].Public Administration,
1991, 69(1).

［247］Samuels, Ruth Gallegos Griffy, Henry Evaluating. Open Source Software
for Use in Library Initiatives：A Case Study Involving Electronic Publish-
ing[J]. portal：Libraries & the Academy. 2012(1).

［248］Satararuji, Kullatip. An Analysis of Educational Technology Policy：As-
sessment and Implementation Factors in the Thailand Information Technol-
ogy Campus project[D]. Northern Illinois University. 1997.

［249］Shieh, Jeng－Ying. Evaluating the accessibility impacts of policy initiatives
in Taipei：An application of integrating geographic information system
(GIS) with urban transportation modeling system (UTMS)[D]. University of
Southern California, 1995.

［250］Shin, Dong－Hee, Kweon, Sang Hee. Evaluation of Korean Information In-
frastructure Policy 2000－2010：Focusing on broadband ecosystem change
[J]. Governmetn Information Quarterly,2011(28).

［251］Sillince·J.A.A. Coherence of issues and coordination of instruments in Eu-
ropean information policy[J]. Journal of Information Science,1994,(4).

［252］Sorrentino,Maddalena,Passerini,Katia. Evaluating E－government Initia-
tives：The Role of Formative Assessment During Implementation[J]. Elec-

tronic Government：An International Journal,2012(2).

[253] Timmerman, J. G.,Beinat, E.,Termeer, C. J. A. M. Specifying information needs for Dutch national policy evaluation[J]. Journal of Environmental Monitoring, 2010(12).

[254] Woolthuis RK, Lankhuizen M, Gilsing V. A system failure framework for innovation policy design[J]. Technovation, 2005(25).

[255] 柴海涛．知识产权国际保护与国家战略对策［D］．北京：中国政法大学,2009.

[256] 范志杰．发展文化事业促进文化产业政策研究［D］．北京：财政部财政科学研究所,2013.

[257] 韩小威．经济全球化背景下中国产业政策有效性问题研究［D］．长春：吉林大学,2006.

[258] 高庆蓬．教育政策评估研究［D］．长春：东北师范大学,2008.

[259] 吴香芝．我国体育服务产业政策研究［D］．上海：上海体育学院,2012.

[260] 尹义坤．中国粮食产业政策研究［D］．长春：吉林大学,2010.

[261] 张巍．刺激我国居民消费的财税政策研究［D］．沈阳：东北财经大学,2010.

[262] 张泽一．产业政策有效性问题的研究［D］．北京：北京交通大学,2010.

[263] 陈翀．微观信息政策研究［D］．合肥：安徽大学,2010.

[264] 韩萍．论我国信息产业政策研究及其评估体系的建立［D］．长春：东北师范大学,2005.

[265] 金丽娟．信息资源产业生命周期模型与发展趋势研究［D］．北京：北京邮电大学,2012.

[266] 李慧琳．数字信息资源安全风险评估体系的构建［D］．长春：东北师范大学,2011.

[267] 李晓红．数字化信息资源建设中的政策保障研究［D］．武汉：华中

师范大学,2005.

[268]刘德红. 政治、经济和管理——中国信息政策价值分析的三个视角. [D]. 北京:中国人民大学,2011.

[269]刘金玉. 中国公共政策评估现状及改进研究[D]. 北京:中国人民大学,2004.

[270]邢瑶. 信息技术背景下社会政策制定模式研究[D]. 哈尔滨:哈尔滨工业大学,2007.

[271]杨红艳. 美国政府信息资源增值开发利用政策研究[D]. 北京:中国人民大学,2010.

[272]于颖. 高新技术产业政策评估方法的系统研究[D]. 哈尔滨:哈尔滨理工大学,2008.

[273]张丹丹. 信息政策系统的运行研究及学科化发展[D]. 哈尔滨:黑龙江大学,2005.

[274]宗诚. 网络信息政策法规实施效率研究[D]. 哈尔滨:黑龙江大学,2008.

[275]国务院《国务院关于促进信息消费扩大内需的若干意见》(国发〔2013〕32号),2013-8-8.

[276]中共中央办公厅国务院办公厅《关于加强信息资源开发利用工作的若干意见》(中办发〔2004〕34号),2004-12-12.

[277]国务院《服务业发展"十二五"规划》(国发〔2012〕62号),2012-12-1.

[278]国务院办公厅《关于加快发展高技术服务业的指导意见》(国办发〔2011〕58号),2011-12-12.

[279]2015中国信息资源开发利用指数报告[R]. 北京:中国人民大学,2015.

[280]中国互联网络发展状况统计报告[R]. 北京:中国互联网络信息中心(CNNIC),2010-2016(第25-37期).

[281]冯惠玲等. 2014中国信息资源产业发展报告[R]. 北京:中国人民大学,2014.

[282]冯惠玲等. 中国信息资源产业发展与政策[R]. 北京:中国人民大学,2016.

[283]赵国俊等. 中国信息资源开发利用公共政策体系的优化发展研究报告[R]. 北京:中国人民大学,2015.

[284]中国信息化与工业化融合发展水平评估报告[R]. 北京:中国电子信息产业发展研究院,2013,2014,2015.

[285]国家知识产权服务业集聚发展试验区建设验收报告[R]. 北京:中关村科技园区管委会,2015.

[286]中关村专利代理年报[R]. 北京:中关村科技园区管理委员会,北京专利代理人协会. 2015.

后　记

本书是在我的博士论文基础上修改完成的。

当我将"中国信息资源产业政策评估"作为博士论文的研究主题时,完全没有想到后来的艰辛。首先,信息资源产业政策评估是一门多学科交叉的研究课题,不仅要有信息资源管理理论基础,还需要公共管理学特别是政策科学理论、产业经济学理论、统计学理论等研究经验,因此在论文撰写前期,我用了大量的时间补充学习了本专业以外的核心知识;其次,中国信息资源产业政策评估是一个乏人问津的研究主题,一方面信息资源产业的范围一直有争议,另一方面如何科学评价产业政策的效果也一直是政策评估业内的热点和难点。中国信息资源产业发展迅速,各项产业政策层出不穷,研究的文献材料新、多、散,不仅花费了我大量信息收集和分析的时间,也使我在一段较长的时间里对研究方向处于摇摆不定的状态。最后,中国信息资源产业政策评估研究范围大,可以是评估体系的建设、评估标准的设定、评估方法的选择或是评估指标体系的设计,如果什么都研究,不仅篇幅过大,而且很容易写成教科书。幸好在恩师赵国俊教授的指导下我将信息资源产业政策评估标准和评估指标体系确定为研究重点,才有了今天这本书。如前所述,后续我将继续关注信息资源产业政策和政策评估的最新发展动态,优化现有信息资源产业政策评估指标体系,研究公众参与信息资源产业政策评估的可行性,并进一步研究具体的评估方法和程序规范,完善相关研究体系。

本书得以出版,我首先要感谢的是我的恩师赵国俊教授。是他在我研究遇到困惑的时候给我以悉心教导,给我指明方向;是他在我有所松懈时,

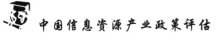

给我以严厉的督促和热情的鼓励。我相信如果没有他的指导,本书的出版会走更大的弯路,甚至迷失在茫茫的文海中,终不得要领。我庆幸能得到他六年的悉心指导,他的儒雅气质和言传身教将是我今后工作和生活中珍贵的财富。

我要感谢我的家人特别是我的爱人,是她主动承担繁重的家务并照顾年幼的女儿,使我可以全身心地投入到学习和研究中。她无私的爱永远是我前进的动力,她至善的支持、信任和理解,其情意让我刻骨铭心,终生难忘。父母永远是我强大的后盾,孩子是我快乐的源泉,家人对我的爱已经成为我读博士期间永远被定格的最美好的幸福时光。

我还要感谢在我做课题研究期间帮助过我的老师、同学、同事和出版社编辑,本书得以出版离不开他们的帮助和鼓励。

2016年9月16日

于人民大学图书馆